마주 커다란 지도 위의 놀라운 세계

OUR Wonderful WORLD

원더풀 월드

이 책은 각 나라가 품고 있는 이야기를
예술적 아름다움으로 들려주기 위해 만들었으며,
지구의 자연스러운 곡선을 담고 있어요.
지도를 완벽한 비율로 그리지는 않았으며,
각 나라의 경도와 위도도 그리지 않았어요.
이 책으로 세계를 둘러보는 계획을 세워 보세요!

위즈덤하우스

우리의 멋진 지구촌 세계에 오신 걸 환영합니다!

이 책을 읽다 보면 이런 질문이 떠오를지도 모르겠네요.

국가가 뭘까?

아주 좋은 질문이에요. 결국 여러분이 두 발을 딛고 살아가는 땅은
국가 또는 나라로 알려지기 훨씬 전부터 그 자리에 있었으니까요!

특정한 지역에 일정한 기간 동안 존재해야 국가라고 부릅니다.
세계의 역사를 살펴보면 한 국가가 나타났다가 사라지는 일은 아주 흔했어요.
1990년대 두 나라가 한 나라가 된 경우와 한 나라가 두 나라가 된 경우처럼
두 나라가 한 나라가 되기도 하고, 한 나라가 두 나라로 나누어지기도 하고요.
오늘날, 1990년보다 30개 정도의 국가가 더 생겨났습니다.
우리는 어떤 지역을 생각할 때, 그곳을 하나의 국가로 바라보는 경향이 있어요.
예전에 그곳에 살았지만 지금은 살지 않는 사람들과 그 사람들의 역사도 함께 생각해 보세요.

자, 탐험을 떠날 준비가 되었나요?
책을 읽으면서 떠나고 싶은 나라를 찾아보세요.
책으로 신나게 모험하며 언젠가 그곳에 직접 여행할 계획도 세워 보기 바랍니다.

이 책의 활용법

환영 인사
둘러볼 것이 너무 많네요.
그러니 계획을 잘 짜야겠지요?
나라를 탐험하기 전에 짧은
소개 글을 먼저 읽어 보세요.

역사적 순간들
역사적으로 중요한 날을
알아보아요.

꼭 알아 둬야 할 인물
그 나라의 역사와 이야기를
대표하는 다섯 인물을 만나 보세요.

스포트라이트
이 말풍선 표시를 통해
여러분은 그 지역을 좀 더
자세히 알 수 있어요.

나라의 아이콘
각 나라의 사람, 장소,
역사를 보여 주는 아이콘을
찾아보세요. 우리가
매일매일 만들어 가는
역사지요!

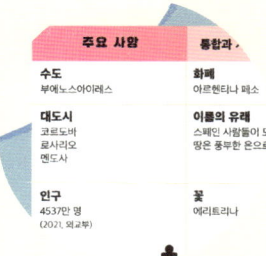

주요 사항
수도, 모토(좌우명/이념),
문화적으로 중요하거나
인기 있는 독특한 새와 꽃 등을
간략하게 알아볼 수 있어요.

이 지도에는 각 나라의 중요 정보가 들어 있어요.
이 지도를 통해 오늘날 그 나라에서 여러분이 가 볼 만한 곳은 물론,
과거에는 어떤 모습이었는지 알 수 있는 **유적지**를 확인할 수 있어요.
각 나라의 **국립 공원, 고대 역사 유적지, 아름다운 숲**과 **반짝이는 호수**를 탐험해 보세요.
또한 멋진 대자연을 존중하고 탐험하도록 영감을 받을 수 있기를 바라요.
지도는 이야기의 전달을 위한 것으로, 실제 크기는 아니에요.
한편, 이 책 뒷부분에 **'알아맞혀 보고, 찾아보고!'** 코너를 두었어요.
처음에 놓쳤을지도 모르는 걸 책 속에서 다시 찾아볼 수 있을 거예요.

각 지도에는 다음과 같은 상징이 있습니다.

수도 / 대도시 / 국가

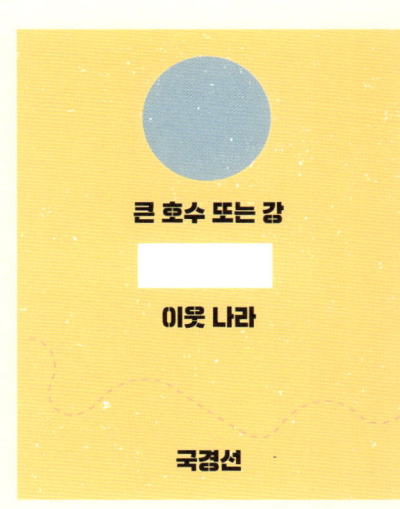
큰 호수 또는 강 / 이웃 나라 / 국경선

중요 인물

로맨스와 크루아상의 땅에 오신 것을 환영합니다!

여행할 준비가 되었나요? 프랑스에는 볼거리와 먹을거리가 너무 많아서 그 모든 걸 다 경험할 수는 없어요! 프랑스 하면 먼저 패션이 떠오르죠. '파리'에서 '프렌치 리비에라'에 이르기까지 유명한 스타일이 넘쳐 나요. 또한 음식도 빼놓을 수 없죠. 어디서나 맛볼 수 있어요.

아름다운 강, 협곡, 숲이 있는 자연도 빼놓으면 섭섭하고요. 선사 시대 그림과 고대 기념물도 프랑스에 있습니다. 이건 시작에 불과합니다! 세계에서 가장 많은 사람이 방문하는 나라가 프랑스니 그럴 수밖에 없지요.

프랑스의 수도는 '빛의 도시' 파리예요. 무척 아름다운 수많은 미술관이 있을 뿐만 아니라 거리에도 예술이 가득합니다! 누구나 즐기는 한 가지를 꼽자면, 카페에 앉아 커피를 마시며 지나가는 사람들을 구경하는 거라고 할 수 있어요. 여러분은 특이한 크루아상을 주문하고 싶어질 거예요.

역사적 순간들

481-511년: 클로비스 1세가 갈리아 지역(오늘날의 프랑스를 포함한 서유럽 일부) 대부분을 점령함.

768-814년: 샤를마뉴 대제가 프랑스를 비롯한 서유럽 전역을 다스림.

1431년: 잔 다르크가 이단으로 처형당함.

1789년: 파리 시민들이 바스티유 감옥을 습격하면서 프랑스 혁명이 시작됨.

1804년: 나폴레옹 보나파르트가 황제에 오름. 이후 서유럽 대부분을 점령함.

1900년: 인상파 화가 클로드 모네가 〈화가의 지베르니 정원〉을 그림.

1914-1918년: 제1차 세계 대전 발발함. 프랑스에서 치열한 전투가 벌어져 130만 명 이상이 사망함.

1914년: 마리 퀴리가 이동식 엑스레이를 발명해 전쟁터에서 부상자들을 치료함.

1940년: 독일이 제2차 세계 대전을 일으키고 프랑스를 점령함.

1944년: 파리가 독일에서 해방됨.

1959년: 샤를 드골이 프랑스 대통령이 됨.

1969년: 세계 최초의 초음속 제트 여객기, 콩코드가 이륙에 성공함.

1998년: FIFA 월드컵 대회에서 처음으로 우승함.

2013년: 동성 결혼이 합법화됨.

2019년: 파리 노트르담 대성당에 화재가 발생해 큰 피해를 입음.

주요 사항	자유, 평등, 우애	
수도 파리	**통화** 유로	**국가 코드** FR
대도시 파리 마르세유 리옹 툴루즈	**이름의 유래** 5세기에 갈리아 지역을 장악한 프랑크족의 이름에서 유래	**공식 언어** 프랑스어
인구 6542만 6177명 (2021 통계청, UN)	**꽃** 노랑꽃창포	**새** 수탉

대서양

프랑스

코코 샤넬
1883-1971년
패션 디자이너. 세계에서 가장 유명한 명품 브랜드인 '샤넬'을 창업했다.

루앙 대성당
센마리팀에 있는 성당. 모네의 그림으로 더 유명해졌다.

루브르 박물관
세계에서 가장 많이 찾는 미술관. 인류 역사에서 중요한 수많은 유물이 보관되어 있다.

벨기에

잔 다르크 1412년경-1431년
농부의 딸에서 전사로 변신한 이 소녀는 '백 년 전쟁' 동안 영국의 침략에 맞서 싸운 프랑스인에게 커다란 영감을 주었다.

개선문
19세기에 지은 전쟁 기념물. 나폴레옹이 전쟁에서 승리하고 온 병사들을 환영하기 위해 세웠다.

에펠 탑
파리를 대표하는 상징물! 꼭대기에 올라가 파리를 바라보자.

쥐망 등대
브리타뉴 지역의 바다는 무척 거칠어 배가 침몰하는 일이 잦았다. 그래서 사람들의 생명을 구하기 위해 바다 한가운데 등대를 세웠다.

사크레 쾨르 대성당
파리 시내가 한 눈에 내려다보이는 몽마르트 언덕 주변을 산책해 보자. 도시의 가장 높은 곳에 위치한 이 성당에서 사랑을 느껴 보자.

룩셈부르크

빅토르 위고
1802-1885년
프랑스를 대표하는 작가. 《노트르담의 꼽추》와 《레 미제라블》을 썼다.

카망베르
이 세상에서 가장 유명한 치즈가 나오는 마을을 찾아가 보자!

몽생미셸섬
본토에서 가깝게 걸어갈 수도 있다. 이곳의 중세 건물과 수도원은 동화 속 왕국에 온 느낌을 선사한다.

파리

샹파뉴
프랑스는 포도주(와인)가 유명한데, 그중에서도 샴페인이 최고다. 샹파뉴 지역의 스파클링 와인을 '샴페인'이라고 부른다.

베르사유 궁전
파리에서 꼭 가 봐야 할 곳. 황금, 정원, 조각상, 2300개의 방을 갖춘 웅장한 궁전.

독일

카르나크 열석
카르나크 주변 들판에는 수천 년 전에 조심스럽게 세운 선돌 3000개가 있다.

리옹의 요리사들
프랑스 하면 요리를 빼놓을 수 없다. 리옹은 폴 보퀴즈를 비롯한 프랑스 요리사들의 고향으로 유명하다.

몽블랑산
서유럽 최고봉. 완벽에 가까운 하얀 봉우리로 유명하다. 해발 4807m로, 정상은 1년 내내 눈으로 덮여 있다.

스위스

샹보르성
프랑스에서 가장 유명한 성. 400개 이상의 방이 있고, 아름다운 정원이 성 주변을 둘러싸고 있다.

라스코 동굴
이곳 선사 시대 동굴 벽화는 1만 7000년 전으로 시간을 거슬러 올라간 것 같은 느낌을 준다.

리옹

아제르리도성
앵드르강 한가운데 마치 섬처럼 우뚝 서 있다. 배처럼 보이기도 한다.

가르교
2000여 년 전에 로마인들이 이 놀라운 3층 다리와 수도교를 만들었다.

이탈리아

보클뤼즈 샘
이 아름다운 광천수 샘은 고요한 연못처럼 보이지만 매년 6300억 리터의 물을 내뿜는다.

쉬농소성
세르강이 내려다보이는 곳에 지은 아름다운 성. 마치 다리처럼 보인다!

툴루즈

마르세유

니스

프렌치 리비에라
니스를 비롯한 지중해의 동부 해안 지역. 프렌치 리비에라에서 선글라스를 끼고 있으면 정말 멋져 보인다.

샤를 드골
1890-1970년
제2차 세계 대전 때 프랑스 저항군을 이끌었다. 프랑스의 첫 번째 대통령이 되었다.

사라 베르나르
1844-1923년
초창기 영화에도 출연한 연극배우. 사고로 다리를 잃은 뒤에도 앉아서 또는 의족을 하고 연기를 했다.

미디 운하
대서양 연안과 지중해를 잇는 300년 된 운하를 바지선을 타고 탐험해 보자.

카마르그
습지 국립 공원. 물에 발을 담그고 있는 플라밍고를 볼 수 있다.

마르세유 구 항구
2500년 된 역사를 자랑하는 무역 항구에 있는 카페에 앉아 시원한 음료를 마셔 보자.

베르동 협곡
카약을 타고 베르동강을 따라가며 아름다운 석회암 협곡을 감상해 보자.

스페인

영국 & 아일랜드

역사적 순간들

기원전 2500년 : 거대한 스톤헨지가 세워짐.

기원전 55-기원전 54년 : 로마 정치가인 율리우스 카이사르가 영국 정복을 위해 원정에 나섬.

서기 43년 : 로마인이 '론디니움'(오늘날의 런던)을 세움.

866년 : 바이킹이 침공함.

1066년 : 정복자 윌리엄 1세가 헤이스팅스 전투에서 잉글랜드의 해럴드 왕을 물리침.

1348년 : 흑사병이 퍼져 인구의 1/3 이상이 사망함.

1455-1485년 : 요크 가문과 랭커스터 가문이 왕위 계승을 둘러싸고 장미 전쟁을 벌임.

1666년 : '런던 대화재'가 발생해 런던 대부분이 파괴됨.

1845-1852년 : 아일랜드에서 감자 생산량이 대폭 감소해 100만 명이 사망함.

1914-1918년 : 영국은 제1차 세계 대전에서 연합국을 결성해 싸움.

1922년 : 아일랜드 대부분이 영국에서 독립함. 북부의 6개 지역은 영국에 남음.

1928년 : 영국에서 여성이 남성과 동등한 투표권을 얻음.

1990년 : 메리 로빈슨이 아일랜드 최초의 여성 대통령으로 뽑힘.

1997년 : 조앤 롤링이 해리포터 시리즈 첫 번째 권 《해리포터와 마법사의 돌》을 출판함.

2015년 : 아일랜드에서 동성 결혼을 인정함.

찰스 다윈
1809-1882년
박물학자 찰스 다윈은 《종의 기원》을 썼다. 이 책에서 다윈은 모든 생명체는 공통 조상의 후손이라고 주장했다.

엘리자베스 1세
1533-1603년
엘리자베스 1세가 다스리던 시절을 '황금시대'라고 부른다. 엘리자베스 1세의 통치 아래 전례 없는 평화와 번영을 누렸기 때문이다.

캐릭 어 리드 로프 브리지
250년 전에 연어를 잡던 어부들이 만들었다. 북아일랜드 앤트림에 놓인 이 흔들다리는 대서양 30m 위에서 이리저리 흔들린다.

벨파스트

자이언츠 코즈웨이
전설에 따르면, 거인이 해안선을 따라 기둥 4만 개를 세웠다고 한다. 주상 절리로 이루어진 이곳은 유네스코 세계 자연유산에 이름을 올렸다.

모허 절벽
아일랜드 클레어주에 있는 높이 200m 절벽. 코뿔바다오리를 조심하세요.

더블린

첨탑(스파이어)
더블린의 랜드마크. 스테인리스강으로 만든 뾰족한 기념물이다. 높이 120m 첨탑은 길고 가느다란 그림자를 도시에 드리운다.

아일랜드

글래스턴베리 언덕, 서머싯
아서왕의 무덤이라는 전설과 예수의 성배가 묻혔다는 이야기가 함께 전한다.

대서양

이든 프로젝트, 콘월
이곳에 가면 5000종 200만 가지가 넘는 식물을 볼 수 있다. 열대 우림과 지중해 기후 식물들이 자란다.

주요 사항

영국
영국 수도 : 런던
스코틀랜드 중심 도시 : 에든버러
북아일랜드 중심 도시 : 벨파스트
웨일스 중심 도시 : 카디프
아일랜드 수도 : 더블린

대도시
영국 : 런던, 버밍엄, 맨체스터, 글래스고
아일랜드 : 더블린

잉글랜드, 웨일스, 신과 나의 권리

통화
영국 : 영국 파운드
아일랜드 : 유로

공식 언어
영국: 영어 / 아일랜드 : 아일랜드어
지역어 : 웨일스어, 게일어, 스코트어

꽃
영국 : 장미
웨일스 : 수선화
북아일랜드 : 토끼풀
스코틀랜드 : 엉겅퀴
아일랜드 : 토끼풀

국가 코드
영국 : GBR
아일랜드 : IE

새
영국 : 유럽물새
아일랜드 : 댕기물떼새

인구
영국 : 6708만 명
(2021, CIA)
아일랜드 : 522만 명
(2021, CIA)

네스호
스코틀랜드에 있는 호수로, 길이가 37km에 이른다. 호수 표면으로 머리를 쏙 내민 괴물 '네시'를 볼 수 있을까?

포스교
1890년에 개통된 다리로 길이가 2467m나 된다. 강철 5만 3000톤과 리벳(대가리가 두툼한 굵은 못) 650만 개가 들어갔다.

홀리루드 궁전
현재 엘리자베스 2세 여왕의 여름 휴가지로 이용된다. 15세기부터 9명의 영국 군주가 이 궁전을 사용했다.

왕과 여왕, 정복의 땅에 오신 걸 환영합니다!

영국과 아일랜드는 다채로운 오랜 역사를 자랑합니다. 영국의 정식 명칭은 '그레이트 브리튼 북아일랜드 연합 왕국'입니다. 영국은 잉글랜드, 스코틀랜드, 웨일스로 구성되어 있어요. 엘리자베스 2세는 현재 영국의 국가 원수이며 세계에서 가장 오랫동안 군주의 자리에 있어요! 여왕은 영국의 수도 런던에 있는 버킹엄 궁전에서 살아요. 궁전을 구경해 보세요. 선사 시대에 줄지어 세워진 둥근 돌기둥, 전설적인 괴물이 산다고 알려진 스코틀랜드 호수, 눈 덮인 산이 보이는 멋진 국립 공원, 박물관과 미술관이 즐비한 분주한 도시를 느껴 보세요.
아일랜드는 북아일랜드와 아일랜드 공화국으로 나뉘어요. 거친 해안선, 풀이 우거진 시골 마을을 찾아가면, 아일랜드 사람들의 환대 속에서 즐거운 시간을 보낼 수 있을 거예요.

벤네비스산
빙하 계곡 위에 우뚝 솟은 산. 안개로 뒤덮인 봉우리는 영국에서 가장 높다.

아서스 시트
이곳 화산 지대에 오르면 에든버러의 멋진 전망을 한눈에 볼 수 있다.

에든버러성
'캐슬 록'이라는 바위산 위에 있다. 현재의 성은 12세기에 세워졌지만, 청동기 시대부터 사람들이 살았다고 한다.

글래스고 / 에든버러

하드리아누스 성벽
길이 117km에 이르는 이 거대한 성벽은 약 2000년 전에 로마인이 스코틀랜드 부족의 습격을 막으려고 세웠다.

영국

윌리엄 셰익스피어
1564-1616년
세계적으로 유명한 작가. 희곡 37편과 시 154편을 썼다. 셰익스피어의 작품은 오늘날에도 여전히 지구촌 방방곡곡에서 공연되고 있다.

로만 바스
로마인들이 이 온천을 발견했다. 이곳은 한때 목욕과 사교 활동의 중심지였다. 로마인의 발자취를 따라 걸어 보자.

콘위성
1280년대에 잉글랜드 에드워드 1세가 웨일스의 침략을 막기 위해 지었다.

맨체스터

버킹엄 궁전
1837년 빅토리아 여왕이 왕위에 오른 뒤부터 영국 군주가 사는 궁전이 되었다.

런던 탑 (런던 타워)
11세기에 지은 요새로, 한때 감옥으로 사용했다. 처형실, 왕궁, 동물원, 갑옷, 군대 막사, 보석 방이 있다!

북해

셔우드 숲
왕족과 귀족이 사냥을 즐겼던 숲. 영국의 유명한 떡갈나무의 고향으로, 로빈 후드가 이곳에 숨어 지냈다는 800년이 넘은 '메이저 오크' 나무도 있다.

스노도니아
웨일스에서 가장 오래된 국립 공원. 웨일스에서 가장 높은 스노든산(1085m)과 가장 큰 발라 호수(4.7km²)가 이곳에 있다.

버밍엄

햄프턴코트, 서리
헨리 8세가 좋아했던 궁전으로, 이곳에 온 손님들은 헨리 8세의 부와 권력에 강한 인상을 받았다.

코츠월드
코츠월드 구릉 지대는 아기자기한 언덕과 예쁜 숲이 유명하다! 여행하는 동안 '코츠월드 사자'를 찾아보자(힌트 : 실제로는 양이다).

웸블리 스타디움
'축구의 고향'으로 알려진 경기장. 최대 9만 명의 열정적인 축구 팬을 수용할 수 있다.

카디프 / 런던

쥐라기 해안
1억 8500만 년의 지구 역사를 보여 주는 150km 길이의 해안선으로, 세계 자연유산으로 지정되었다. 트라이아스기, 쥐라기 및 백악기 시대를 모두 볼 수 있다.

스톤헨지
4500년 된 신석기 시대 거석 기념물. 유럽에서 가장 멋진 선사 시대 유적이다.

도버의 하얀 절벽
눈에 확 띄는 이 희색 절벽은 높이가 100m가 넘고 도버 마을 양쪽으로 16km에 걸쳐 있다.

벨기에 / 프랑스

보노
1960-
밴드 U2 소속 가수. 음악 활동은 물론 세계 빈곤 타파를 위한 활동으로도 유명하다.

에멀라인 팽크허스트
1858-1928년
영국 여성 참정권 운동을 이끈 지도자. 1928년 여성 투표권을 획득하는 데 중요한 역할을 했다.

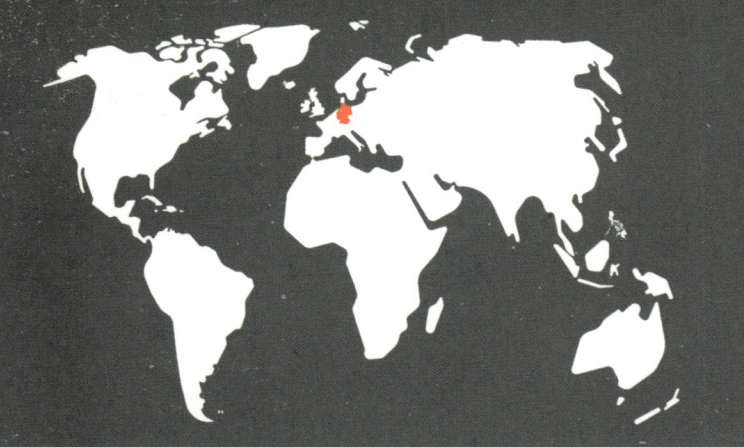

시인과 사상가들의 땅에 오신 걸 환영합니다!

작곡가, 철학자, 과학자, 발명가…… 독일에는 위대한 인물이 많아요. 이 사람들은 세상에 큰 영향을 미쳤어요.

멋지고 경이로운 이 나라의 역사를 보여 주는 유물과 유적을 곳곳에서 볼 수 있어요. 고대 로마의 유적지, 중세 시대 성, 선사 시대 유적지가 전국에 흩어져 있어요. 독일은 하나의 제국으로 통일되었다가 봉건 국가로 분열되고 다시 제국이 되고 또 한 번 분열되기도 했어요. 사실, 1990년대부터 오늘날과 같은 국가의 모습을 갖추게 되었습니다!

독일은 아름다운 강, 산, 호수가 있는 풍요로운 땅을 자랑하기에 야외 활동을 즐길 기회가 많습니다. 그리고 현대적인 도시와 아름다운 구시가지에는 볼거리가 무척 많아요. 수도 베를린은 문화, 예술, 엔터테인먼트의 최첨단을 보여 주는 세계 최고의 예술 도시입니다.

뭘 망설이나요? 어서 탐험해 봅시다!

역사적 순간들

기원전 2세기경-기원전 1세기경: 게르만족이 오늘날 북부 독일 지역을 차지함.

서기 800년: 교황 레오 3세가 프랑크 왕국의 국왕 카롤루스를 서로마 제국 황제로 선언함.

843년: 프랑크 왕국이 분열해 오늘날의 독일, 프랑스, 이탈리아가 세워짐.

1450년: 요하네스 구텐베르크가 서양 최초로 금속 활자를 발명해 르네상스와 과학 혁명에 기여함.

1618-1648년: 30년 전쟁으로 독일이 황폐해짐. 이 전쟁은 유럽 중부와 서부 대부분 지역에 영향을 미침.

1871년: 독일 제국을 설립함.

1939년: 히틀러가 폴란드를 침공해 제2차 세계 대전을 일으킴.

1945년: 패전국이 된 독일은 서독과 공산주의 동독으로 분열됨.

1961년: 베를린 장벽이 세워져 베를린이 동서로 나뉨.

1989년: 베를린 장벽이 무너지기 시작함. 이후 1990년 완전히 붕괴됨.

1990년: 동독과 서독이 재결합해 다시 하나의 나라가 됨.

2014년: 독일이 FIFA 월드컵에서 네 번째 우승을 차지함.

하이디 클룸
1973년-
모델, 슈퍼모델로 데뷔했다. 리얼리티 쇼를 진행해 큰 인기를 얻었다.

엘츠성
중세 시대에 모젤 강변에 세운 성. 850년 동안 한 가문이 소유하고 있다!

구텐베르크 박물관
요하네스 구텐베르크는 서유럽에서 처음으로 금속 활자를 발명했다. 구텐베르크의 인쇄술과 인쇄기가 현대 세계에 미친 영향을 기념해 이 박물관을 세웠다.

물뿌리개 박물관
신기한 박물관을 찾고 있니? 평범하고 소박한 물뿌리개를 기념하는 박물관은 어때?

슈테피 그라프
1969년-
세계 최고의 테니스 선수. 그랜드 슬램 단식 우승을 22번이나 차지했다.

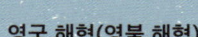

영국 해협(영불 해협)

프랑스

독일

주요 사항	통합, 정의, 자유	
수도 베를린	화폐 유로	국가 코드 DE, DEU
대도시 베를린 함부르크 뮌헨 쾰른 프랑크푸르트	이름의 유래 '사람'이라는 뜻의 옛 독일어에서 유래	공식 언어 독일어
인구 8316만 명 (2021, 외교부)	꽃 수레국화	새 검독수리

이스트 사이드 갤러리
1990년 베를린 장벽이 거의 무너지고 일부만 남았다. 전 세계 예술가들이 몰려와 남은 장벽에 화려한 작품을 남겼다. 오늘날 세계 최대의 야외 벽화를 자랑한다.

체크 포인트 찰리
냉전 당시 동베를린과 서베를린 사이에 있던 입국 검문소.

밀랍 인형 박물관
이 초현실적인 박물관에는 희한하고 멋진 물건이 많다.

박물관 섬
세계적 수준의 박물관이 5개나 있다. 이곳에 가면 수천 년의 인류 역사를 탐험할 수 있다.

홀로코스트 기념관
제2차 세계 대전에서 희생된 유대인들을 기리기 위한 기념관. 다양한 높이의 콘크리트 비석 2711개가 있다.

브란덴부르크 문
1791년에 완공된 기념비. 동독과 서독의 통일 이후 평화의 상징이 되었다.

폴란드

알베르트 아인슈타인
1879-1955년
E = mc² 공식으로 유명하다. 오늘날 우주에 대한 이해를 이끌 만큼 깊은 통찰과 발견을 제시했다.

함부르크

쿠담 거리
레스토랑과 명품 가게가 즐비한 번화가.

아헨 대성당
북유럽에서 가장 오래된 성당. 30명이 넘는 왕과 왕비의 대관식 장소였다. 카롤루스 대제가 이곳에 묻히기도 했다.

빵 박물관
샌드위치를 먹기 전에 빵의 역사를 살펴보고 근처에서 맛난 샌드위치를 맛보자.

베를린

상수시 궁전
프리드리히 2세가 가장 좋아하던 휴양지였다. '상수시'라는 말은 '걱정 없이'라는 뜻이다.

루트비히 판 베토벤
1770-1827년
베토벤은 700곡 이상을 작곡했다. 청력을 잃은 후에 작곡한 곡도 있다!

사랑의 다리
호엔촐레른 다리에 자물쇠를 채워 사랑을 표현해 보자. 4만 개 이상의 자물쇠가 시선을 사로잡는다!

바스타이
엘베강 주변 골짜기를 200m 가량 솟은 기암괴석. 200년 동안 독일 예술가와 작가들에게 큰 영감을 주었다.

쾰른

뉘른베르크 장난감 박물관
이 박물관에 가면 수천 년 전부터 현재까지의 온갖 장난감을 볼 수 있다. 볼거리가 엄청 많다.

레겐스부르크 구시가지
독일에서 보존이 가장 잘된 중세 도시. 역사의 현장을 걸어 다니는 기분이 들 것이다. 2000년 전에 세워졌는데, 다채로운 집과 자갈길에서 옛 정취를 느낄 수 있다.

트리어
독일에서 가장 오래된 도시. 북유럽을 지배하던 로마 제국 때 세워졌다.

프랑크푸르트

라인 협곡
라인강이 이 협곡을 흐른다. 700년 된 라인슈타인성이 있다.

체코 공화국

안네 프랑크
1929-1945년
독일에서 태어난 유대인 소녀. 나치를 피해 2년 동안 암스테르담에 숨어 살며 쓴 《안네의 일기》로 유명하다. 수용소에서 사망했다.

빅투알리엔 시장
뮌헨의 중앙 시장. 신선한 해산물과 간식을 맛볼 수 있다.

노이슈반슈타인성
루트비히 2세가 1869년부터 지었다.

린더호프 궁전
성을 무척 좋아한 루트비히 2세가 프랑스의 베르사유 궁전을 본떠서 지었다. 루트비히 2세가 완공한 모습을 본 유일한 성이다.

옥토버페스트
뮌헨을 대표하는 축제. 매년 9월 말에서 10월 초에 맥주 축제가 열린다.

뮌헨

쾨니히스제 호수
아름다운 숲과 바위와 들판이 어우러진 호수. 하이킹, 사이클, 등산을 즐길 수 있다. 수정처럼 맑은 호수에 발을 담가 보자!

스위스   오스트리아

이탈리아

역사적 순간들

- **기원전 2000년경**: 인도·유럽 어족에 속하는 사람들이 이탈리아로 이주해 고대 로마 문명을 일으킴.
- **기원전 280-기원전 275년**: '피로스 전쟁' 이후 로마가 이탈리아의 확실한 주인이 됨.
- **기원전 27년**: 아우구스투스가 로마 제국의 초대 황제가 됨. 그 뒤로 2세기에 걸쳐 평화와 번영이 이어짐.
- **서기 200-300년**: 로마 제국이 이방인의 침략과 갈등으로 쇠퇴함.
- **500-1000년**: 이탈리아반도에서 계속 전쟁이 이어진 끝에 로마가 가장 강력한 도시로 다시 우뚝 섬.
- **1100-1300년**: 유럽의 무역 증가로 베네치아와 시칠리아 같은 도시 국가가 번성함. 은행과 대학이 등장함.
- **1300-1600년경**: 르네상스가 일어남. 예술, 발명, 탐험, 과학이 번성함.
- **1600년대-1800년**: 유럽의 왕위 계승 전쟁으로 이탈리아가 오스트리아와 스페인의 지배를 받음. 프랑스의 나폴레옹이 침입함.
- **1815-1870년**: '리소르지멘토', 즉 이탈리아 통일 운동이 시작됨. 이탈리아 전체가 하나의 왕국을 이룸.
- **1915년**: 독일과 동맹을 맺었지만, 영국과 프랑스 편에서 제1차 세계 대전에 참전함.
- **1940년**: 독일과 일본 편에서 제2차 세계 대전에 참전. 전쟁의 패배 이후 내전이 발생함.
- **1946-1960년**: 군주제가 폐지되고 민주주의가 회복됨. 경제 호황을 누림.
- **2016년**: 중부 지방에 지진이 일어나 200명 이상 사망함.

피자, 황제, 천재 발명가들의 땅에 오신 걸 환영합니다!

이탈리아가 없었다면 오늘날 우리가 알고 있는 세상이 어떨지 상상하기 힘듭니다. 피자가 없다면? 파스타가 없다면? 젤라토가 없다면? 로마인들의 영향이 없었다면 우리의 삶은 어땠을까요?

전성기 때, 로마 제국은 세계에서 가장 컸어요. 로마인들은 뛰어난 공학 기술로 거대한 수로를 건설해 물을 나르고, 콘크리트로 판테온과 콜로세움 같은 구조물을 지었어요. 이런 유물은 2000년이 지난 지금도 남아 있지요. 이탈리아의 현대 도시에 가 보면 고대 로마 유적지가 중세 광장, 고층 건물, 쇼핑 지구와 나란히 있어요. 또한 이탈리아는 세계 최고의 예술가, 탐험가, 과학자, 발명가를 낳기도 했어요.

이탈리아의 시골은 정말 근사합니다. 구불구불한 언덕, 높이 솟아오른 산봉우리, 수정처럼 맑고 투명한 호수, 울창한 삼림 지대와 드넓은 포도밭, 절벽 위에 자리 잡은 마을의 바위 해안선을 따라 여행해 보세요.

주요 사항

이탈리아는 노동에 기초한 민주 공화국이다

수도 로마	**화폐** 유로	**국가 코드** ITA
대도시 로마 밀라노 나폴리 토리노	**이름의 유래** 이탈리아 남부 사람들의 고대 이름, 비탈리아	**공식 언어** 이탈리아어
인구 6048만 명 (2018, 외교부)	**꽃** 국화는 데이지	**새** 이탈리아 참새

산타 마리아 델 피오레 대성당
피렌체의 상징과도 같은 성당. 건축가이자 조각가 '아르놀포 디 캄비오'가 설계했다. 하지만 웅장한 돔형 지붕을 만드는 방법을 아는 사람이 없어 성당은 수 세기 동안 미완성인 채로 남아 있었다.

우피치 미술관
이 미술관에는 너무나도 유명한 작품이 많이 있어서 입장하려면 최대 5시간 동안 줄을 서야 한다.

베키오 다리
아르노강 위에 놓인 중세 석조 다리. 한때 정육점이 줄지어 있었지만 오늘날에는 보석 가게가 흔하다.

코모호
알프스 산기슭에 있는 빙하 호수. 유럽에서 가장 깊은 호수이다.

돌로미테산맥
빙하 호수, 석회암 봉우리, 그림 같은 마을을 자랑한다. 알프스의 이 지역은 최고의 여행지로 손꼽힌다!

오스트리아

몬테 비앙코(몽블랑산)
유럽에서 가장 높은 산봉우리로, 프랑스와의 국경에 있다.

줄리엣의 발코니
셰익스피어의 《로미오와 줄리엣》에서 줄리엣이 베로나에 있는 이 돌 발코니에 서서 로미오에 대한 사랑을 고백했다.

스포르체스코성
14세기에 요새로 지은 성. 밀라노에 있는 이 성에는 레오나르도 다빈치가 그린 프레스코화가 있다.

밀라노

토리노

이집트 박물관
세계에서 가장 오래된 이집트 박물관으로, 4만 점 이상의 고대 유물이 전시되어 있다.

베네치아
도로와 자동차 대신 보트와 운하가 있는 물 위에 떠 있는 도시. 400개가 넘는 다리가 보행자의 이동을 도와준다.

엘레나 코르나로
1646–1684년
세계에서 처음으로 대학 졸업장을 받은 여성. 더 나아가 박사 학위까지 받았다.

피사의 사탑
높이 55m. 12세기에 처음 지었을 때부터 한쪽으로 비딱하게 기울었다.

볼로냐
오늘날 우리가 알고 있는 스파게티는 이 도시의 생면 반죽 '탈리아텔레'로 만들어 먹은 요리에서 유래했다.

친퀘테레
가파르고 거친 해안선에 있는 5개의 작은 마을. 배, 기차 또는 도보로만 접근할 수 있다.

피렌체

라벤나 모자이크
한때 서로마 제국의 수도였던 라벤나는 많은 교회 건물과 기념물을 장식한 오래된 모자이크로 유명하다.

레오나르도 다빈치
1452–1519년
발명가, 조각가, 화가, 과학자, 건축가, 음악가, 작가, 천문학자, 역사가, 엔지니어, 식물학자, 지도 제작자. 도대체 다빈치가 못하는 일은 뭘까?

시에나 캄포 광장
이 중세 마을 광장은 지금은 번화한 시장이다. 여름에는 오랜 전통의 말 달리기 축제가 열린다.

로마

나폴리의 피자
'안티카 피제리아 포르트알바'는 무척 중요한 곳이다. 왜냐고? 이곳이 세계 최초의 피자 레스토랑이니까!

사르데냐의 누라게
이곳에는 '누라게'로 알려진 청동기 시대 유적이 있다. 이 돌탑 구조물은 위쪽이 잘려 나간 원뿔 모양으로, 기원전 1500년에 세워졌다고 한다.

블루그로토
카프리섬 해안에 있는 작은 바다 동굴. 햇살이 암벽의 구멍을 통과해 비치면 푸른색으로 반짝인다.

나폴리

마테라
고대 도시 마테라에는 선사 시대 동굴 주거지가 있다.

미우치아 프라다
1949년–
1978년에 가문의 패션 사업을 이어받아 프라다를 세계 브랜드로 키웠다.

콜로세움
원형 경기장. 이 경기장 안에 물을 채우고 해전을 재연하는 모습을 5만 명의 군중이 지켜볼 수 있었다고 한다!

판테온
신들에게 바친 사원. 보존이 가장 잘된 고대 로마의 기념물이다. 기둥 하나의 무게가 60톤에 이를 정도로 어마어마하다.

폼페이
79년에 베수비오산이 폭발해 폼페이를 화산재로 덮어 버렸다. 그 비극적인 날, 이 도시에 살던 사람들은 땅속에 영원히 묻혔다.

발렌티노 로시
1979년–
이탈리아 출신 모터사이클 선수. 무려 9번이나 세계 챔피언이 되었다.

트레비 분수
이 분수에 동전을 던지면 다시 로마에 올 수 있다는 전설이 있다.

팔레르모

시칠리아의 에트나산
유럽에서 가장 높은 활화산. 시칠리아섬 위에 우뚝 솟아 있다.

갈릴레오 갈릴레이
1564–1642년
갈릴레이는 지구가 태양을 중심으로 돈다는 사실을 최초로 증명했다.

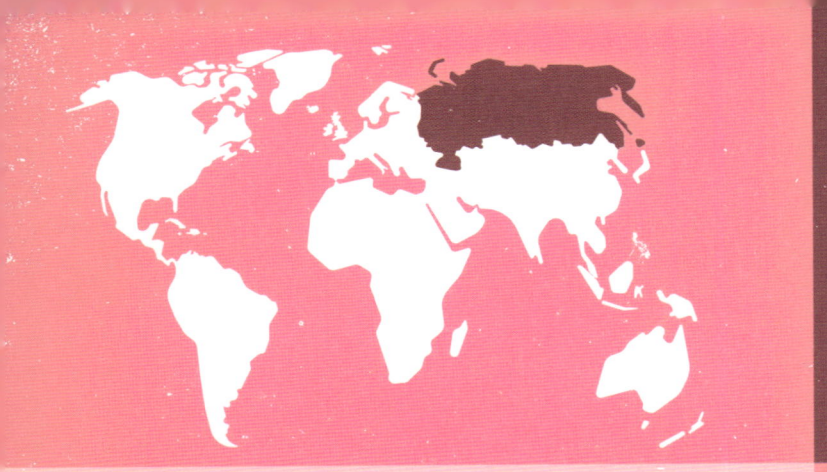

바실리 칸딘스키
1866-1944년
추상 미술의 창시자.
20세기 중요한 예술
이론가로 평가 받는다.

유리 가가린
1934-1968년
미국인 닐 암스트롱이
처음으로 달에 발을 디뎠다면,
가가린은 우주로 날아간
최초의 인간이었다.

마이야 플리세츠카야
1925-2015년
세계적으로 유명한 발레리나.
〈백조의 호수〉를 800회 이상 공연했다!

역사적 순간들

482년 : 슬라브 민족이 오늘날의 러시아 지역으로 이동함.

862년 : 류리크 왕이 노브고르드 지역을 통치함. 이 지역 사람들이 '러시아인'으로 알려지게 됨.

1200-1300년 : 몽골족이 침략함. 모스크바대공국이 들어섬.

1480년 : 모스크바의 통치자 이반 3세가 몽골족을 러시아에서 몰아냄.

1547년 : 이반 4세가 초대 차르(러시아 황제)에 오른 뒤, 왕국을 확장함.

1682년 : 표트르 1세(표트르 대제)가 10세에 공동 차르에 오름. 이후 러시아를 세계 강대국으로 키움.

1812년 : 나폴레옹이 러시아를 침공했으나 6개월 만에 패배함.

1867년 : 러시아는 알래스카를 720만 달러에 미국에 매각함.

1917년 : 러시아 혁명으로 차르 정부가 무너짐. 몇 달 뒤, 블라디미르 레닌의 볼셰비키가 정권을 잡아 소비에트사회주의공화국연방(USSR)이 세워짐.

1924년 : 레닌이 사망하고 스탈린이 권력을 잡음. 스탈린은 반대파를 모두 제거하는 '대숙청'을 해서 수백만 명이 목숨을 잃음.

1942년 : 러시아는 제2차 세계 대전 동안 연합군 편에서 싸움. 스탈린그라드 전투에서 독일을 격파함.

1945-1950년 : 제2차 세계 대전이 끝나고 소련이 동유럽 대부분을 지배함. 서유럽과의 관계가 악화되어 냉전이 시작됨.

1991년 : 소련이 해체되고 러시아가 탄생함.

2000년 : 블라디미르 푸틴이 대통령에 당선됨.

키지섬
오네가 호수 안에 있는 섬. 중세 러시아 건축을 수집하고 재현해 나무로 지은 야외 박물관이 유명하다.

무르만스크
러시아 최북단에 있는 도시에서 열차를 타 보자. 이곳은 일 년 내내 눈에 덮여 있다.

콜라반도
러시아 북쪽에 자리 잡은 반도. 일 년 중 100일 동안 해가 지지 않는다. 겨울에는 오로라가 장관을 이룬다.

루스케알라산 공원
이 공원에는 수정처럼 맑은 물이 가득한 100m 깊이의 대리석 계곡이 있다.

만푸푸뇨르 석상
언덕 위에 돌기둥 7개가 40m 높이로 우뚝 솟아 있다. 2억 년 동안 자연의 풍화, 침식 작용 등으로 생긴 것이다.

상트페테르부르크

모스크바

니즈니노브고로드

카포바 동굴
이 석회암 동굴에는 구석기 시대에 그려진 암각화가 있다.

수즈달
도시 전체가 세계 문화유산으로 지정되었다. 금색과 파란색 돔이 있는 흰색 건물이 수백 개나 있다.

스탈린그라드 전쟁터
제2차 세계 대전 중 독일군이 스탈린그라드를 침공하자 러시아군과 주민들이 200일 가까이 힘겹게 막아 냈다.

엘브루스산
활동을 멈춘 화산. 캅카스산맥에서 가장 높은 봉우리다.

소치
여름 휴양지로 유명하다. 2014년 동계 올림픽이 열렸다.

예카테리나 2세
1729-1796년
러시아를 가장 오랫동안 다스린 황제. 예술의 옹호자이자, 세계에서 러시아의 지위를 드높인 매우 영리한 지도자로 평가 받는다.

페테르고프 (여름 궁전)
표트르 1세는 베르사유 궁전을 보고 자신도 멋진 궁전을 갖고 싶어 했다. 이것이 그 결과물이다!

에르미타시 박물관
예카테리나 2세가 1764년에 컬렉션을 시작했다. 현재는 세계에서 두 번째로 큰 예술과 문화 박물관이다.

피의 구원 사원
'피 위에 놓인 구세주 교회'라는 희한한 이름은 1881년 알렉산드르 2세의 암살에서 비롯되었다.

주요 사항	전진하라 러시아여! 신이 우리와 함께 있다!	
수도 모스크바	**화폐** 루블	**국가 코드** RU, RUS
대도시 모스크바 상트페테르부르크 노보시비르스크 예카테린부르크	**이름의 유래** '러시아인의 땅'을 뜻하는 '루스'에서 나옴	**공식 언어** 러시아어
인구 1억 4681만 명 (2020, 외교부) 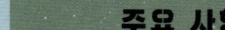	**꽃** 캐모마일 	**새** 독수리 

페름 지역의 오르다 동굴
러시아에서 가장 길고 웅장한 해저 동굴. 우랄산맥 아래에 있으며, 길이는 4600m에 이른다.

붉은 광장
러시아의 국가 행사장이자 만남의 장소. 동화 속에 나올 법한 성 바실리 대성당을 꼭 감상하자!

크렘린
유럽에서 가장 큰 요새. 5개의 궁전과 4개의 성당이 있으며, 러시아 대통령의 집무실이 있다.

레닌의 무덤
러시아 혁명의 지도자 블라디미르 레닌의 방부 처리된 시신이 안치되어 있다.

시베리아 횡단 철도
러시아는 도시마다 시차가 다르다. 지구상에서 가장 대단한 기차 여행이 될 것이다.

죽음의 계곡
캄차카반도에 있으며, 가스 때문에 사람과 동물이 죽었다.

간헐천 계곡
간헐천 계곡에는 약 200개의 뜨거운 분수가 뿜어져 나온다.

노보시비르스크

벨루하산
4500m 높이의 벨루하산에는 멸종 위기에 놓인 눈표범이 살고 있다.

바이칼호
유라시아 대륙에서 가장 큰 담수 호수. 얼지 않는 담수 20%가 이곳에 있다.

블라디보스토크
일본과 가까운 항구 도시. 러시아 태평양 해군 함대 기지가 이곳에 있다.

우수리만
한때 유리병 조각을 버리던 곳이었지만, 오늘날에는 유리 해변으로 불린다. 파도가 유리를 다듬어 알록달록 보석처럼 빛난다.

웅장하고 장엄한 땅에 오신 걸 환영합니다!

지구상에서 가장 넓은 나라에 오신 걸 환영합니다! 러시아는 서쪽의 상트페테르부르크에서 동쪽의 블라디보스토크까지 거의 1만 km에 걸쳐 뻗어 있어요. 한 쪽 끝에서 다른 쪽 끝으로 자동차를 타고 쉬지 않고 가려면 2주 이상이 걸리는 거리지요! 길을 따라가다 보면 거대한 사막, 거세게 흐르는 강, 깊은 호수, 광대한 산맥, 거친 평원, 울창한 소나무 숲, 광활한 습지대를 만나게 될 거예요. 여정의 어느 지점에서든 좌회전해 북쪽으로 가면 북극권에 이르게 될 것입니다. 이곳은 겨울이 되면 완전한 어둠으로 둘러싸여요.

러시아는 추위와 야생, 신비와 음모의 장소입니다. 또한 역사와 예술, 건축, 혁신으로 넘쳐나는 나라이기도 하지요. 러시아에서 가장 높은 산에 올라보고, 혁명가의 발자취를 따라 걸어 보세요. 프리마 발레리나가 무대에서 공연하는 모습을 보고, 세계에서 가장 큰 담수 호수를 탐험해 보세요. 할 일과 볼거리가 국가만큼이나 방대합니다.

알렉산드라 코스티뉴크
1984년-
다섯 살부터 체스를 시작했다. 열네 살에 체스 그랜드마스터가 되었고, 2008년에는 여자 세계 챔피언에 올랐다.

타파스의 땅에 오신 걸 환영합니다!

스페인은 음식, 해변, 예술, 건축, 축제 등 유명한 것이 무척 많습니다. 이 모든 걸 즐기기에는 시간이 너무나도 부족하지요!

스페인에는 3만 년 전부터 사람들이 살았습니다. 스페인 역사의 최근 2500년은 유럽과 아프리카에서 온 침략자들의 이야기로 가득한데, 이런 역사가 다양한 문화를 낳았어요. 수많은 멋진 도시 중 하나를 골라, 역사가 흠뻑 녹아든 거리를 걸어 보세요. 국민 요리인 '빠에야'를 맛보고, 웅장한 건축물을 둘러보고, 예술 작품을 감상하고, 오후의 낮잠을 즐긴 다음 타파스(스페인의 전채 요리)를 먹고 춤을 즐겨 보세요. 어쩌면 스페인의 아름다운 해변이 손짓할지도 몰라요! 뭘 기다리고 있나요? 아름다운 나라가 여러분을 두 팔 벌려 환영합니다!

역사적 순간들

기원전 900-기원전 600년 : 켈트족이 들어와 정착함.

기원전 206년 : 고대 로마의 지배를 받음.

서기 409-470년 : 게르만족이 스페인을 지배함.

711년 : 북아프리카의 이슬람 왕조가 스페인을 정복하기 시작함.

1492년 : 크리스트교 세력이 그라나다에서 이슬람 세력을 물리침.

1493년 : 스페인이 아메리카 대륙을 식민지화하기 시작함.

1605-1615년 : 스페인에서 가장 유명한 소설, 미겔 데 세르반테스의 《돈키호테》가 출판됨.

1936년 : 좌익 정부와 우익 군부 사이에 스페인 내전이 시작됨.

1939년 : 프란시스코 프랑코 장군이 내전에서 승리해 36년 동안 독재를 시작함.

1975년 : 프랑코 사망. 민주주의로 나아가게 됨.

1978년 : 헌법을 채택하고 민주주의 국가가 됨.

1992년 : 바르셀로나에서 올림픽 경기가 열림.

2010년 : 스페인이 FIFA 월드컵에서 우승함.

안토니오 가우디
1852-1926년
스페인을 대표하는 건축가. 모두가 볼 수 있도록 바르셀로나 거리에 자신의 비전을 남겼다. '사그라다 파밀리아 성당'은 바르셀로나의 상징과도 같다.

산 미겔 시장
식성이 까다로운 사람이라면 여기가 딱이다! 맛있는 스페인 타파스를 맘껏 맛볼 수 있다.

마드리드 왕궁
현재 스페인 국왕 펠리페 6세가 사는 곳. 이곳에는 3400개가 넘는 방이 있다.

카바 바하 거리
이 거리는 스페인에서 가장 유명한 음식, 타파스의 천국이다.

페넬로페 크루즈
1974년-
유명 배우. 예술 영화는 물론 세계적인 블록버스터 영화에도 출연했다.

에두르네 파사반
1973년-
산악인. 세계의 8000m 봉우리 14좌를 모두 등반한 최초의 여성.

파블로 피카소
1881-1973년
현대 미술을 생각하면 피카소가 떠오를 것이다. 피카소는 화려하고 입체적인 그림을 즐겨 그렸다.

주요 사항	더 멀리 보다	
수도 마드리드	**통화** 유로	**국가 코드** ES
대도시 마드리드 바르셀로나 발렌시아 세비야 사라고사	**이름의 유래** 이베리아반도의 옛 이름, 스파니아에서 유래	**공식 언어** 스페인어
인구 4726만 명 (2021, CIA)	**꽃** 카네이션	**새** 수리

구겐하임 미술관
철근 구조물이 인상적인 이 현대 미술관은 그 자체로 예술 작품이다.

라 콘차 해변
산세바스티안은 아름다운 해변을 자랑하는 해양 도시로, 많은 사람이 바다에서 즐거운 시간을 보낸다.

달리 극장 박물관
살바도르 달리는 초현실주의 그림으로 미술계에 한 획을 그었다.

산티아고 순례길
피레네산맥을 따라 '산티아고 데 콤포스텔라'까지 800km에 이르는 순례길을 걸어 보자.

피코스 데 유로파 국립 공원
스페인 최초의 국립 공원. 바위가 많은 경이로운 땅이다. 샤무아와 아이벡스(염소의 일종)가 많이 산다!

알하페리아 궁전
약 1000년 전에 지어진 이슬람 궁전 요새.

이비자섬
아름다운 해변과 댄스 파티로 유명하다.

오세아노그라픽 아쿠아리움
유럽에서 가장 큰 수족관. 돌고래, 상어, 고래 등을 볼 수 있다!

코르도바 대성당(메스키타 이슬람 사원)
8세기에 작은 교회로 시작했다. 그 뒤 이슬람 사원으로 재건했고, 다시 성당으로 개조했다.

토마토 축제
온몸이 지저분해질 준비가 되었을까? 매년 8월에 열리는 이 토마토 축제에서는 수천 개의 토마토를 서로에게 던져 댄다.

바르셀로나 보케리아 시장
이곳 시장에서는 다양한 식재료를 판다. 800년의 역사를 자랑한다!

람블라 거리
아름다운 가로수가 늘어선 대로. 바르셀로나의 관광 명소이다.

세비야
4월이 되면 세비야는 사람들로 붐빈다. 6일 동안 행진과 축제가 흥겹게 펼쳐진다.

피카소 미술관
피카소의 유명한 그림을 실컷 감상해 보자. 왜 피카소를 혁명적인 예술가로 평가하는지 알 수 있다.

카사 바트요
사람의 뼈를 소재로 설계한 건물. 지붕은 용의 비늘을 닮았다. 실내는 지중해의 푸른 바다를 모티브로 했다.

볼로니아 해변
완벽한 해변이다. 고대 로마 도시의 폐허 근처에 있는 국립 공원으로 무척 한적하다!

알함브라 궁전
그라나다에 있는 붉은 성. 9세기까지 거슬러 올라가는 역사가 긴 튼튼한 요새로, 그 이름 자체가 '빨간색'을 뜻한다.

구엘 공원
가우디의 상상력이 가득 찬 공원. 생강빵 모양의 집, 파인애플 기둥, 모자이크 파충류를 감상해 보자!

사그라다 파밀리아
가우디의 뛰어난 교회 건축물. 1882년에 짓기 시작했지만 아직도 짓고 있다!

라파엘 나달
1986년-
스페인 최고의 테니스 선수. 단호하고 힘 있는 경기로 유명하다.

스페인 왕의 오솔길
이 좁은 길을 따라 바위 절벽 위로 올라가 저 아래 펼쳐진 협곡을 내려다보는 모습을 상상해 보자.

그리스

마케도니아

불가리아

테살로니키 올림픽 박물관
약 3000년 동안 올림픽이 다양한 형태로 개최되었다. 이 박물관에서 올림픽의 역사에 대해 알아보자.

올림포스산
그리스에서 가장 높은 산. 전설에 따르면, 고대 그리스 신들의 고향이다! 정상까지 하이킹할 수 있다.

알바니아

파나티나이코 경기장
근대 올림픽은 1896년에 시작되었는데, 이곳에서 처음 개최했다.

메테오라
메테오라는 그리스어로 '공중에 떠 있다'라는 뜻이다. 거대한 바위기둥 위에 수도원이 있다.

아크로폴리스 박물관
아테네 중심부에 사원, 조각상, 건축물들로 이루어진 고대 도시 단지.

테살로니키

라리사

모나스티라키 벼룩시장
이 분주한 시장에서 기념품, 골동품, 멋진 보석을 구할 수 있다. 일요일에 꼭 가 보자.

포키 해변
이곳에서 스노클링을 하며 아름다운 바다 경치를 즐기거나 작살 낚시를 할 수도 있다!

델피의 신탁
델피에 가서 미래를 엿보자. 고대에는 사람들이 예언을 듣거나 지혜를 얻기 위해 이곳을 찾았다.

펠리온에서 기차 여행하기
증기 기관차를 타고 언덕이 많은 지형을 여행하며 경치를 감상하자.

파르테논 신전
2500년 된 사원. 고대 그리스 문명의 정점으로 평가 받는다.

아테네에서 기로스 맛보기
기로스는 피타 빵에 구운 돼지나 닭, 양, 소 등 고기를 넣고 감자튀김, 토마토, 양파와 소스를 곁들여 돌돌 말아 먹는 그리스의 대표적인 길거리 음식이다.

멜리사니 동굴
지하 터널을 따라 동굴로 들어가, 보트를 타고 지하 호수를 탐험해 보자.

파트라스

미케네
4000년 전 미케네는 그리스에서 가장 중요한 도시였다. '사자의 문'을 통해 이 웅장한 곳으로 들어가 보자.

아테네

피타고라스 동굴
수학자 피타고라스는 이 동굴에서 제자들을 가르치고 탐구하며 수학 공식을 찾아냈다.

나바지오 해변
난파선이 있는 비밀스러운 해변은 그 자체로도 놀랍다. 수정처럼 맑은 물에서 수영과 스노클링을 즐길 수 있기 때문이다.

에피다우로스 고대 극장
2000년 전에 지은 이 원형 극장은 최대 1만 4000명이 들어갈 수 있었다고 한다. 오늘날에도 공연을 볼 수 있다.

키클라데스 제도
그리스는 섬, 해변, 맑고 푸른 바다로 유명하다. 배를 타고 섬에서 섬으로 여행하면 그리스를 완벽하게 탐험할 수 있다.

아크로티리 유적지
청동기 시대부터 있었던 마을은 16세기에 화산으로 파괴되어 폐허가 되었다.

올리브와 그리스 올리브유 박물관
올리브와 올리브유는 그리스를 대표한다! 작지만 소중한 올리브 열매에 대해, 그리고 수천 년 동안 어떻게 기름을 만들어 왔는지 알아보자.

플라톤
기원전 428년경-기원전 348년경
고대 그리스의 철학자. 플라톤은 완전한 인간 상태는 용기, 지혜, 정의, 절제라는 네 가지 특성으로 이루어진다고 믿었다.

아노 보우베의 올리브 나무
크레타섬 서쪽 마을에는 세계에서 가장 오래된 올리브 나무가 있다. 오늘날에도 여전히 올리브가 열리는데, 그 나뭇가지로 올림픽 우승자를 위한 화환을 만든다.

헤라클리온

이다산
그리스 크레타섬에서 가장 높은 산. 가능하다면 정상까지 올라가 보자!

크노소스
고대 크레타 문명의 중심지. 청동기 시대 유적지가 있으며, 유럽에서 가장 오래된 도시일 것이다.

신들의 땅에 오신 걸 환영합니다!

철학을 생각해 보면 그리스가 세계에 큰 영향을 미쳤다는 사실을 곧 깨닫게 됩니다. 플라톤, 아리스토텔레스, 소크라테스는 인류 역사에서 가장 유명한 사상가이며, 이밖에도 그리스 철학자가 수없이 많아요. 수많은 업적 중에서도 민주주의의 도입은 그리스가 인류에게 준 가장 중요한 선물입니다.

그리스 역사에는 신화와 전설이 풍부해요. 올림포스산의 12 신과 여신은 역사를 통틀어 수많은 이야기에 등장하지요. 파르테논 신전을 비롯해 많은 신전과 위대한 건축물은 신들에게 헌정되었어요. 제우스, 아폴로, 포세이돈 같은 전설적인 캐릭터를 한 번쯤은 들어 보았을 거예요.

인류의 오랜 역사와 유적지만 있는 게 아니에요! 지중해에 있는 그리스는 약 6000개의 섬으로 이루어졌어요. 수영, 항해, 바닷가 휴식을 하기에 안성맞춤인 아름다운 바다가 있고, 어디를 가든 맛있는 해산물을 먹을 수 있답니다!

역사적 순간들

기원전 1600–기원전 1100년: 미케네 문명이 꽃핌.

기원전 1194–기원전 1184년: 전설에 따르면, 트로이 전쟁에서 그리스인들이 거대한 목마를 타고 숨어 들어가 트로이를 공격해 승리했다고 함.

기원전 800년경: 시인 호메로스가 전설적인 트로이 전쟁과 그 이후의 사건을 기초로 《일리아드》와 《오디세이아》를 씀.

기원전 776년: 최초의 올림픽이 그리스에서 열림.

기원전 508년: 클레이스테네스가 그리스 최초의 민주주의를 수립함.

기원전 490년: 그리스가 마라톤 전투에서 페르시아를 물리침. 이를 계기로 마라톤이 스포츠로 발전함.

기원전 336년: 알렉산드로스 대왕이 왕이 됨.

서기 1822년: 그리스가 오스만 제국으로부터 독립을 선언함.

1981년: 그리스가 유럽 연합에 가입함.

1999년: 아테네에서 최악의 지진이 발생해 140여 명이 사망함.

2004년: 아테네에서 올림픽이 개최됨.

2018년: 10년간 경제 위기를 겪은 뒤, 그리스는 다시 성장하기 시작함. 2400년 전에 난파된 배가 흑해에서 온전한 모습으로 발견됨.

주요 사항	자유가 아니면 죽음을	
수도 아테네	**화폐** 유로	**국가 코드** GR
대도시 아테네 테살로니키 파트라스 라리사 헤라클리온	**이름의 유래** 이 지역에 살던 고대 부족	**공식 언어** 그리스어
	꽃 아칸서스	**동물** 돌고래
인구 1039만 명 (2021, 외교부)		

칼림노스섬
상상할 수 없을 정도로 멋진 암벽 등반 코스가 있는 아름다운 섬. 신발을 신고 암벽을 등반해 보자.

히드네
기원전 500년경–?
그리스 신화에 등장하며, 페르시아가 대규모 선단을 이끌고 그리스를 침공했을 때, 아버지와 함께 그리스를 도왔다고 한다.

니코스 카바디아스
1910–1975년
선원이자 시인. 전 세계를 여행하며 글을 썼다. 아르고스톨리에 동상이 있다.

나나 무스쿠리
1934년–
그리스를 대표하는 가수. 200개가 넘는 앨범을 냈고, 세계적인 명성을 얻었다.

기오르고스 카라구니스
1977년–
그리스 최고의 축구 선수. 그리스 국가 대표로 수많은 국제 경기에서 뛰었다.

국립 미술관
100만 점이 넘는 전시물을 자랑하는 거대 미술관. 8000점 정도가 상설 전시되어 있다.

반 고흐 박물관
네덜란드의 위대한 예술가로 반 고흐를 빼놓을 수는 없을 것이다. 이 박물관은 반 고흐의 작품을 세계에서 가장 많이 소장하고 있다.

안네 프랑크의 집
안네 가족이 나치를 피해 숨어 지내던 집을 둘러보자.

잔세스칸스
네덜란드의 작은 마을. 이곳 야외 박물관에는 풍차, 주택, 치즈 공장, 주석 공장이 있다. 이곳에 가면 17세기와 18세기로 거슬러 올라간 느낌이 들 것이다.

알크마르 치즈 시장
이곳 시장에서는 네덜란드 치즈가 400년 이상 거래되었다.

에이설메이르호 마을
인공 호수 주변에 있는 오래된 어촌 마을. 알록달록 예쁜 집들이 눈길을 끈다.

비넨호프
이곳에 네덜란드 의회가 있다. 의회의 기원은 13세기로 거슬러 올라간다. 이곳은 오랫동안 네덜란드를 지배한 귀족들의 본거지였다.

마르켄
이곳에서는 홍수를 피하기 위해 고유의 목조 주택을 기둥 위에 지었다.

호헤 벨루에 국립 공원
한때 네덜란드에서 가장 큰 규모의 사냥 보호 구역이었다. 이제는 가장 큰 자연 보호 구역이다.

국제사법재판소
'세계의 법원'이라고도 부르는 국제사법재판소는 제2차 세계대전이 끝난 뒤, 국가 간의 분쟁을 해결하기 위해 두었다.

쾨켄호프 공원
튤립 축제로 유명하다. 알록달록 화려한 튤립 밭이 사방에 넘쳐 난다.

오스트파르더르스플라선
멋진 자연 보호 구역을 만들었다. 이곳은 노랑부리저어새, 독수리, 먹황새 등이 살고 있다.

마두로담
네덜란드 곳곳을 모두 여행하고 싶지만 시간이 충분하지 않다? 방법이 있지. 이곳은 암스테르담의 중앙역과 광장, 운하, 로테르담 항구 등 네덜란드의 관광 명소를 1/25 크기로 축소해 만든 모형 마을이다.

크롤러뮐러 미술관
반 고흐 박물관 다음으로 반 고흐 작품을 많이 소장하고 있다. 모네, 피카소, 몬드리안의 작품과 거대한 조각 정원도 있다.

델프트
파란색과 흰색의 독특한 도자기가 유명하다. <진주 귀걸이를 한 소녀>를 그린 얀 페르메이르의 고향이기도 하다.

하르 성
네덜란드에서 가장 큰 성. 높은 포탑, 현수교 및 해자가 눈길을 끈다. 동화에 나올 법한 성이다.

우드 헤븐(구 항구)
1350년에 생긴 로테르담의 오래된 항구. 복원해 놓은 배를 많이 볼 수 있다.

킨더다이크 풍차 마을
거대한 풍차가 19개 있는데, 원래 홍수를 막기 위해 만든 것들이다.

에프텔링
신화, 전설, 동화를 바탕으로 한 탈 것과 볼거리가 많은 테마파크.

델타 웍스
제방, 댐, 수문 등으로 이루어진 세계에서 가장 큰 홍수 방지 시스템이다.

테르마 2000
발켄부르그성 유적지가 내려다보이는 4만 년 된 온천. 따뜻한 물에 몸을 담가 보자.

드림걸로츠
12세기에 지은 성. 네덜란드에서 유일하게 언덕 꼭대기에 남아 있는 요새 유적지.

주요 사항	나는 유지할 것이다	
수도 암스테르담	**화폐** 유로	**국가 코드** NL
대도시 암스테르담 로테르담 헤이그 위트레흐트 에인트호벤	**이름의 유래** 네덜란드는 '낮은 나라'라는 뜻. 땅이 해수면 아래 있어서 생긴 이름임	**공식 언어** 네덜란드어
인구 1734만 명 (2021, CIA)	**꽃** 튤립	**새** 흑꼬리도요

지명: 암스테르담, 헤이그, 로테르담, 위트레흐트, 에인트호벤

바덴제이 해협
이곳 갯벌에는 30종 이상의 새가 철마다 찾아온다. 갯벌 습지 생태계 보호 구역이다.

안나 마리아 반 슈르만
1607-1678년
네덜란드 대학에서 공부한 최초의 여성. 화가, 시인, 학자로, 14개 언어를 유창하게 구사했다.

빈센트 반 고흐
1853-1890년
2000점이 넘는 아름다운 그림을 남겼다. 자신의 귀를 자른 것으로 유명하다.

아벌 타스만
1603-1659년
네덜란드 출신의 탐험가이자 항해가. 유럽인 최초로 뉴질랜드 등에 도착했다.

드렌터의 고인돌
선사 시대 무덤. 거대한 돌 하나의 무게는 40톤이 넘는다.

빌럼 알렉산더르
1967년-
현재 네덜란드 국왕. 스포츠, 특히 축구와 스피드스케이팅에 대한 사랑으로 유명하다.

파니 블랭커스 코엔
1918-2004년
육상 선수. 1948년 런던 올림픽에서 여자 육상 경기 4관왕에 올랐다. 당시 30세로, 두 아이의 엄마였다.

역사적 순간들

기원전 3400년: 농경 부족이 정착함. 이들은 돌무덤을 지었음.

기원전 57년: 로마의 정치가 율리우스 카이사르가 네덜란드를 침략함.

기원전 1세기: '프리시안'으로 알려진 부족이 이주함.

서기 800-1000년: 바이킹이 해안 마을을 습격하기 시작해 일부 지역에 정착함.

1482-1567년: 스페인 왕이 통치하는 합스부르크 왕가의 지배를 받음.

1588년경: 스페인으로부터 독립을 선언하고 연방 공화국이 됨.

1814년: 네덜란드 왕국이 선포됨. 그다음 해에 벨기에를 왕국에 포함시켜, 암스테르담과 브뤼셀을 수도로 정함.

1831년: 벨기에가 네덜란드에서 분리되어 독립 국가가 됨.

1945년: 제2차 세계 대전이 끝나고 나서 헤이그에 국제 사법 재판소가 설립됨.

1980년: 율리아나 여왕을 이어 베아트릭스가 네덜란드 여왕이 됨.

2002년: 유로를 통화로 채택함.

2010년: 목숨을 걸고 안네 프랑크 가족을 도와준 '미프 히스'가 사망함.

2010년: 30년 만에 처음으로 네덜란드가 FIFA 월드컵 결승전에 진출함. 결승전에서 스페인에 패함.

풍차의 땅에 오신 걸 환영합니다!

네덜란드라고 부를까? 홀랜드라고 부를까? 국가의 공식 명칭은 '네덜란드 왕국'입니다. 홀랜드는 네덜란드의 지역 '노르트홀란트주'와 '자위트홀란트주'를 지칭하지만, 많은 사람이 네덜란드를 홀랜드라고 부르기도 해요. 네덜란드라는 이름은 '낮은 나라'라는 뜻인데, 국토의 20퍼센트 이상이 해수면 아래에 있어서 생긴 이름이에요.

네덜란드는 세계 역사에 기여를 했습니다. 네덜란드 출신의 유명한 왕, 여왕, 탐험가, 예술가, 운동선수가 무척 많아요.

네덜란드 전역에는 그림이 그려진 목조 주택, 커다란 풍차, 르네상스 시대 궁전, 중세 시대 성, 튤립 정원, 국립 공원, 야외 박물관, 세계 최고의 예술 작품이 전시된 미술관이 눈길을 끄는 예쁜 마을이 많이 있습니다. '안네 프랑크의 집'에서부터 선사 시대 매장지와 국제 사법재판소에 이르기까지, 네덜란드 거리 곳곳에서 인류의 역사를 확인할 수 있어요.

네덜란드는 "좋은 것은 크기와 상관없다"라는 말을 완벽하게 증명하는 곳입니다.

역사적 순간들

1200년대: '독일 기사단'과 '검의 형제 기사단' 소속 수도승 전사들이 라트비아의 발트해로 이주해 리가를 세움.

1386년: 리투아니아 대공이 폴란드 여왕과 결혼함.

1569년: 폴란드와 리투아니아 연방 탄생.

1795년: 러시아가 리투아니아를 흡수하고 폴란드를 해체함.

1917년: 러시아 제국의 몰락과 러시아 혁명이 발트해 지역의 독립을 촉발시킴. 1918년에는 에스토니아, 라트비아, 리투아니아가 독립을 선포함.

1939-1953년: 제2차 세계 대전 중 발트해 연안 국가들은 소련의 영향을 받음. 리투아니아는 강력하게 저항함.

1970년: 에스토니아, 라트비아, 리투아니아에서 소련의 통제에 반대하는 시위와 폭동이 발생함.

1990년: 발트해 연안 국가들이 소련으로부터 독립을 선언함.

2004년: 에스토니아, 라트비아, 리투아니아가 유럽 연합에 가입함.

2011년: 리투아니아는 인터넷 업로드 및 다운로드 속도에서 세계 1위를 차지함.

2014년: 라트비아 수도 리가가 '유럽 문화 수도'로 선정됨.

2015년: 에스토니아 축구장의 떡갈나무가 '유럽 올해의 나무'에 선정됨.

컬리
1987년-
에스토니아 출신 팝스타. '블루 고스'라는 시그니처 스타일을 만들어 냈다.

시청 광장
1441년에 이곳 광장에 세운 가문비나무가 세계 최초의 '크리스마스트리'라고 알려졌다.

톰페아 언덕
1229년에 '검의 형제 기사단'이 톰페아 언덕에 요새를 지은 뒤, 오늘날 에스토니아의 수도 탈린이 생겨났다.

요나스 바사나비추스
1851-1927년
리투아니아의 역사학자, 언어학자. 리투아니아 최초의 신문을 창간하고, 의사, 정치가로도 활동했다. 리투아니아의 독립과 건국에 기여했다.

카드리오르그 공원
이 공원에는 러시아 차르인 표트르 대제가 두 번째 부인 예카테리나 1세를 위해 만든 궁전이 있다.

사아레마섬
에스토니아 해안에서 가장 큰 섬. 발트해 연안에서 유일하게 파괴되지 않은 중세 요새를 자랑한다.

콜카곶
발트해와 리가만의 바다가 이곳에서 만난다. 매년 북쪽으로 이동하는 수천 마리의 철새를 볼 수 있다.

벤츠필스의 소 퍼레이드
벤츠필스는 라트비아의 북서부에 있는 도시. 2002년 벤츠필스에서 소 퍼레이드를 개최했는데 큰 인기를 끌었다. 실물 크기의 소 조각상도 볼 수 있다.

에스토니아

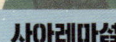

리에파야

벤타 래피드
지름이 250m로 유럽에서 가장 넓은 폭포.

라트비아

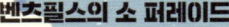

클라이페다

쿠로니아 모래톱
리투아니아와 러시아에 걸쳐 있는 모래톱으로, 총 길이가 98km에 이른다. 유네스코 세계 유산으로 선정되었다. 전설에 따르면, 거친 발트해로부터 마을을 보호하기 위해 거인이 바다에 모래를 던져 생겨났다고 한다.

리투아니아

주요 사항	에스토니아: 공식 모토 없음 라트비아: 조국과 자유를 위하여 리투아니아: 자유, 통합, 번영		
수도 에스토니아: 탈린 라트비아: 리가 리투아니아: 빌뉴스	**국가 코드** 에스토니아: EE, 라트비아: LV 리투아니아: LT	**화폐** 유로	
대도시 에스토니아: 탈린, 타르투 라트비아: 리가, 리에파야 리투아니아: 빌뉴스, 카우나스, 클라이페다	**국가의 탄생** 1917년 러시아 혁명으로 러시아 제국이 물러났을 때	**공식 언어** 에스토니아: 에스토니아어 라트비아: 라트비아어 리투아니아: 리투아니아어	
인구 에스토니아: 122만 명 (2021, CIA) 라트비아: 186만 명 (2021, CIA) 리투아니아: 280만 명 (2021, 외교부)	**꽃** 에스토니아: 수레국화 라트비아: 데이지 리투아니아: 루 (은총의 풀)	**새** 에스토니아: 제비 라트비아: 알락할미새 리투아니아: 황새	

폴란드

울쟈나 세묘노바
1952년-
농구 선수. 1993년 비미국인 여자 선수로는 최초로 농구 명예의 전당에 올랐다.

라헤마 국립 공원
에스토니아에서 가장 크고 오래된 국립 공원. 숲, 해변, 습지, 호수 등이 있다.

탈린

나르성
1370년대에 나르바강의 무역로를 지키고 러시아의 침략을 막기 위해 요새와도 같은 성을 지었다.

나르바

합살루
에스토니아의 여름 휴양지. 한때 러시아 귀족들이 좋아한 온천 마을이었다.

라크베레성
중세 시대의 삶이 어땠는지 상상할 수 있을까? 14세기에 지은 이 성은 그 실마리를 줄 것이다.

페르누
에스토니아 남서부에 있는 도시. 목조 주택이 늘어선 해변 리조트 타운은 탈린 사람들이 가장 좋아하는 휴양지이다.

빌리안디
에스토니아 남부에 있는 도시. 1000년 된 성은 아름다운 호수와 주변 숲을 볼 수 있는 최고의 장소다.

라르투

에스토니아

용감하고 아름다운 발트해 연안 국가들에 대해 알아보자

지구상의 그 어떤 곳보다 아름다운 자연을 자랑하는 이곳에 수많은 외지인이 터를 잡으려 한 건 어쩌면 당연합니다. 바이킹은 발트해 연안을 좋아했어요. 프랑스의 용맹한 장군 나폴레옹 보나파르트는 대군을 이끌고 리투아니아를 침공했어요. 1940년에는 소련의 지도자 스탈린이 이들 세 나라를 모두 점령했어요. 전쟁과 침략의 험난한 역사에도 불구하고, 에스토니아, 라트비아, 리투아니아는 꿋꿋하게 견뎌 내 이제 유럽에서 가장 멋진 풍경을 품고 있어요.

대부분의 사람들이 사는 수도 탈린, 리가, 빌뉴스에는 자갈이 깔린 중세 구시가지, 요새처럼 튼튼한 성, 드넓은 정원을 갖춘 호화로운 궁전이 있습니다. 도시에서 멀리 떨어진 곳에는 삼림 지대와 놀라운 폭포를 자랑하는 국립 공원이 있고요. 해안 곳곳에는 독특하고 아름다운 어촌 마을과 다채로운 휴양 마을이 있어요. 시골 마을은 중세 성곽으로 둘러싸여 있어요.

에스토니아, 라트비아, 리투아니아는 시골의 30% 이상이 야생 숲과 국립 공원입니다. 또한 상대적으로 평평한 지형에도 불구하고(에스토니아에서 가장 높은 지점은 해발 318m에 불과해요.) 야외 모험 문화가 있습니다. 해변, 강, 호수, 광천수 및 고대 숲을 최대한 즐기는 지역 주민과 관광객을 볼 수 있을 거예요. 이제 함께 재미있게 즐기길!

라트비아

체시스성
1214년에 '검의 형제 기사단'이 이 성을 지었다. 1577년에 러시아 이반 4세의 공격을 받고 러시아에 함락되었다.

리가
라트비아의 수도. 라트비아 인구의 1/3이 이곳에 산다. 구시가지는 보행자 전용이며, 낡은 항공기 격납고 자리에는 중앙 시장이 있다.

리가

다우가프필스 요새
라트비아에 있는 대규모 요새. 러시아 차르 알렉산드르 1세가 나폴레옹 군대를 막기 위해 건설했다.

룬달레 궁전
귀족의 여름 별장으로 지은 웅장하고 화려한 궁전.

다우가프필스

리투아니아

십자가 언덕
이 언덕에는 20만 개가 넘는 십자가가 있다. 크리스트교인들의 성지 순례지이다.

아욱슈타이티야 국립 공원
리투아니아에서 가장 오래된 국립 공원. 100개가 넘는 호수와 30개의 강이 흐른다. 300년 이상 된 목조 주택이 모여 있다.

카우나스

케르나베 고고 유적
구석기 시대에서 중세 시대에 이르기까지의 유적, 유물이 많이 나왔다. 언덕 요새, 정착지, 매장지는 기원전 8세기와 기원전 9세기에 살았던 사람들의 흔적을 보여 준다.

드루스키닌케이
리투아니아의 온천 휴양 도시. 미네랄이 풍부한 물에 몸을 담그려는 사람들이 찾아온다.

빌뉴스

빌뉴스
1503년에서 1522년 사이, 리투아니아 대공국은 도시 전체에 거대한 방어벽을 세웠다. 여기에 거대한 출입문 9개가 있었는데, 지금은 '새벽의 문'만 남았다.

트라카이 역사 국립 공원
리투아니아에서 가장 작은 국립 공원. 호수 가운데 있는 섬에는 붉은 빛깔의 중세 시대 성이 있다.

바르보라 라드빌라이테
1522-1551년
리투아니아의 통치자. 30세도 안 된 나이에 폴란드의 여왕이 되었다.

벨라루스

아나톨리 솔로비예프
1948년-
라트비아 출신 우주 비행사. 16번이나 우주 유영에 나서 82시간을 우주 공간에서 걸어 다녔다.

유럽의 굳건한 나라에 오신 걸 환영합니다!

폴란드에 대해 어떤 말을 들어 봤나요? 제2차 세계 대전 때 독일이 처음으로 침공한 나라라는 사실? 지구가 태양을 중심으로 돈다고 주장한 사람이 폴란드인이라는 사실? 끔찍한 홀로코스트가 벌어진 암울한 시절, 또는 폴란드가 한때 소련의 지배를 받았다는 사실을 알고 있을지도 모르겠네요. 그런데 폴란드가 유럽에서 가장 큰 육지 포유류인 유럽들소의 고향이라는 사실은 몰랐을 거예요. 폴란드의 말보르크성은 세계에서 가장 큰 성이고, 노벨상을 수상한 폴란드인이 17명이나 된다는 사실도 잘 몰랐을 거예요. 폴란드는 세계 무대에서 자신의 역할을 충실히 수행하고 있어요.

히틀러의 잔학 행위가 벌어진 아우슈비츠 강제 수용소에서부터 몽골의 침략을 견뎌 낸 요새에 이르기까지, 폴란드에는 중요한 역사 유적지가 아주 많아요. 제2차 세계 대전 때 폭격으로 심각한 피해를 입었지만, 도시 곳곳에는 여전히 멋진 중세 마을 광장과 왕궁이 있어요. 고산 호수와 바닷가 모래 언덕, 예배당을 갖춘 소금 광산, 지역 주민들이 집 벽을 다채로운 꽃 그림으로 꾸민 마을도 있고요.

폴란드는 역경을 꿋꿋이 견뎌 내고 지배에 끈질기게 저항했습니다. 이제 힘차게 뻗어 나갈 준비가 되었어요.

스위빈스키 국립 공원
폴란드에 모래 언덕이 있다고? 발트해 인근에 위치한 이 국립 공원에는 바람에 실려 온 모래 언덕이 유명하다.

발트해

그단스크

삼바르크의 거꾸로 된 집
다락방 창문을 통해 올라가 천장을 거닐어 보자. 공산주의가 폴란드를 얼마나 혼란스럽게 만들었는가를 상징적으로 보여 주기 위해 이렇게 집을 거꾸로 지었다고 한다.

말보르크성
13세기에 지은 성. 지상 면적 기준으로 세계에서 가장 크다. 유네스코 세계 문화유산에 등재되었다.

비스쿠핀 유적지
청동기 시대 사람들은 나무로 요새처럼 튼튼한 집을 짓고 살았다.

토룬
토룬의 중세 구시가지는 제2차 세계 대전의 폭격에서 기적적으로 살아남았다.

포츠나니

평화의 교회
1648년 30년 전쟁이 끝났을 때 지었다. 세 개 중 하나는 불타고 두 곳만 남았다.

코페르니쿠스
1473-1543년
천문학자이자 수학자. 태양이 지구 주위를 도는 게 아니라 지구가 태양 주위를 돈다고 주장했다.

이레나 세빈스카
1946-2018년
육상 선수. 100m, 200m, 400m 달리기에서 세계 기록을 보유한 유일한 선수였다.

우치의 거리 벽화
전 세계의 거리 예술가들이 우치에 와서 자신의 작품을 벽에 남긴다.

우치

독일

크시옹시성
제2차 세계 대전 중에 독일군이 이 언덕 위의 성을 차지했다. 독일군은 성의 지하에 복잡한 터널을 뚫었다.

브로츠와프

브로츠와프
문간, 상점 앞, 도시 광장 곳곳에 숨어 있는 땅의 요정 모양 작은 조각상 '크라스날'을 눈여겨 보자.

아우슈비츠 강제 수용소
제2차 세계 대전에 히틀러는 유대인을 몰살하려는 끔찍한 계획을 세웠다. 그 계획 중 하나로 유대인을 수용소에 강제로 가뒀다.

마리 퀴리
1867-1934년
여자라는 이유로 공부가 금지 되었지만 X-레이 장치를 발명했고, 물리학·화학 분야에서 두 차례 노벨상을 받았다.

해골 예배당
3000개의 두개골과 뼈로 장식되어 있어 무시무시한 느낌이 든다. 죽은 자들을 추모하기 위한 공간이다.

자코파네
타트라 산지로 가는 관문으로 알려진 곳. 독특하게 장식한 목조 건물이 많다.

폴란드

모르스키예 오코 호수
에메랄드처럼 맑고 아름다운 초록색을 자랑하는 고산 호수. 기슭에는 타트라 산지에서 가장 오래된 목조 호스텔이 있다.

레흐 바웬사
1943년-
노동자의 권리를 쟁취하기 위해 폴란드 최초의 노동조합을 결성했다. 그 공로를 인정받아 노벨 평화상을 수상했다.

리투아니아

러시아

포토플라스티콘
115년 된 극장. 사람들은 구멍이 뚫린 기둥 앞에 앉아, 구멍 사이로 옛날 활동사진을 본다.

와지엔키 공원
300년 전에 설계한 공원. 거대한 중앙 공원에는 궁전, 원형 극장, 오렌지 온실이 있다.

마수리안 호수 지구
아름다운 숲으로 둘러싸인 호수가 2000개도 넘게 있다. 리조트 타운이 곳곳에 있다.

코페르니쿠스 과학 센터
이 박물관에는 마법의 양탄자, 천체 투영관, 상호 작용 로봇을 포함해 450개 이상의 전시물이 있다.

비아워비에자 숲
오래되고 울창한 숲에 800마리가 넘는 유럽들소가 산다.

벨라루스

바르샤바

바벨성
한때 폴란드 왕과 여왕이 살던 곳이다. 1000년 전에 지었는데, 지금은 박물관으로 쓴다.

이레나 센들러
1910-2008년
1939년 나치가 폴란드를 침공해 유대인을 박해하자 위험을 무릅쓰고 수천 명의 아이들을 게토에서 빼내 목숨을 구했다.

용의 굴
전설에 따르면, 바벨 언덕 아래의 깊은 동굴에 사나운 용이 산다고 한다.

바비칸
천연 요새. 한때 크라쿠프 전체를 둘러싼 웅장한 붉은 벽돌 요새였다고 한다. 몽골의 침략을 막을 정도로 튼튼했지만, 지금은 그 흔적만 남아 있다.

우크라이나

잘리피에
폴란드의 전통 꽃무늬 벽화로 유명한 마을. 연기와 그을음 자국을 가리려고 벽화를 그리기 시작했다.

크라쿠프

두나예츠강 협곡
이 가파른 협곡을 경험할 수 있는 가장 좋은 방법은 배를 타고 강을 따라가는 것이다. 모험을 즐기고 싶다면 급류 래프팅을 해도 좋다.

비엘리치카 소금 광산
이 고대 소금 광산 안에는 지하 터널과 수많은 방이 이어져 있다. 그중 상당수에 소금으로 조각한 제단과 기념물이 있다.

역사적 순간들

기원전 2300년: 초기 청동기 시대 사람들이 폴란드에 정착함.

서기 500년: 슬라브족이 중부 유럽에서 폴란드로 이주함.

1025년: 폴란드 왕국 건립. 볼레스와프 1세가 초대 왕이 됨.

1596년: 크라쿠프에서 바르샤바로 수도를 이전함.

1793년: 러시아와 프로이센이 폴란드를 침공해 영토를 나눠 가짐.

1815년: 러시아의 통치를 받음.

1914년: 제1차 세계 대전이 시작됨. 폴란드는 독일과 오스트리아 편에 서서 러시아와 싸움. 전쟁이 끝나고 독립 국가가 됨.

1939년: 독일이 폴란드를 침공하면서 제2차 세계 대전이 시작됨. 히틀러의 '최종 해결책'의 일환으로 폴란드에서 유대인 수백만 명이 살해당함. 전쟁이 끝나고 폴란드는 다시 러시아의 지배를 받음.

1980년: 레흐 바웬사가 노동조합을 결성하자 1000만 명이 가입함. 러시아는 바웬사를 감옥에 가둠.

1989-1991년: 전국 선거로 바웬사가 대통령이 되고 새로운 정부를 꾸림. 소련이 폴란드에서 철군함.

1997년: 새로운 헌법을 채택함.

2004년: 유럽 연합(EU)에 10번째로 가입함.

주요 사항 — 우리와 당신의 자유를 위해

주요 사항		
수도 바르샤바	**화폐** 즈워티	**국가 코드** PL
대도시 바르샤바 크라쿠프 우치 브로츠와프 포츠나니	**이름의 유래** 1000년 전에 이곳에 살던 슬라브족	**공식 언어** 폴란드어
인구 3790만 명 (2020, 외교부)	**꽃** 붉은 양귀비 	**새** 흰꼬리수리 

중부 유럽 온천의 나라에 대해 알아보자!

유럽 내륙에 있는 이 나라는 해변이 없는 대신 중세 시대 성, 드넓은 초원, 웅장한 궁전, 로마 유적, 매혹적인 박물관뿐만 아니라 온천, 샘, 호수가 수천 개나 있습니다.

헝가리 사람들은 스스로를 마쟈르족이라고 불러요. 마쟈르족은 9세기에 서부 시베리아에서 오늘날의 헝가리 지역으로 이주해 와서 정착했고, 1000년에 헝가리 왕국을 세웠어요. 하지만 헝가리의 역사는 순탄하지 않았어요. 14세기부터 16세기까지 오스만 제국이 헝가리를 정복했어요. 오스만 제국의 뒤를 이어 오스트리아 합스부르크 왕가가 침략했고, 제1차 세계 대전에서 패전국에 합류해 싸운 뒤, 헝가리는 공산주의 국가가 되고 소련의 지배를 받기도 했어요. 하지만 오늘날, 헝가리는 선거로 총리를 선출하는 민주주의 국가입니다.

소도시에는 거대한 요새, 튼튼한 성에서부터 버려진 궁전에 이르기까지 매혹적인 역사 건물이 가득해요.

드넓은 평야 지대, 아름다운 다뉴브강, 중부 유럽에서 가장 큰 담수 호수로 알려진 벌러톤 호수를 비롯해 가 볼 곳이 무척 많은 나라입니다.

해리 후디니
1874-1926년
마술사. 수갑, 자물쇠로 잠근 궤짝에서 감쪽같이 빠져나오는 탈출의 달인.

루비크 에르뇌
1944년-
발명가. '루빅스 큐브'를 발명했다. 루빅스 큐브는 정육면체를 돌려 각 면의 색상을 하나로 맞추는 3차원 퍼즐이다.

주요 사항	신의 도움으로 조국과 자유를	
수도 부다페스트	**화폐** 포린트	**국가 코드** HU
대도시 부다페스트 데브레첸 미슈콜츠 세게드 페치	**이름의 유래** 6세기에 이 지역을 다스린 온오구르족	**공식 언어** 헝가리어
인구 977만 명 (2021, 외교부) 	**꽃** 튤립	**새** 투룰 

유디트 폴가르
1976년-
헝가리 체스 그랜드 마스터. 역대 최고 여성 선수로 평가 받는다.

슬로바키아

센텐드레 민속촌
헝가리 사람들이 수 세기 동안 살아온 모습을 확인할 수 있다.

비셰그라드 궁전
15세기에 마차시 1세가 350개의 방이 있는 궁전을 지었다. 현재는 고대 무기와 가정용품을 전시하는 박물관으로 사용된다.

제르

마이크로 원더 박물관
전시된 예술 작품들은 크기가 너무 작아서 확대해야만 제대로 볼 수 있다. 못에 달린 체스 세트, 쌀알에 달린 차 세트도 있다.

부다페스트 어린이 기차
부다페스트 인근, 숲이 우거진 지역에 있는 아름다운 철도 노선. 직원은 모두 10-14세 어린이들이다!

부다페스트

슈메그성
산꼭대기에 지은 성. 밤이 되면 성벽에 조명을 환하게 밝힌다.

랑고쉬
헝가리 사람들이 즐겨 먹는 간식. 아침 식사 대용으로도 먹는다. 기름에 튀긴 반죽에 사워크림을 바르고 각종 야채나 치즈를 올려 먹는다. 냠냠!

헤비즈 온천
세계에서 가장 큰 온천. 방문객이 목욕할 수 있는 실내와 노천탕이 있다.

고르디움 고고학 공원
마자르족이 오기 전에는 상점과 주택이 즐비한 번성한 로마 도시였다.

치타델라
헝가리 부다페스트에 있는 요새. 한때 나치가 적의 항공기를 지켜보기 위해, 공산주의자들이 시민 반란을 진압하기 위해 사용하기도 했다.

부다성
거대한 부다성 아래에는 온천 때문에 생긴 지하 동굴이 있다.

다뉴브 강가의 신발들
제2차 세계 대전에서 목숨을 잃은 유대인들을 기리기 위해 부다페스트 다뉴브 강둑을 따라 쇠붙이로 만든 60켤레의 신발을 놓아두었다.

젬멜와이스 의학 박물관
쭈그러든 인간 머리, 기묘한 수술 도구들이 전시되어 있다.

어부의 요새
부다성의 오래된 방어벽 위에 세운 동화 같은 전망대. 부다페스트 최고의 전망을 자랑한다.

벨라 루고시
1882-1956년
영화배우. 미국으로 이민 가서 1931년에 영화 〈드라큘라〉에 출연해 일약 스타가 되었다. 이 영화를 보면 뱀파이어를 믿게 될 거야.

마리아 텔케스
1900-1995년
물리학자이자 태양광 연구의 선구자. 별명이 '태양의 여왕'인데, 태양열로 가열하는 최초의 집을 지었기 때문이다.

뷔크 국립 공원
천연 온천, 숲이 우거진 산맥, 버려진 성이 있다. 하이킹을 즐기기 좋은 곳이다.

릴라퓨레드 동굴
옛날 사람들은 한때 이 동굴을 피난처로 사용했다. 1910년에 강아지 한 마리가 근처 동굴에 떨어지기 전까지 사람들 손길이 닿지 않았다.

케케시산
헝가리에서 가장 높은 산으로, 해발 1000m가 넘는다. 눈밭에서 펼쳐지는 운동과 자전거 경주로 인기가 높다.

미슈콜츠

역사적 순간들

896년: 마자르족으로 알려진 헝가리 부족이 헝가리 남부 카르파티아 분지를 정복하고 로마인들을 몰아냄.

1241년: 몽골의 타타르족이 침략해 황폐화시킴.

1361년: 부다가 헝가리 왕국의 수도가 됨.

1526년: 오스만 제국이 헝가리를 침공해 국가를 세 부분으로 나눔. 북쪽은 오스트리아 합스부르크 왕가의 지배를 받고, 남쪽은 헝가리로 남고, 오스만 제국이 중앙을 지배함.

1867년: 합스부르크 왕가가 빈과 페스트-부다로 구성된 이중 군주국으로 만듦. 오스트리아 황제를 헝가리 왕으로 섬기게 됨.

1873년: 페스트, 부다, 오부다가 합쳐짐.

1914년: 제1차 세계 대전에서 패전국 편에서 싸움. 그 결과 헝가리 군주제가 붕괴됨.

1939-1945년: 제2차 세계 대전이 시작되고, 나치가 헝가리를 침공함. 전쟁이 끝나자 소련이 헝가리를 소비에트 블록에 편입시킴.

1990년: 소련이 헝가리를 떠나고, 헝가리에 민주주의가 수립됨.

2004년: 헝가리가 유럽 연합(EU)에 가입함.

2015년: 아프가니스탄, 시리아, 북아프리카에서 전쟁을 피해 도망쳐 나온 난민들로 이주자 위기에 직면함.

게르성
1552년에 오스만 제국은 에게르 마을을 침공하려 했지만 실패했다. 이 성이 굳건하게 버티고 있었기 때문이다.

호토바기 국립 공원
헝가리에서 가장 오래된 국립 공원이자 가장 큰 보호 구역. 광대한 초원 지대로, 별을 관찰하기에 좋다.

데브레첸

성이슈트반 대성당
1000년 전, 초대 헝가리 왕 이슈트반의 오른손 손목이 화려한 금과 유리 캐비닛 안에 안치되어 있다.

세체니 온천
부다페스트는 로마 시대에 온천으로 유명했다. 온천에 몸을 담그고 고풍스러운 건물을 감상해 보자.

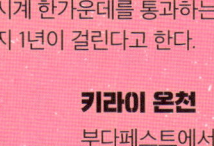
타임휠
부다페스트 중심에 있는 거대한 모래시계 조형물. 모래가 모래시계 한가운데를 통과하는 데까지 1년이 걸린다고 한다.

키라이 온천
부다페스트에서 가장 오래된 온천탕. 16세기 오스만 제국 때 지었다.

바이다후냐드성
895년 마자르족이 카르파티아 분지를 정복한 것을 기념하기 위해 '헝가리 1000년' 행사의 일환으로 1896년에 지었다.

루카스 온천
사제들이 목욕할 수 있도록 12세기에 지었다. 1880년대에 온천 호텔이 들어섰다.

헝가리

르비아

아이슬란드

요한나 시귀르다르도티르
1942년-
정치인. 아이슬란드 총리를 역임했다. 성소수자로서 최초로 정부 수반에 올랐다.

라트라비야르그
거대 절벽에는 수백만 마리의 바닷새가 산다. 많은 사람이 좋아하는 퍼핀도 볼 수 있다.

드랑스네스 온천
지열을 이용한 천연 온천. 추운 날 야외에서 목욕하기 딱 좋다.

아이슬란드 요정 학교
요정을 믿니? 트롤은? 땅속 요정은? 이 학교는 이런 걷잡을 수 없는 생명체에 대해 가르쳐 줄 것이다.

레이캬비크 정착 전시회
바이킹족이 초기에 어떻게 아이슬란드에 정착했는지를 보여 주는 박물관이다.

아이슬란드 마법 박물관
아이슬란드는 오랫동안 마법과 신화를 품은 신기한 장소다. 이 으스스한 박물관에서 그 모든 걸 탐험해 보자.

흐빗셰르쿠르
'흰 셔츠'라는 뜻으로, 이 바위는 바닷새 똥으로 뒤덮여 있다! 둥근 용암 기둥이지만, 트롤의 유골이라는 전설이 전해진다.

할그림스키르캬
레이캬비크 시내의 가장 큰 이정표. 이 눈에 띄는 건물은 루터교 교회로, 낡은 것 같으면서도 미래적인 모습을 동시에 보여 준다. 5275개의 파이프가 달린 파이프 오르간이 눈길을 끈다!

아이슬란드 국립 박물관
874년에 잉골푸르 아르날손이 가족과 함께 정착하기 전까지, 이 섬에는 사람이 살지 않았다. 이 박물관의 유물과 전시회를 보면 아이슬란드의 역사를 알 수 있다.

에스야산
레이캬비크 인근 914m 높이의 산을 오르면, 저 아래 펼쳐진 도시의 다채로운 지붕을 감상하기에 안성맞춤이다.

빙하 속으로
어떤 지형에서든 주행 가능한 사륜차를 타고 빙하로 들어가 보자! 이곳에는 세계에서 가장 큰 얼음 터널이 있다.

레이캬비크의 오로라
초록색, 노란색, 파란색의 소용돌이가 밤하늘을 황홀하게 수놓는다. 오로라 센터에서 오로라가 왜 생기는지 알아보자.

아이슬란드의 고래
고래 관찰 탐험을 떠나기 전에 세계에서 가장 큰 고래 박물관에서 이 거대한 포유류에 대해 알아보자.

레이캬비크

코파보귀르

하프나르피외르뒤르

스트로쿠르
조심할 것! 이곳은 간헐천으로, 몇 분마다 물기둥이 솟아오른다. 최대 40m까지 물을 뿜는다.

레이다렌디 용암 동굴
용암이 식으며 이런 동굴이 생겨났다. 동굴 안에 들어가면 종유석으로 장식된 다채로운 바위를 볼 수 있다.

바이킹 세계 박물관
이곳에 가면 아이슬란드 바이킹의 역사를 한 눈에 볼 수 있다. 복제해 놓은 바이킹 배를 꼭 들여다보자.

주요 사항	다 잘될 거야	
수도 레이캬비크	**화폐** 크로나	**국가 코드** IS
대도시 레이캬비크 코파보귀르 하프나르피외르뒤르 아쿠레이리 비크이뮈르달	**이름의 유래** 얼음	**공식 언어** 아이슬란드어
인구 522만 명 (2021, CIA) 	**꽃** 담자리꽃나무 	**새** 흰매 

비요크
1965년-
독특한 패션으로도 유명한 아방가르드팝 가수 겸 영화배우.

레이프 에릭손
970년경-1020년
유럽인 최초로 북아메리카에 도착한 인물로 알려졌다. 콜럼버스보다 수백 년 앞섰다.

붉은 수염 에리크
950년경-1003년
그린란드에 처음 정착지를 마련했다. 이름에서 알 수 있듯이, 수염이 붉었다! 레이프 에릭손의 아버지.

역사적 순간들

- **874년**: 잉골푸르 아르날손이 아이슬란드에 정착해 레이캬비크를 건설함.
- **930년**: 의회가 열려서 법을 만들고 분쟁을 해결함.
- **986년**: '붉은 수염 에리크'가 그린란드를 식민지로 만듦.
- **1000년**: 크리스트교를 국교로 채택함.
- **1104년**: 섬에 사람이 살기 시작한 뒤 처음으로 헤클라 화산이 폭발함.
- **1262년**: 노르웨이의 통치를 받음.
- **1402년**: 흑사병이 아이슬란드를 강타해 많은 사람이 목숨을 잃음.
- **1783년**: 라키 화산이 폭발해 공기와 땅이 황폐해지고 가축이 죽음. 인구의 1/4이 사망함.
- **1662년**: 덴마크가 아이슬란드를 지배함.
- **1874년**: 자체 헌법이 허용됨.
- **1918년**: 독립 국가 아이슬란드가 탄생함. 하지만 덴마크 왕이 국가의 원수로 남음.
- **1926년**: 인구가 10만 명에 이름.
- **1944년**: 완전한 독립 국가가 됨.
- **2006년**: 상업적 고래잡이를 재개함.

아쿠레이리

데티포스 폭포
온몸이 흠뻑 젖을 것이다! 약 50m 높이에서 떨어지는 물이 엄청난 물보라를 일으키며 바위에 부딪힌다.

고다포스 폭포
신들의 폭포로 알려졌다. 환상적인 물보라를 감상할 수 있다.

크리스마스 하우스
북극에 가까워 얼음과 눈이 많다. 크리스마스 느낌이다! 크리스마스 하우스는 크리스마스 선물로 가득하다!

아이슬란드 말 여행
순하기로 유명한 아이슬란드 말을 타고 아이슬란드 시골을 탐험해 보자. 이 말들은 작고 귀엽다!

브레이다메르쿠르요쿨
요쿨살론으로 알려진 석호에서 끝나는 작은 빙하. 물가에서 부서지면서 빙산을 만들어 낸다.

블루 라군
정말 파랗다! 부드러운 파란색 물이 피부에 좋다고 알려진 지열 해수 온천.

라키산
1783년 재앙과도 같은 화산 폭발로 생긴 분화구 위를 비행기를 타고 날아 보자. 8개월 동안 용암이 터져 나와 이 놀라운 경관을 자아 냈다.

스바르티 폭포
'검은 폭포'라는 뜻으로, 다각형 현무암 기둥들이 장관을 이룬다. 1000년에 걸쳐 용암이 흐르며 검은 용암 기둥이 만들어졌다고 한다.

잉골푸르 아르날손
849-910년
아이슬란드 최초의 정착민. 874년에 섬에 도착했으며, 레이캬비크라는 도시의 이름을 지었다.

불과 얼음의 땅에 가 봅시다!

유라시아 판과 북아메리카 판 사이에 놓인 아이슬란드는 지질학적으로 위험한 곳입니다. 이곳에는 세계에서 가장 활발한 활화산이 있으며, 용암이 흘러내린 모습을 잘 보여 줘요. 섬에는 130개의 화산이 있습니다. 이것이 빙하, 눈, 북극광과 결합해 지구상에서 가장 놀라운 장소가 되었어요. 약 1200년 전에 바이킹이 아이슬란드에 정착했는데, 874년에 잉골푸르 아르날손이 레이캬비크를 건설했습니다.
황홀한 풍경이 펼쳐진 이곳에는 스노모빌 타기, 스키 타기, 하이킹, 동굴 탐험 등 다양한 모험을 할 수 있는 기회가 풍부해요. 특히 용감하다고 생각하는 사람은 차가운 물속에서 스쿠버 다이빙을 할 수도 있어요. 수많은 지열 온천에서 언제든지 몸을 녹일 수도 있고요. 하지만 이런 자연과 더불어, 수도 레이캬비크는 늘 사람들로 북적입니다. 이 작은 도시에는 여행객들의 호기심을 충족시켜 줄 멋진 박물관이 있어요.

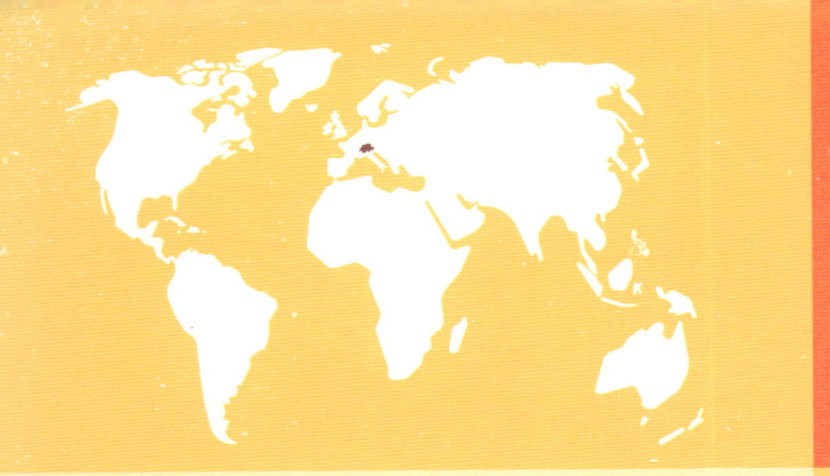

주요 사항		모두를 위한 하나, 하나를 위한 모두
수도 베른	**화폐** 스위스 프랑	**국가 코드** CH
대도시 취리히 제네바 바젤 로잔 베른	**이름의 유래** 스위스 중부 도시 슈비츠	**공식 언어** 프랑스어, 독일어, 이탈리아어, 로망슈어
인구 854만 명 (2018, 외교부)	**꽃** 에델바이스	**새** 공식적인 새 없음

역사적 순간들

기원전 500년 : 켈트족의 한 갈래인 헬베티족이 스위스에 정착함.

기원전 58년 : 로마 제국이 스위스를 점령함.

서기 600년 : 프랑크족이 침략해 크리스트교를 전파함.

1291년 : 스위스 최초로 연방이 탄생함.

1499년 : 합스부르크 왕가의 통치에서 독립함.

1798년 : 나폴레옹이 이끄는 프랑스군이 스위스를 침공함.

1802년 : 프랑스에 맞서 싸워 땅을 되찾음.

1815년 : 빈 회의 이후 중립국이 됨.

1848년 : 헌법을 갖춘 통일 국가가 됨.

1863년 : 전쟁 부상자 구호 국제위원회 창설. 이것이 나중에 적십자가 됨.

1914년 : 제1차 세계 대전에서 중립을 유지함.

1939년 : 제2차 세계 대전 때도 중립을 유지함.

1971년 : 여성의 투표권이 허용됨.

2016년 : '고트하르트 베이스 터널'이 완공됨. 스위스 알프스를 통과하는 세계에서 가장 긴 터널임.

르 코르뷔지에
1887-1965년
유명 건축가. 단순하고 커다란 아파트 건물로 도시 계획에 혁명을 일으켰다.

로저 페더러
1981년-
테니스 선수. 그랜드 슬램 우승을 20번이나 차지했다. 상금으로 1억 2000만 달러 이상을 받았다.

올림픽 박물관
로잔에는 국제올림픽위원회 본부가 있다. 올림픽 역사를 알고 일련의 신체적 도전을 통해 스포츠 실력을 테스트할 수도 있다.

함메취반트 리프트
유럽에서 가장 높은 야외 엘리베이터를 타고 뷔르겐슈톡산을 오를 수 있다.

그뤼에르 치즈 공장과 박물관
치즈의 본고장에 치즈 박물관이 있다. 오디오 투어를 하며 치즈를 맛보자. 소가 말을 걸지도 모른다!

로잔 대성당
이 도시에는 600년이 넘는 기간 동안 800년 된 종탑에서 밤마다 시간을 알리는 전통이 있다.

시옹성
제네바 호수의 작은 섬에 있는 이 1000년 된 요새는 마치 동화에서 툭 튀어나온 것처럼 보인다.

유럽입자물리연구소
유럽입자물리연구소(세른)의 '거대 입자 가속기'는 세계에서 가장 큰 입자 가속기다.

세인트버나드 박물관
알프스에서 조난당했다면, 세인트버나드의 도움이 필요할 것이다! 세인트버나드는 스위스가 원산지로, 원래 눈 속에서 실종된 사람들을 찾는 데 큰 역할을 했다.

카를 구스타프 융
1875-1961년
정신과 의사 및 심리학자. 프로이트와 공동 작업을 했다. 현대 심리학에 깊은 영향을 미쳤다.

고트프리트 켈러
1819-1890년
작가이자 시인. 대표작으로는 《초록의 하인리히》, 《젤트비라 사람들》 등이 있다.

초콜릿 냄비
제네바 최대의 겨울 축제, 에스칼라드 축제에서 초콜릿 냄비를 깨 보자! 이 축제는 제네바 시민들이 사보이 공국의 군대를 물리친 역사적 승리를 기념하기 위해 열린다.

꽃시계
스위스는 시계 제작으로 유명하다. 시간이 있다면, 활짝 핀 꽃으로 만든 시계를 감상해 보자.

마테호른 글래시어 파라다이스
유럽에서 가장 높은 산 전망대에서 4000m가 넘는 38개의 산봉우리를 볼 수 있다! 엘리베이터를 타고 얼음 조각으로 가득한 얼음 궁전을 구경할 수도 있다.

스위스

독일

피파(FIFA) 세계 축구 박물관
축구 팬이라면 꼭 한 번 가 봐야 할 곳이다. 이곳에서 축구 핀볼 게임을 즐겨 보자.

키부르크성
11세기에 처음 지어 오늘날까지 남아 있는 스위스에서 가장 오래된 성. 이곳에 전시된 무기, 방패 같은 중세 유물을 직접 만져 볼 수도 있다.

루체른 호수
커다란 산과 숲이 이 아름다운 호수를 둘러싸고 있다. 증기선을 타고 주변 산을 맘껏 감상해 보자.

취리히

취리히 식물원
꽃, 아름다운 연못, 9000가지의 다양한 식물로 가득한 초원. 이 정원에 가면 신선한 산 공기를 맘껏 마실 수 있다.

슈토스반 푸니쿨라
높은 산에 어떻게 오를까? 세계에서 가장 가파른 케이블 철도를 타고 올라가 보자.

린트 슈프륀글리 초콜릿 공장
이 초콜릿 브랜드를 몰라도 꼭 가 보고 싶을 것이다. 당연히 시식도 있고 자신만의 초콜릿을 만들어 볼 수도 있다.

오스트리아

티틀리스 클리프 워크
유럽에서 가장 높은 곳에 설치된 현수교. 1m 너비의 이 다리를 건너며 500m 아래 빙하를 내려다볼 수 있다.

마르티나 힝기스
1980년-
테니스 선수. 209주 동안 세계 1위를 유지했고, 그랜드 슬램 타이틀을 다섯 차례나 획득했다.

라이엔바흐 폭포
이 아름다운 폭포는 아서 코넌 도일의 추리 소설에서 영국의 명탐정 '셜록 홈스'가 악당과 대결하다 빠져 죽은 배경이 되었다.

고트하르트 바시스 터널
스위스 남부 알프스를 통과하는 세계에서 가장 길고 깊은 철도 터널. 길이가 약 60km나 되고, 최대 깊이는 2450m이다.

버자스카강
맑고 깨끗한 강에서 멋지게 수영을 즐길 수 있다. 모험심이 강하다면 강을 따라 댐까지 가서 번지 점프를 할 수도 있!

벨린조나의 3개 성
그란데, 몬테벨로, 사소 코르바로 3개의 성으로 이루어졌다. 중세에 세웠으며, 한때 벨린조나시를 보호한 이 성과 성벽은 유네스코 세계 문화유산으로 지정되었다.

아이거 봉우리
아이젠을 준비하자. 거의 4000m에 이르는 이 산을 오르려면 엄청난 장비를 갖추고 철저히 준비해야 한다!

초콜릿, 치즈, 산의 땅!

한 가지는 확실합니다. 스위스를 가면 산이 보여요! 그리고 그 산에서 트레킹, 하이킹, 스키, 등산, 패러글라이딩을 즐길 수 있어요. 다행스럽게도 스위스 초콜릿이 있기에, 모험을 계속할 에너지를 얻을 수 있어요!

이 나라는 스위스 알프스와 쥐라 알프스로 둘러싸여 있어요. 가장 높은 봉우리는 높이 4634m의 '두포우르슈피체'입니다. 이웃에 이탈리아, 프랑스, 독일이 있어 스위스에서는 독일어, 프랑스어, 이탈리아어를 사용해요. 스위스의 국가 코드는 CH인데, 스위스 연방을 뜻하는 라틴어 '콘페데라치오 헬베티카'에서 따왔어요.

스위스는 세계에서 가장 부유한 국가이며, '중립적인 지위'로 잘 알려져 있습니다. 즉, 스위스는 어떤 전쟁에도 관여하지 않아요. 1815년부터 이런 전통이 이어져 와 매우 평화로운 곳이 되었지요! 또한 스위스 은행은 비밀스럽고 안전하기로 소문이 자자해요.

스칸디나비아

백야의 땅에 오신 걸 환영합니다!

순록과 양족, 바이킹과 동화. 햇살이 비치지 않는 혹독한 겨울과 해가 지지 않는 여름을 경험할 수 있는 땅. 그러니 스칸디나비아 문화에 수수께끼와 장엄함이 녹아 있는 건 놀라운 일도 아닐 거예요. 북극권에서 오로라의 경이로움을 느껴 보세요. 빙하가 깎여 만들어진 피오르, 잘 손질된 정원이 있는 정교한 궁전, 세계에서 가장 오래된 놀이 공원을 경험해 보세요.

오늘날의 스칸디나비아는 노르웨이, 스웨덴, 덴마크로 이루어져 있습니다. 이 국가들의 역사는 수세기 동안 복잡하게 얽혀 있어요. 20세기가 되어서야 각각의 나라가 독립을 했어요. 덴마크 왕국에는 그린란드와 외딴 페로 제도가 포함되어 있어요.

수많은 도시와 마을에서, 자랑스럽고 강력한 해양 역사의 증거와 왕족에 대한 존경심을 엿볼 수 있습니다. 눈에 띄는 궁전과 성, 매혹적인 야외 박물관, 재건해 놓은 난파선과 얼음으로 만든 현대식 호텔. 따뜻하게 옷을 챙겨 입고 탐험에 나설 시간이에요.

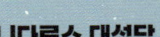

예이랑게르 피오르
노르웨이 피오르 중에서 볼거리가 가장 풍부하다. 빙하 시대의 빙하가 바위를 뚫어 우뚝 솟은 절벽, 눈 덮인 봉우리, 아찔한 폭포로 완성된 이 멋진 피오르를 남겨 놓았다.

니다로스 대성당
이 고딕 양식의 대성당에는 노르웨이의 수호성인이자 바이킹 왕, 올라프의 무덤이 있다.

트론헤임

미키네스섬의 퍼핀
세계에서 가장 귀여운 새를 볼 수 있는 최고의 장소. 매년 백만 마리가 넘는 퍼핀이 짝을 찾기 위해 이 섬을 찾아온다.

쇠르보그스바튼 호수
페로 제도에서 가장 큰 호수. 절벽 끄트머리에서 불안정하게 균형을 이루고 있는 것처럼 보인다.

물라포수르 폭포
바가르섬에 있는 폭포. 150m 높이에서 바다로 떨어진다.

트롤퉁가
해발 1000m 높이의 산에서 혀처럼 나온 바위. 이 특별한 바위가 왜 '트롤의 혀'로 알려졌는지, 딱 한 번 보면 알 수 있다.

베르겐 한자동맹 부두
화려한 목조 건물이 어우러진 이 부두에는 600년 이상 고기잡이배들이 정박했다.

린드홀름 호제 박물관
녹색 들판에 바위가 낙하된 것처럼 보이지만 실제로는 700명 정도의 바이킹이 묻힌 매장지다. 각각의 무덤은 돌로 표시되어 있다.

선박 박물관, 오슬로
이곳에 전시된 바이킹 선박은 보존 상태가 좋다. 썰매와 도구, 직물도 전시되어 있다.

노르웨이
베르겐
오슬로
스웨덴

스카겐
덴마크 최북단 마을에는 발트해와 북해가 만나 소용돌이치는 해변이 있다.

예테보리
덴마크
오르후스
말뫼
코펜하겐
오덴세

빌룬드의 레고 랜드
실물 크기의 T-렉스, 거대한 폭포, 최초의 레고 세트가 이곳에 전시되어 있다.

올보르의 노래하는 나무
1987년부터 올보르를 방문한 유명 음악가들이 이곳에 나무를 심고 노래를 기증했다.

에스코우성
동화에서 바로 나온 것 같은 이 500년 된 성에는 도개교와 해자가 있다.

주요 사항	노르웨이 : 모두 노르웨이를 위하여 스웨덴 : 스웨덴을 위하여 덴마크 : 신의 은총, 국민의 사랑, 덴마크의 힘		

수도
노르웨이 : 오슬로
스웨덴 : 스톡홀름
덴마크 : 코펜하겐

화폐
노르웨이 : 노르웨이 크로네
스웨덴 : 스웨덴 크로나
덴마크 : 덴마크 크로네

공식 언어
노르웨이 : 노르웨이어
스웨덴 : 스웨덴어
덴마크 : 덴마크어

대도시
노르웨이 : 오슬로, 베르겐, 스타방에르
스웨덴 : 스톡홀름, 예테보리, 말뫼
덴마크 : 코펜하겐, 오르후스, 오덴세

국가 코드
노르웨이 : NO, 스웨덴 : SE, 덴마크 : DK

꽃
노르웨이 : 퍼플헤더
스웨덴 : 린네풀
덴마크 : 마르겟 데이지

새
노르웨이 : 흰가슴물까마귀
스웨덴 : 대륙검은지빠귀
덴마크 : 혹고니

인구
노르웨이 : 551만 명(2021, CIA)
스웨덴 : 1026만 명(2021, CIA)
덴마크 : 589만 명(2021, CIA)

오로라 보레알리스, 트롬쇠
대자연은 인간이 도저히 따라할 수 없는 경이로움을 종종 보여 준다. 다채롭게 소용돌이치며 장관을 이루는 오로라가 대표적이다.

아비스코 국립 공원
사미족(노르웨이·스웨덴·핀란드 북부와 러시아 콜라반도 등 라플란드에 사는 소수 민족)은 수천 년 동안 순록을 길렀다. 이 국립 공원에서 이들의 오래된 오두막을 잘 살펴보자.

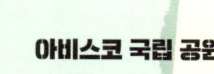
핀란드

그레타 툰베리
2003년-
세계 지도자들이 기후 위기에 제대로 대처하지 못하는 현실에 실망해 직접 강력한 변화 운동을 이끌고 있다.

유카스에르비 얼음 호텔
이 얼음 호텔의 객실을 확인해 보자. 침대는 얼음으로 만들었지만 다행히 동물 가죽을 씌워 편안하게 쉴 수 있다.

하랄 3세
1015-1066년
마지막 바이킹 통치자 하랄 3세는 '강한 통치자'를 뜻하는 '하르드라다'라는 별명을 얻었다.

시그투나
970년에 '에릭 세게르샐'이 세웠다. 스웨덴에서 가장 오래된 마을이다.

바사 박물관, 스톡홀름
70m 길이의 군함 '바사호'는 1628년 첫 항해에서 침몰했다. 300년이 지난 후 인양해 이곳에 전시했다.

비욘 보리
1956년-
스웨덴 테니스 선수. 62번 우승을 차지했는데, 그중 11번이 그랜드 슬램 타이틀이었다.

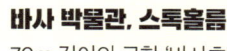

스칸센 박물관
세계에서 가장 오래된 야외 박물관. 수백 년 전 스웨덴 사람들이 어떻게 살았는지 볼 수 있다.

스톡홀름

알레스 스테나
거대한 돌기둥을 여럿 볼 수 있다. 돌기둥은 기다란 배 모양인데, 고대 왕의 무덤이라고 전해진다.

크리스티안보르 궁전
섬에 위치한 궁전. 왕실에서 특별 행사를 할 때 사용한다. 의사당과 대법원도 이곳에 있다.

티볼리 공원
디즈니랜드가 영감을 받은 것으로 알려져 있다. 티볼리 공원은 세계에서 가장 오래된 놀이 공원이다.

원형탑
17세기에 건설된 이 석탑은 유럽에서 가장 오래된 전망대이다.

묀스 클린트
130m 높이의 하얀 절벽이 6km 넘게 뻗어 있다. 7000만 년 전 생명체 화석이 절벽 아래에서 발견되었다.

역사적 순간들

기원전 2500년 : 북부 스칸디나비아 사람들이 나무 스키를 타고 남쪽으로 탐험을 시작. 농업 기술을 배우고 인구가 증가함.

서기 1세기 : 노르웨이인들이 로마 제국과 모피·가죽을 거래함.

8세기 : 바이킹이 잉글랜드 해안, 린디스판섬을 침공함.

1397년 : '포메라니아의 에르크'가 16세에 노르웨이, 덴마크, 스웨덴의 왕이 됨.

1586년 : 덴마크 천문학자 '튀코 브라헤'가 벤섬에 천문대를 세움.

1668년 : 스웨덴 은행을 설립함. 유럽 최초로 지폐를 발행함.

1832년 : 예타 운하가 완성돼 발트해에서 북해까지 배로 횡단할 수 있게 됨.

1905년 : 노르웨이가 스웨덴으로부터 독립함.

1939년 : 스웨덴, 노르웨이, 덴마크는 제2차 세계 대전 동안 중립을 유지하기로 결정함.

1957년 : 덴마크 건축가 '예른 웃손'이 오스트레일리아 시드니 오페라하우스 설계 공모에 당선됨.

2012년 : 노르웨이 예술가 에드바르 뭉크의 〈절규〉가 경매에서 1억 2000만 달러에 판매됨.

2014년 : 노르웨이의 크리스틴 룬드 소장이 국제 연합(UN) 평화 유지군 최초 여성 사령관이 됨.

한스 크리스티안 안데르센
1805-1875년
덴마크 출신의 위대한 작가. 《인어공주》, 《엄지공주》, 《미운 오리 새끼》를 비롯한 수많은 고전을 세상에 남겼다.

비투스 베링
1681-1741년
덴마크 출신 탐험가. 지도 제작자 베링이 최초로 '베링 해협'을 통과했다. 아시아 대륙과 아메리카 대륙이 분리되어 있음을 증명했다.

역사적 순간들

기원전 35만 년 : 안탈리아 북쪽 카라인 동굴에서 인간이 살았다는 증거가 발견됨.

기원전 6500년 : 신석기 시대 초기 도시 차탈회위크가 생김.

기원전 1900-기원전 1260년 : 히타이트 제국이 이 지역을 다스림. 이집트와 전쟁을 벌임.

기원전 130년 : 고대 로마가 아나톨리아(고대 터키)를 함락함.

서기 330년 : 콘스탄티누스 대제가 로마 제국의 새로운 수도로 비잔티움을 세움. 비잔티움은 나중에 콘스탄티노플(현재 이스탄불)로 바뀜.

1071년 : 셀주크 튀르크족이 비잔틴 제국 군대를 물리치고 아나톨리아 지역을 차지함.

1453년 : 강력한 오스만 제국이 콘스탄티노플을 정복함. 비잔틴 제국은 종말을 고함.

1520년 : 술레이만 1세가 제국을 넓힘. 터키 전역과 중동, 그리스, 헝가리가 제국에 포함됨.

1914-1919년 : 제1차 세계 대전 중 오스만 제국은 독일 편에서 싸움. 연합국에 패배함.

1923년 : 무스타파 케말 아타튀르크가 터키 공화국 초대 대통령이 됨. 앙카라로 수도를 옮김.

1974년 : 그리스가 지원하는 군사 쿠데타가 발생하자 터키가 키프로스를 침공함.

1982년 : 새로운 헌법 제정됨.

2019년 : 시리아 내전 중 '시리아 민주군'을 전복시키기 위해 시리아 북부를 침공함.

톱카프 궁전
1478년부터 1856년까지 오스만 제국의 중심이었다. 현재는 제국의 장신구, 무기, 자기 등을 전시하는 박물관이다.

그랜드 바자르
세계에서 가장 크고 오래된 시장. 60개가 넘는 골목을 따라 4000개가 넘는 상점이 한 지붕 아래에 줄지어 있다.

아야 소피아 대성당
교회, 모스크, 현재는 박물관. 이 웅장한 돔 구조물은 1만 명이 넘는 사람을 동원해 최고급 대리석, 희귀 금속 등으로 지었다.

사프란볼루
옛날 실크 로드를 오가던 상인들이 경유하던 상업 중심지. 오스만 제국의 전통 목조 건축물이 잘 보존되어 있다.

페르가몬 유적지
왕과 왕비가 온천을 즐기기 위해 자주 찾았다. 그 뒤로 이 고대 도시는 건강과 웰빙의 중심지가 되었다.

이스탄불

부르사

앙카라
터키의 수도. 터키 초대 대통령 아타튀르크의 영묘를 찾아가 보자.

에페수스
고대 그리스와 로마 유적이 많다. 가장 눈에 띄는 곳은 아르테미스 신전이다.

파묵칼레
온천 도시. 칼슘이 풍부한 따뜻한 물이 지하 샘에서 흘러나와 가파른 산비탈 위 석회질이 풍부한 물웅덩이로 넘친다.

아스펜도스
이곳에는 잘 보존된 로마 원형 극장이 있다. 이 원형 극장에는 최대 2만 명이 들어갈 수 있다.

이즈미르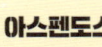

보드룸성
600년이 넘는 역사를 자랑하는 성. 군사 기지, 수도원, 모스크로도 사용되었다.

달얀 진흙 목욕
사람들은 미네랄이 풍부한 이곳 진흙에 몸을 담그면 각종 피부병이 낫는다고 믿는다.

안탈리아
자연 그대로의 지중해 해변, 그리스와 로마 유적지, 키메라 산꼭대기에는 천연가스 분화구가 있어 현재까지도 천연가스가 나오고 있다.

페티예의 석굴 무덤
죽은 사람에게 천사가 잘 도착하도록 절벽 위에 무덤을 세웠다고 한다.

욀뤼데니즈
모래사장이 드넓게 펼쳐진 청록색 바다, 또는 석호의 잔잔한 바닷물에서 수영을 즐겨 보자.

나비 계곡
계곡의 멋진 폭포 근처와 라벤더 나무에 100종이 넘는 나비가 산다.

파타라
18Km에 걸쳐 펼쳐진 하얀 모래 해변을 자랑한다. 해변으로 가는 길에 로마 유적지를 둘러볼 수 있다.

콘스탄티누스 1세
272년경-337년
로마의 콘스탄티누스 1세가 비잔티움에 황궁을 짓고 도시 이름을 콘스탄티노플로 바꾸었다.

무스타파 케말 아타튀르크
1881-1938년
터키 국민운동을 이끌었으며 터키 공화국의 초대 대통령이 되었다.

오르한 파묵
1952년-
터키의 베스트셀러 작가. 2006년 노벨 문학상을 받았다. 작품은 63개 언어로 번역되었다.

터키

주요 사항	주권은 국민으로부터 나온다	
수도 앙카라	**화폐** 터키 리라	**국가 코드** TR
대도시 이스탄불 앙카라 이즈미르 부르사 아다나	**이름의 유래** 튀르크의 땅	**공식 언어** 터키어
인구 8417만 명 (2020, 외교부)	**꽃** 튤립	**새** 없음

괴레메 야외 박물관
10세기부터 12세기까지 암벽 안에 지은 교회 수십 개가 있다. 가장 큰 교회는 7층 높이에 있다.

데린쿠유 지하 도시
아주 오래전에 사람들이 지하에 집을 짓고 살았다. 지하 도시에는 터널과 환기구가 이어져 있다.

괴레메 계곡
수억 년 전 화산 폭발로 생긴 바위가 바람에 깎여 신비한 모습을 보여 준다. 이 계곡의 분홍색 바위 봉우리는 일몰 때 가장 아름답다.

앙카라

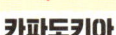
카파도키아

차탈 회위크
신석기 시대 초기 정착지. 문이나 창문이 없어 사람들은 지붕에 낸 구멍으로 드나들었다. 유네스코 세계 유산으로 지정되었다.

아다나

천국과 지옥 동굴
땅속을 흐르는 강에 깎여 이 거대한 동굴이 생겨났다. 지금도 땅 아래로 흐르는 물소리를 들을 수 있다.

수멜라 수도원
4세기에 그리스인들이 가파른 절벽 아래쪽을 깎아 만든 거대한 수도원.

아르메니아

아니 유적
한때 20만 명이 넘는 사람들로 북적거리던 중세 도시였다. 아르메니아 제국의 중심지였지만 지금은 폐허가 되었다.

넴루트 산
산의 정상은 기원전 1세기부터 사용된 매장지로 추정된다. 그리스, 아르메니아, 페르시아 신들의 거대한 동상이 무척 많다.

제국 그리고 동굴 거주 문화

터키는 유럽과 아시아 사이의 중요한 지리적 위치에 자리 잡고 있어서 고대 그리스, 페르시아, 로마·비잔틴·오스만 같은 강력한 제국들의 문화에 영향을 받았어요.

권력에 굶주린 황제들이 이끄는 군대가 끊임없이 이곳을 휩쓸고 지나가며 터키 곳곳에 고대 유적지, 궁전, 성, 바위 속 무덤, 모스크, 교회, 수도원, 지하 도시를 남겼지요.

두 대륙에 걸쳐 넓은 땅을 지니고 있어 터키는 문화가 다양해요. 그 덕분에 이곳의 시장은 세계에서 가장 분주하고 규모가 커요. 터키 요리는 아시아와 지중해 유럽의 영향을 받았어요. 터키의 주요 도시는 과거의 유산을 고스란히 담은 채 현대 대도시의 모습을 보여 줘요. 터키에서 가장 큰 도시인 이스탄불에는 아야 소피아 대성당의 웅장한 돔 지붕이 있으며, 수도 앙카라에는 독립의 영웅 케말 아타튀르크의 영묘가 언덕 꼭대기에 자리 잡고 있어요. 복잡한 도시를 조금만 벗어나면 아름다운 해변, 지하에 흐르는 강으로 생긴 우묵 파인 땅, 나비로 가득 찬 계곡을 볼 수 있어요. 터키의 아름다움은 이루 말할 수 없답니다.

사비하 괵첸
1913-2001년
터키 출신 세계 최초 전투기 여성 조종사. 당시 나이가 23세였다. 이스탄불에는 괵첸을 기리는 국제 공항이 있다.

알리 쿠시지
1403-1474년
천문학자, 수학자, 물리학자. 지구가 축을 중심으로 회전한다는 걸 증명해 냈다.

캉그라 계곡 차밭
이 아름다운 언덕이 있었기에 인도가 세계적인 차 생산지가 될 수 있었다. 차밭을 거닐어 보자.

히말라야 국립 공원
이 지역의 수많은 식물과 동물을 볼 수 있다.

빠라타왈라들의 골목
이 거리는 채식 소스, 처트니, 피클을 곁들인 납작한 빵 '빠라타'로 유명하다.

짐 코베트 국립 공원
인도에서 가장 오래된 국립 공원. 호랑이, 코끼리, 사슴을 비롯한 야생 동물과 약 500종의 식물이 있다.

키 곰파 사원
언덕 꼭대기의 이 불교 사원에서 승려들의 신비로운 노래에 귀 기울여 보자.

스피티 계곡
히말라야 산악 도로를 따라 계곡을 여행하며 다채로운 기도용 깃발을 찾아보자.

악샤르담
세계 최대 힌두교 사원 단지. 코끼리 조각상이 148개나 있다.

꽃의 계곡
300여 종의 꽃이 핀다. 히말라야를 즐기기에 매우 다채로운 장소다.

연꽃 사원
하얀 대리석으로 27개의 연꽃잎을 표현한 높이 35m 사원. 인도의 대표적인 관광지로 손꼽힌다.

파키스탄

자이살메르 성채
해변 위 모래성 같지만 엄청 튼튼하다! 850년 된 이 요새 도시는 여전히 활기차다.

뉴델리

아그라 요새
16세기에 만들었다. 17세기 무굴 제국이 끝날 때까지 무굴 통치자들의 고향이었다.

네팔

쿰발가르 성벽
이곳을 인도의 만리장성이라 부르기도 한다. 38km 길이의 성벽이 쿰발가르 요새를 보호한다.

바라나시
3000년의 역사를 자랑한다. 신성한 갠지스강이 흐르는 성스러운 바라나시는 인도의 정신적 수도라 할 수 있다.

방글라데시

체라푼지의 살아 있는 나무뿌리로 만든 다리
이곳 습지에서는 식물이 무척 빨리 자란다. 강 양쪽에서 나무뿌리를 마주 보게 자라도록 하면 뿌리가 서로 얽히고설켜 다리 하나가 생긴다!

아마다바드

란탐보르 국립 공원
라자스탄에서 가장 큰 국립 공원. 호랑이, 표범, 악어는 물론 1000년 된 란탐보르 요새를 구경해 보자.

오르차
조용한 중세 마을. 사원, 궁전, 기념물이 넘쳐 난다.

엘롤라 석굴
손으로 판 석굴 100개를 발굴했다. 1500년 동안 불교, 힌두 사원으로 사용되었다.

코나라크의 태양신 사원
13세기에 세운 힌두교 유적으로 태양신 '수리야'를 모신 사원이다.

버마

타지마할
인도의 대표적인 이슬람 건축물. 17세기에 무굴 제국의 샤 자한이 아내 뭄타즈 마할 왕비를 추모해 지었다.

뭄바이

하이데라바드

코끼리섬
해안가에 있는 거대한 코끼리 석상에서 생겨난 이름. 섬의 동굴 사원을 탐험해 보자.

팔로렘 해변
고아에 있는 아름다운 해변이다.

나가르준사가르-스리사일람 호랑이 보호 구역
이 보호 구역에는 벵골호랑이는 물론 요새, 사원, 동굴 등 고대 유적도 많다.

리타 망게쉬카르
1929년-
인도의 유명 가수이자 배우. 수백 편의 발리우드 영화, 사운드트랙에 참여했다.

벵갈루루

함피 유적지
16세기에 침략을 받아 파괴된 도시. 폐허에도 불구하고 멋진 풍경을 자랑한다.

고마테스와라 신상
세계에서 가장 큰 조각상. 돌 하나로 만들었으며 높이가 18m나 된다.

인도

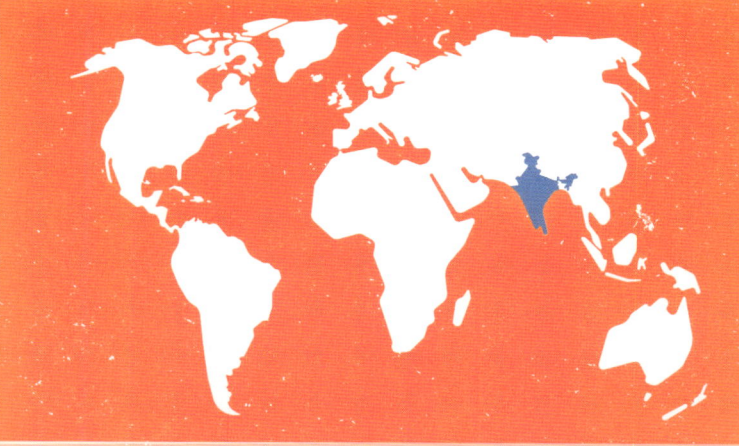

역사적 순간들

기원전 3000년 : 인더스 계곡에서 문명이 시작됨. 오늘날 인도의 기초가 됨.

기원전 1500-기원전 1000년 : 베다 시대가 시작됨. 베다는 인도의 종교, 철학, 문학을 이루는 문헌을 말함.

기원전 273년 : 아소카 왕이 인도의 첫 통일 왕국을 건설함.

서기 1526년 : 무굴 제국을 건국함.

1858년 : 영국이 인도를 차지하고 통치함.

1920년 : 마하트마 간디가 영국 지배에 반대하는 운동을 펼치기 시작함.

1932년 : 인도 최초의 국제 크리켓 경기가 뭄바이에서 열림.

1947년 : 영국으로부터 독립함.

1966년 : 인디라 간디가 인도 최초의 여성 총리가 됨.

1983년 : 첫 번째 크리켓 월드컵에서 우승함.

2000년 : 인도가 중국에 이어 인구 10억 명을 기록함.

주요 사항	진리만이 승리한다	
수도 뉴델리	**화폐** 루피	**국가 코드** IN
대도시 뉴델리 뭄바이 벵갈루루	**이름의 유래** 인더스강	**공식 언어** 힌디어와 영어 (거기에 20개 언어가 헌법이 인정한 지정 언어이다.)
인구 약 13억 5000만 명 (2021, 외교부)	**꽃** 연꽃	**새** 공작

다양성의 땅에 오신 걸 환영합니다!

인도는 정말 모든 게 크고 최고처럼 보여요. 히말라야 같은 조용하고 인적 드문 곳조차도 아주 커요. 물론 13억이 넘는 인구도 정말 어마어마하죠. 이 광활한 나라를 여행하다 보면 수천 년의 역사를 느낄 수 있어요. 고대 사원, 궁전, 요새, 도시 유적지가 곳곳에서 모습을 드러낼 테니까요.

인도는 세계에서 가장 신앙이 풍부한 나라라고 할 수 있어요. 이곳에서 종교와 주요 사상이 생겨났으니까요.

대도시를 다니다 보면 수많은 군중, 엄청난 볼거리, 요란한 소리와 냄새에 넋을 놓기 십상이에요. 코끝에 풍기는 냄새를 따라 인도의 맛있는 음식을 찾아보고, 영화관에서 흥겨운 발리우드 영화를 감상해 보세요. 발리우드 영화에는 활기차게 춤추는 장면이 많이 나옵니다!

인디라 간디
1917-1984년
정치인. 인도에서 총리가 된 최초이자 유일한 여성이다.

사친 텐둘카르
1973년-
인도 크리켓 국가 대표 선수. '크리켓의 신'으로 불린다.

테레사 수녀
1910-1997년
이 크리스트교 수녀의 이름은 사람들을 돕는 일과 동의어가 되었다. 크리스트교에서 성인으로 추앙한다.

마하트마 간디
1869-1948년
인도가 영국 통치에서 벗어날 수 있는 밑거름이 되었다. 비폭력 시위 철학은 전 세계 활동가들에게 큰 영감을 주었다.

중국

사파족
사파족이 사는 산악 지대를 하이킹하며 소수 민족의 문화를 알아보자.

할롱 만(할롱 베이)
바다에서 솟아나온 석회암 카르스트가 1600개 있다.

호찌민 기념관
방부 처리한 호찌민의 시신이 안치되어 있다. 호찌민은 '아저씨'라는 소박한 호칭으로 불렸으며, 평생 청빈한 삶을 살았다.

하노이 구시가지
신발, 빗자루, 금은방 등 독특한 공예품과 물건을 판매하는 거리들이 눈길을 끈다.

하노이

하노이 문묘
1000년 이상 베트남 학문의 중심지였다.

하이퐁

호안끼엠호
전설에 따르면, 호수의 황금 거북 신이 15세기 황제 '레 러이'에게 마법 검을 돌려 달라고 요청했다고 한다. 황제는 마법 검으로 중국 침략자를 물리친 뒤 돌려줬다고 한다.

시클로
시클로는 바퀴 세 개 달린 자전거 인력거로, 하노이의 명물이다.

흐엉 사원
하노이 인근의 대규모 불교 사원. 천연 동굴과 사원이 조화를 이루고 있다.

탕롱 수상 인형 극장
인형의 발을 물속에 담그고 공연하는 이 인형극은 역사가 1000년도 넘었다. 수확의 기쁨을 나누는 농민들의 축제에서 유래했다고 한다.

하노이에서 '포' 먹기
쌀국수 '포'는 베트남 국민 요리다. 소고기 또는 닭고기 육수에 쌀국수를 넣고 기호에 따라 다양한 향신료를 넣어 먹는다.

미케 해변
모래 위에 누워서 따뜻하고 맑은 바다, 햇살 좋은 푸른 하늘을 만끽해 보자. 신선한 과일, 해산물, 간식도 맛보자.

다낭

후에성
18세기 응우옌 왕조의 초대 황제 '자롱' 때 성을 세우기 시작했다.

호이안 구시가지
호이안의 옛 거리와 건물을 돌아보며 맛있는 길거리 음식을 찾아보고 강을 오가는 배를 구경해 보자.

오행산
대리석과 석회암 바위산이 평원에 우뚝 솟아 있다. 동굴과 사당, 불교 사원, 탑 등 볼거리가 많다.

후에 왕립 극장
복원된 이 극장에서 전통 음악과 노래를 감상할 수 있다.

티엔무 사원
후에의 상징. 1601년에 강이 내려다보이는 언덕 위에 높은 석탑을 세웠다.

달랏 시장
달랏 지역은 다른 곳보다 시원한 편이다. 긴 옷을 입고 중앙 시장을 탐험해 보자. 딸기는 현지 특산품이다.

포나가르 사원
9-13세기에 지은, 고대 참파 왕국 유적지. 인도의 영향을 받은 힌두교 사원 단지다.

꾸찌 터널
베트남 전쟁 중 북베트남 군인들이 지하 터널을 만들어 이동했다. 터널 안에는 참호, 침실, 작전 본부, 주방, 병원 등 필요한 모든 게 갖추어져 있다.

푸꾸옥섬
베트남 최남단 섬. 피시 소스의 고장이다. 멸치를 햇볕에 말린 다음 발효시킨다. 냠냠.

호찌민

껀터

벤탄 시장
호찌민시 중심부에 자리 잡은 시장. 옷, 음식, 기념품이 가득하다.

무이네 모래 언덕
모래 언덕에 올라 미끄럼을 타거나 서핑을 즐겨 보자. 먼지를 털고 해변으로 가서 씻자.

응우옌 꽝 하이
1997년-
베트남의 유명 축구 선수. 베트남 국가 대표로 활약했다.

메콩 삼각주
메콩 삼각주의 수로에는 오가는 배가 매우 많다. 물 위의 도시처럼 보인다!

까이랑 수상 시장
메콩강을 따라 각지에서 온 배 수백 척이 강둑에서 온갖 물건을 판매한다.

36

쯩 자매
12년경-43년
'쯩짝'과 '쯩니' 자매는 중국에 대항해 반란을 일으킨 베트남의 국민적 영웅이다. 코끼리를 타고 전투를 지휘했다.

호찌민
1890-1969년
베트남 독립의 아버지로 존경 받는 인물. 프랑스로부터 북베트남을 해방시키고, 베트남을 하나로 통일했다.

주요 사항	독립, 자유, 행복	
수도 하노이	화폐 동	국가 코드 VN
대도시 호찌민 하이퐁 껀터 비엔호아 다낭	이름의 유래 남쪽의 비엣 사람	공식 언어 베트남어
인구 9646만 명 (2019, IMF)	꽃 붉은 연꽃	동물 물소

역사적 순간들

기원전 2879년 : 홍 브엉 왕이 베트남 북부 지역에 나라를 세움.

서기 1516년 : 포르투갈 탐험가들이 들어옴.

1809년 : 시인 응우옌주가 베트남 최고의 문학 작품 《금운교전》을 씀.

1858년 : 프랑스가 쳐들어와 베트남을 식민지로 삼음.

1926년 : 베트남의 마지막 황제 '바오 다이'가 왕위에 오름.

1954년 : 베트남군이 프랑스군을 몰아냄. 베트남은 남과 북으로 나뉨.

1964년 : 미국이 북베트남에 전쟁을 공식 선포함.

1969년 : 호찌민 사망함.

1973년 : 미국이 베트남에서 철수함.

1976년 : 베트남 통일함.

1977년 : 국제 연합(UN)에 가입함.

2016년 : 호앙 쑤언 빈이 공기권총 부문에서 베트남에 올림픽 첫 금메달을 안김.

하늘로 솟구치는 용의 땅에 오신 걸 환영합니다!

베트남보다 더 화려하고, 요란하고, 다채로운 나라가 있을까요? 상상하기 어렵습니다! 베트남은 정말 아름다운 곳이에요. 그래서 사람들이 이 땅을 차지하기 위해 그렇게 오랫동안 치열하게 싸웠는지도 모르죠. 베트남 역사의 많은 시간을 중국이 다스렸습니다. 그래서 수많은 베트남 사람이 중국의 통치에 반대해 싸웠어요. 주변은 복잡해도, 오늘날 베트남은 평화로운 땅입니다.

도시의 거리는 자전거, 오토바이, 시클로, 자동차 등 온갖 바퀴 달린 탈것으로 넘쳐 납니다. 번잡한 도로를 제대로 가로질러 걷는 법을 배우는 게 여행객의 숙제일지도 몰라요. 어느 순간, 정말 달콤하고 신선한 과일을 파는 길거리 수레가 눈앞에 있을지도 몰라요. 작은 봉지에 든 소금과 고추도 꼭 챙기세요.

응오꾸옌
897-944년
응오 왕조를 세웠다. 응오꾸옌은 1000년에 걸친 중국의 베트남 통치를 끝내는 싸움을 승리로 이끌었다.

보응우옌잡
1911-2013년
군인, 정치가. 보응우옌잡은 1954년에 프랑스를 물리쳐, 베트남이 독립에 한 걸음 더 가까이 다가갈 수 있는 기틀을 마련했다.

베트남

소풍 동굴
작은 마을 근처에 200개가 넘는 석회암 동굴이 있다. 그중 일부에서 1700년 이상 된 나무 관을 찾아냈다!

치앙라이
멋진 백색 사원(왓룽쿤 사원)이 있다. 사원이자 예술 설치물로, 흰색은 부처님의 순결을 상징한다.

골든트라이앵글 (황금 삼각주)
타이, 미얀마, 라오스의 국경이 만나는 곳이다.

매홍쏜
타이 최북단에 있는 산악 마을로, 미얀마와 국경을 접한다. 이곳은 숲, 동굴, 온천과 폭포로 둘러싸여 있다.

왓 프라싱
프라싱은 '사자 불상'을 뜻한다. (불상이 사자 모양은 아니다. 얼굴이 통통한 편이다.) 14세기에 지은 사원으로, 수도승 700여 명이 이곳에서 지낸다.

치앙마이 선데이마켓
매주 일요일 오후 4시부터 12시까지, 이곳은 자동차가 드나들 수 없는 거대한 쇼핑센터가 된다.

매싸리양
논과 숲이 우거진 언덕으로 둘러싸인 작은 마을에 가면 타이의 전통을 제대로 느낄 수 있다.

롭부리의 원숭이 사원
고대 사원 주변에는 원숭이 수백 마리가 산다. 지갑을 잘 챙기자. 원숭이들이 무척 거칠다!

코끼리 자연공원
코끼리 보호 구역과 재활 센터에 가면 코끼리들에게 먹이를 주고 씻길 수도 있다.

수코타이 역사 공원
수코타이는 1200년대에 세워진 수코타이 왕조의 수도로, 타이 문화의 발상지였다.

아유타야 역사 공원
세계 문화유산으로 지정된 역사 공원으로, 아유타야가 왕국의 수도였던 14세기와 15세기에 지은 멋진 사원이 4개나 있다.

에라완 국립 공원
에라완 7단 폭포를 감상하고, 수정처럼 맑은 물속에서 수영해 보자.

피마이 역사 공원
캄보디아의 앙코르 와트만큼 크지 않지만, 11세기와 12세기의 중요한 크메르 제국 유적지다.

센차이
1980년-
무에타이 챔피언. 4체급 통합 챔피언 자리에 오른 살아 있는 전설이다.

깐짜나부리
제2차 세계 대전 동안 일본군은 포로들에게 방콕과 버마를 연결하는 철도 건설을 강요했다. '콰이강의 다리'는 그렇게 생겨났다.

카엥 크라찬 국립 공원
타이에서 가장 큰 국립 공원. '노랑목도리담비'와 '검은잎원숭이' 같은 야생 동물을 볼 수 있다.

방콕 왕궁
1782년부터 왕의 공식 거주지이다. 왕궁에는 에메랄드 사원을 비롯한 볼거리가 많다.

시밀란 군도
바닷물이 정말 맑고 파랗다. 스쿠버 다이빙을 위한 완벽한 조건을 갖추었다.

푸껫
타이에서 가장 큰 섬으로, 30곳 이상의 해변을 맘껏 즐길 수 있다. 낮에 일광욕을 하고 시내로 들어가 야시장을 둘러보자.

양텅 해양 국립 공원
40개가 넘는 섬으로 이루어진 군도. 400m 높이의 석회암 절벽, 내륙 해수 석호, 산호초, 암벽 아치가 있다.

왓 포 사원
방콕에서 제일 크고 오래된 사원. 길이 46m, 높이 15m나 되는 금박을 입힌 누운 부처상이 있다.

피피섬
하얀 모래 해변, 청록색 바다, 우뚝 솟은 석회암 절벽으로 유명한 이 섬을 보고 즐기는 가장 좋은 방법은 카약을 타고 돌아보는 것이다.

라일레 해변
타이에는 아름다운 열대 해변이 수백 곳이나 있지만, 이곳 해변은 석회암 카르스트 암벽을 등반하기에 더없이 좋다.

수상 시장
방콕의 운하에는 신선한 과일과 꽃, 해산물과 기념품에 이르기까지 온갖 물건을 파는 나무 보트가 즐비한 수상 시장이 있다.

꼬 따루따오
이 외딴섬은 한때 감옥이었다. 이제 관광객이 붐비지 않는 깨끗한 해변을 경험하고 싶은 용감한 여행자들이 즐겨 찾는다.

라마 5세
1853-1910년
타이의 근대화에 힘쓰고, 식민지가 되는 것을 막아 냈다.

자연의 경이로움이 넘치는 왕국에 오신 걸 환영합니다!

타이에 대해 얼마나 알고 있나요? 백사장이 펼쳐진 아름다운 해변 사진을 보고, 맛있고 맵고 향이 독특한 음식을 맛본 적이 있을 거예요. 하지만 4만 개가 넘는 사원이 있다는 사실은 알고 있었나요? 타이는 동남아시아에서 한 번도 식민지가 된 적이 없는 유일한 국가라는 사실은 알고 있었나요?

수도 방콕은 타이에서 가장 큰 도시이자 세계에서 인기 있는 도시로 손꼽힙니다. 이 활기찬 대도시의 거리에는 현대적인 고층 건물과 음식 판매대, 고급 자동차와 뚝뚝, 승려와 사원, 관광객들이 넘쳐 나요.

방콕 남쪽에는 유명한 해변이 있고, 북쪽에는 숲과 정글, 음식 천국인 치앙마이가 있어요. 어디를 둘러보더라도 경이로운 들판, 매혹적인 역사 기념물, 독특한 야생 동물, 흥미로운 도시와 마을을 볼 수 있어요.

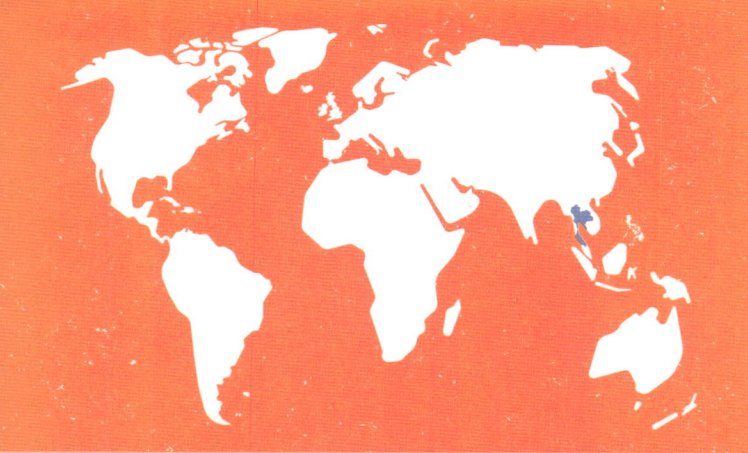

역사적 순간들

900년대: 타이족이 중국 남부에서 지금의 타이 지역으로 이주함.

1200년대: 크메르와 드바라티 같은 강력한 제국들이 쇠퇴함. 도시 국가들이 수코타이 왕국으로 통합함.

1350년대: 아유타야 왕국이 다스림. 유럽인들과 처음으로 무역을 시작함.

1569-1767년: 버마 군대가 아유타야 왕국을 제압함. 왕위 계승이 끊어짐.

1767-1782년: 탁신 장군이 정권을 잡고 수도를 톤부리로 이전함.

1782년: 라마 1세가 지금까지 이어지는 짜끄리 왕조를 세움. 방콕으로 수도를 이전함.

1850-1910년: 라마 4세와 라마 5세가 현대화를 추진함. 철도를 건설해 나라를 통합하고 외국의 침략을 막아 냄.

1932년: 서구식 교육을 받은 군 장교와 관료들이 인민당을 창설해 입헌 군주국을 세움.

1939년: 국호를 시암에서 타이로 변경. 정식 국명은 타이 왕국.

1957년: 군사 쿠데타가 일어남.

1997년: 아시아 경제 위기가 발생한 뒤 민주당이 정권을 잡음.

2000-2011년: 억만장자 사업가 '탁신 친나왓'이 총리로 선출됨. 부패와 부정 선거 등으로 민심을 잃은 뒤, 2011년 여동생 '잉락'이 타이 최초의 여성 총리가 됨.

주요 사항	국가, 종교, 군주	
수도 방콕	**화폐** 밧	**국가 코드** TH
대도시 방콕 사뭇쁘라깐 논타부리 우돈타니	**이름의 유래** 자유의 땅에서 자유를 뜻하는 말이 '타이'	**공식 언어** 타이어
인구 6963만 명 (2019, IMF)	**꽃** 라차프륵	**새** 시암꿩

랏차녹 인타논
1995년-
타이 여성 최초로 배드민턴 세계 챔피언에 올랐다.

잉락 친나왓
1967년-
타이 최초 여성 총리. 탁신 친나왓의 여동생이다.

푸미폰 아둔야뎃 왕
1927-2016년
짜끄리 왕조의 아홉 번째 군주. 타이 역사상 가장 오랫동안 통치했다.

타이

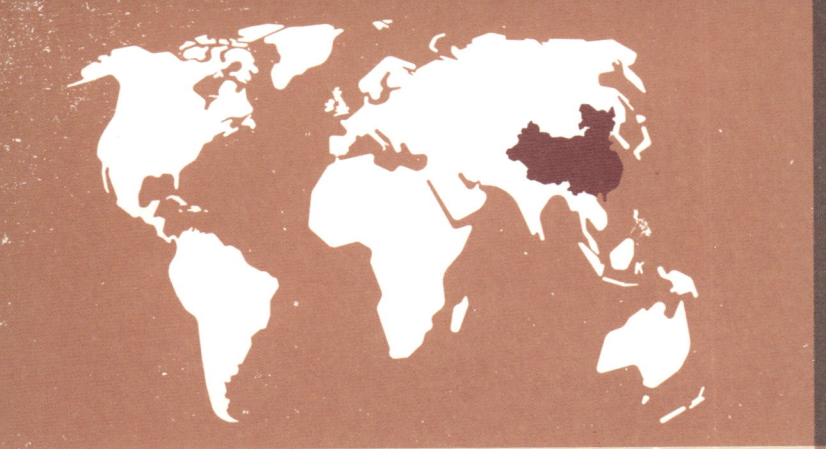

주요 사항	인민을 위해 복무하라	
수도 베이징	**화폐** 위안	**국가 코드** CN
인구 약 14억 5만 명 (대만·홍콩·마카오 제외. 2021, 외교부)	**이름의 유래** 중심 왕국	**공식 언어** 표준 중국어(푸퉁화)
대도시 상하이 베이징 충칭 광저우	**꽃** 매화(지역에 따라 '모란'과 '매화'를 국화로 인정한다.) 	**동물** 판다

역사적 순간들

기원전 7500년: 쌀 재배를 시작함.

기원전 551년: 유명한 철학자이자 사상가, 공자가 태어남.

기원전 221년: 진시황이 처음으로 중국을 통일함.

기원전 210년: 진시황이 병마용 군대와 함께 묻힘.

서기 105년: 채륜이 종이 제조법을 발명함.

142년: 중국에서 발명한 화약이 처음으로 문서에 기록됨.

206-220년: 나침반이 중국에서 발명되어 여행에 획기적인 변화를 일으킴.

1041-1048년: 비성이 활자 인쇄법을 발명함.

1421년: 베이징이 중국의 수도가 됨.

1912년: 중국이 공화국이 됨.

1949년: 공산주의 혁명으로 마오쩌둥이 공산주의 국가를 세움.

1966-1976년: '문화 혁명'으로 중국 사회 전반에 걸쳐 큰 변화가 일어남.

1989년: 베이징 톈안먼 광장에서 시위 중 많은 시위자가 사망함.

2008년: 베이징 올림픽을 개최함.

2013년: 창어 3호가 달에 착륙함.

마오쩌둥
1893-1976년
중화인민공화국 수립에 큰 역할을 했다.

왕페이
1969년-
중국의 유명 가수이자 영화배우.

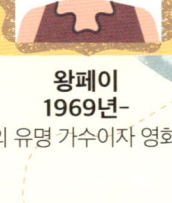
야오밍
1980년-
중국에서 가장 유명한 농구 선수. 중국뿐만 아니라 미국 NBA에서도 뛰었다.

톈산 천지
우루무치에 있는 호수. 주변 산에서 녹아 내린 눈이 수정처럼 맑은 호수를 이룬다.

티베트

둔황 천불동
불상 1000개가 있었다고 알려진 동굴. 이곳에서 동굴 사원 92개가 발견되었다.

신장 국제 그랜드 바자르
수세기에 걸친 아랍 세계와 중국 간의 무역으로 번성한 이슬람 시장을 탐험해 보자.

포탈라궁
1000개의 방을 갖춘 궁전은 요새처럼 보인다. 1959년 공산주의 통치가 시작될 때까지, 400년 동안 티베트의 달라이 라마들이 살았다.

호도엽
'호랑이가 뛰어넘는 골짜기'라는 뜻의 협곡. 하이킹을 해 보자! 이 협곡은 세계 문화유산으로, 진사강을 따라 바위 절벽이 15km 이어진다.

신성한 땅에 오신 걸 환영합니다!

중국은 지구상에서 가장 인구가 많으며, 아주 오래전부터 세계에 커다란 영향을 끼쳤습니다. 중국에서 인쇄, 화약, 나침반이 발명되었어요. 세계에서 가장 중요한 식량, 쌀은 약 1만 년 전에 중국에서 처음 재배되었고요.

중국은 오랫동안 동아시아의 넓은 지역을 다스렸습니다. 그래서 동아시아 지역의 거의 모든 나라가 종교에서 음식에 이르기까지 중국의 영향을 받았어요.

중국인은 세계의 많은 지역과 거래하며 자신들의 기술과 문화를 퍼뜨렸고, 교역하는 나라들로부터 많은 걸 받아들였습니다.

중국 도시들은 그 규모가 엄청납니다! 상하이에만 2200만 명이 살고 있어요! 수천 년의 역사를 자랑하는 중국이기에 지역마다 독특합니다. 표준 중국어뿐만 아니라 각 지방의 자체 언어도 있어요. 북부 지역은 국수, 남부 지역은 쌀, 서부 지역은 매운 요리가 유명해요. 중국에서 몇 주 동안 즐겁게 지낼 수 있을 거예요!

중국

공자
기원전 551-기원전 479년
동아시아의 사상과 학문에 큰 영향을 끼친 사상가이자 철학자.

몽골

타이항산 유리 다리
약 1200m 절벽에 설치한 유리 통로로, 걸으면 부서지는 것처럼 느껴진다!

용 모양 에스컬레이터
베이징 북부의 협곡 언덕에 있는 노란색 용 안에 세계에서 가장 긴 야외 에스컬레이터를 설치했다.

하얼빈 얼음과 눈 박람회
해마다 전 세계에서 온 얼음 조각가들이 가장 크고 멋진 얼음 성과 조각상을 만들기 위해 경쟁을 벌인다.

만리장성
유네스코 세계 문화유산이며, 성벽은 길이가 무려 2만 1000km가 넘는다!

병마용
진흙으로 만든 병사와 말이라는 뜻으로, 사후 세계에서 진시황을 보호하기 위해 8000개 정도의 전사 동상을 무덤에 함께 묻었다고 한다.

베이징

천단공원
600년 전, 하늘에 제사를 지내기 위해 만든 제단. 황제가 이곳에서 풍작을 기원했다.

톈안먼 광장
세계에서 가장 큰 도시 광장. 주변에 중요한 공공건물이 많다.

북경 오리
바삭바삭한 껍질부터 수프에 이르기까지 다양한 오리 요리를 맛볼 수 있다. 정말 맛있다!

청두 판다 사육 센터
판다를 연구하고 기른다. 이곳에 가서 대나무를 무척 좋아하는 판다에 대해 좀 더 자세히 알아보자.

러산 대불
절벽에 조각해 놓은 높이 71m의 불상.

수박 박물관
수박은 중국에서 무척 인기 있는 과일이다. 그러니 수박 전용 박물관이 있다는 것이 하나도 놀랍지 않다.

상하이
항저우

자금성
세계에서 가장 큰 황궁. 성벽 안에 많은 건물이 있다!

충칭

대안탑(다옌타)
652년에 인도에서 가져온 불교 경전을 번역하고 보관하기 위해 세웠다.

샤오룽바오
작은 대나무 찜통 '샤오룽'에서 쪄낸 중국식 만두. 상하이는 정말 맛있는 만두의 본고장이다. 만두 속 육수가 매우 뜨거우니 호호 불어 먹자.

광저우

서호
탑, 다리, 정원으로 유명한 인공 호수. 자전거를 타고 호수를 한 바퀴 돌아보자.

홍콩

윈난 석림
약 2억 7000만 년 전에 형성된 거대한 석회암 석순이 숲을 이룬다. 폭포와 동굴이 곳곳에 있다.

피크 트램
꼭 붙잡자! 피크 트램은 홍콩의 센트럴 지역에서 빅토리아 피크 타워까지 운행하는 산악 트램이다. 너무 가파르기 때문에 뒤로 넘어질 것 같은 느낌이 들지도 모른다!

얌차
얌차란 '차를 마시며 음식을 먹는다'는 뜻으로, 홍콩은 얌차로 유명하다. 작은 접시에 담겨 나오는 완탕에서 닭발, 돼지고기 빵, 커스터드 타르트 등을 맛볼 수 있다.

이강에서 카약 타기
계림의 이강은 석회암 지대를 흘러간다. 카약을 타고 이 아름다운 지역을 천천히 감상해 보자.

마윈
1964년-
세계적인 갑부. 중국 최대 전자 상거래 업체 '알리바바'의 창업자.

주요 사항		다양성 속의 일치	
수도 자카르타	**화폐** 루피아	**국가 코드** ID	
대도시 자카르타 수라바야 메단 반둥	**이름의 유래** 인두스와 네소스(인도 주변 섬으로 이루어진 곳이라는 뜻임)	**공식 언어** 인도네시아어	
인구 2억 7020만 명 (2020, IMF)	**꽃** 자스민	**새** 자바독수리	

수카르노
1901-1970년
초대 대통령. 인도네시아 독립을 위해 싸웠다.

자바 원인
약 50만-100만 년 전
1891년에 자바섬에서 발견된 화석 인류로 호모 에렉투스에 속한다.

메단

말레이시아

칼리만탄의 야생 오랑우탄
지능이 꽤 높은 이 유인원은 인간이 정글 서식지를 파괴해 멸종 위기에 처했다. 쿠타이 국립 공원이나 탄중푸틴 국립 공원에 가면 오랑우탄을 볼 수 있다.

카카반섬
독 없는 해파리 수천 마리가 바다에 산다. 다이버들은 해파리가 만들어 낸 황금빛 물결 속을 헤엄치며 즐길 수 있다.

벨리퉁 카올린 호수
달 표면과 거의 비슷해 보이는 이 밝고 푸른 호수의 흰색 강둑에는 광물이 풍부하다.

라부안 쩌르민 호수
정글 속에 있는 이 호수의 물은 너무 맑아서 배가 공중에 떠 있는 것처럼 보인다.

토바호
동남아시아에서 가장 큰 호수. 아주 오래전 화산 폭발로 생겨났다.

디엥 고원
거품이 일며 뽀글뽀글 끓는 진흙 웅덩이와 김이 모락모락 나는 유황 호수로 둘러싸인 고원. 고대에는 힌두교 사원이 많이 있었다. 디엥은 '신들의 거주지'라는 뜻이다.

보로부두르 사원
9세기에 지은 불교 사원. 울창한 정글 속에 있는 세계 최대의 불교 유적지이다.

길리 제도
산호초로 둘러싸인 작은 섬 세 개로 이루어졌다. 아름다운 모래 해변, 바다거북과 함께하는 스노클링으로 유명하다.

타나 토라자
토라자족의 생활 터전으로, 이들은 독특한 장례 의식으로 유명하다. 죽은 사람을 동굴에서 미라로 만들어 장례식을 치른 뒤 조상들의 동굴 무덤에 안치한다.

크라카타우산
이 화산은 1883년에 대규모 폭발을 했다. 4500km 이상 떨어진 곳에서도 그 폭발음을 들을 수 있었다고 한다.

우중쿨론 국립 공원
지구에 남아 있는 자바코뿔소는 70마리도 안 된다. 이곳에서 자바코뿔소를 볼 수 있다.

자카르타

반둥

수라바야

웨레보
정글에 둘러싸인 산악 마을. 큰 원뿔 모양의 나무 집을 보기 위해 관광객들이 찾아온다!

브로모산
활화산에서 뿜어져 나오는 연기를 견디고 정상까지 용감하게 걸어가면, 주변 경치를 감상할 수 있다.

이스티크랄 모스크
인도네시아에는 이슬람교도가 많다. 이 사원은 동남아시아에서 가장 규모가 크다.

스미냑
서핑, 일광욕, 수영, 쇼핑 등 사람들이 '발리' 하면 '스미냑'을 떠올릴 정도로 가장 핫한 곳이다.

핑크 해변, 롬복
인도네시아에는 아름다운 해변이 많지만, 롬복섬의 분홍색 모래 해변이 최고다.

코모도 국립 공원
너무 가까이 가지 말 것! 세계에서 가장 큰 코모도왕도마뱀은 사납고 독이 무척 위험하다.

타만 미니 인도네시아
'작은 공원'이라는 뜻의 민속촌. 인도네시아의 축소판이라 할 수 있는 이 민속촌에서 원주민 예술, 건축, 의상을 보며 인도네시아의 활기차고 다양한 문화를 느낄 수 있다.

모나스 국립 기념탑
꼭대기에 금도금을 한 불꽃 상징이 있는 137m 높이의 탑은 인도네시아의 독립을 상징한다.

울루와뚜 사원
발리에 있는 힌두 사원. 바다의 영혼을 기리기 위해 70m 높이의 가파른 절벽 꼭대기에 지었다.

우붓 원숭이 숲
배낭을 잘 챙기자. 이곳의 긴꼬리원숭이들은 방문객의 소지품을 호시탐탐 노린다.

수천 개의 섬 나라에 오신 걸 환영합니다!

300에 가까운 다양한 민족이 700개 이상의 언어를 사용하는 나라는 무척 드뭅니다. 사실, 외국의 무역상들이 이 지역에 도착하고 나서야 '인도네시아 군도'로 알려지게 되었지요.

인도네시아는 1만 7000개가 넘는 섬으로 이루어져 있으며, 화산과 열대 해변, 용과 오랑우탄, 논과 열대 우림, 맹그로브, 고대 사원이 많습니다. 세계에서 가장 큰 꽃이 인도네시아에 있다는 사실을 알고 있나요? 그 꽃의 이름은 '라플레시아 아르놀디'로, 이곳 사람들은 꽃이 뿜어내는 끔찍한 냄새 때문에 '시체 꽃'이라고 불러요!

인도네시아의 수도 자카르타는 무척 분주한 곳입니다. 우뚝 솟은 고층 빌딩, 네덜란드 식민지 시대 건물이 늘어선 구시가지, 거대한 국가 기념물과 엄청난 규모의 쇼핑몰이 있어요. 복잡하고 시끄럽고 분주하지요. 이곳에 가면 지루할 틈이 없을 거예요.

역사적 순간들

10만-160만 년 전: 호모 에렉투스(현대 인류의 직계 조상)가 자바섬에 살았음.

기원전 2000년: 타이완에서 온 사람들이 바닷가에 정착하기 시작함.

서기 600년대: 스르비자야 왕국이 인도네시아섬 지방에서 권력을 잡음.

1200년대: 수마트라에 이슬람교가 전파되어 점차 지배적인 종교가 됨.

1512년: 포르투갈 상인들이 인도네시아에 도착함.

1619년: 네덜란드 동인도회사가 자바를 비롯한 인도네시아섬들을 점령함.

1945년: 제2차 세계 대전 중 네덜란드가 지배력을 잃고, 민족주의 지도자 수카르노가 인도네시아 독립을 선언함.

1967년: 쿠데타 실패로 수카르노는 수하르토 장군에게 권력을 넘김.

1999년: 동티모르가 인도네시아로부터 독립함.

2004년: 대규모 지진과 쓰나미가 발생해 22만 명 이상이 사망함.

2010년: 중국과 인도에 이어 세계에서 세 번째로 경제가 빠르게 성장함.

라자 암팟
인도네시아 동쪽의 해양 국립 공원. 1500개가 넘는 열대 섬으로 이루어진 군도로, 산호초에는 수천 종의 알록달록한 물고기가 산다.

아그네스 모니카(아그네즈 모)
1986년-
인기 많은 가수이자 배우. 인도네시아에서 많은 상을 휩쓸었다.

푼착자야산
인도네시아에서 가장 높은 봉우리. 적도에 가까운 곳이지만 산꼭대기는 눈과 빙하로 덮여 있다.

클리무투 화산
화산의 봉우리에서 색이 각기 다른 아름다운 분화구 호수들을 볼 수 있다.

라덴 아젱 카르티니
1879-1904년
인권 운동가. 여성이 교육 받을 권리를 위해 싸웠다.

스리 물랴니 인드라와티
1962년-
경제학자. 세계 은행에서 일했고, 현재 재무장관이다.

인도네시아

주요 사항	공식 모토 없음	
수도 도쿄	**화폐** 엔	**국가 코드** JP
대도시 도쿄　나고야 요코하마　삿포로 오사카	**이름의 유래** '태양의 원천'이라는 뜻	**공식 언어** 일본어
인구 1억 2626만 명 (2019, 세계 은행)	**꽃** 공식적인 꽃은 없지만, 벚꽃이 유명함 	**새** 일본꿩

삿포로 눈 축제
매년 삿포로의 오도리 공원은 전 세계에서 온 사람들이 만든 거대한 눈 조각상들이 장관을 이룬다.

금각사
꼭대기 2개 층은 금박으로 꼼꼼하게 덮여 있어 햇빛에 눈이 부시다.

켄로쿠엔 정원 '이시카와'
200년의 역사를 자랑하는 이 정원은 일본에서 아름다운 정원으로 손꼽히며, 계절에 따라 꽃을 피우는 식물이 있어 언제든 계절을 느낄 수 있다.

중부 산악 국립 공원
깊은 협곡, 설원, 고대 용암 고원, 고산 야생화를 볼 수 있다. 이 국립 공원에는 '일본 알프스'라는 별명이 붙은 높은 봉우리가 있다.

지브리 스튜디오
애니메이션 스튜디오. 수십 년 동안 너무나도 멋지고 독특한 영화를 제작했다. 대표작으로는 〈이웃집 토토로〉, 〈하울의 움직이는 성〉, 〈센과 치히로의 행방불명〉 등이 있다.

교토 기온 거리
전통적인 기모노에 짙게 화장을 한 채 노래하고 춤추며 손님을 맞는 게이샤로 유명하다.

아쓰다 신궁
전설에 따르면, 이 2000년 된 신성한 신사에 고대 무사의 검이 보관되어 있다고 한다.

아라시야마 대나무 숲
수천 그루 대나무가 바람에 부드럽게 춤추듯 흔들리는 이곳에 가면 딴 세상에 온 것 같은 느낌이 든다.

지고쿠다니 원숭이 공원
얼어붙는 눈 속에서 천연 온천을 만난다면 무엇을 할까? 원숭이들처럼 온천에 몸을 푹 담가 보자!

대한민국

히로시마 평화 기념 공원
1945년 8월, 미국이 원자 폭탄을 투하한 히로시마와 나가사키의 끔찍한 파괴를 기억하기 위해 지었다.

나고야　도쿄　요코하마

오사카

가마쿠라 대불
이 거대한 청동 부처의 귀를 자세히 보면 금박이 눈에 띌 것이다. 1252년에 만들 때에는 불상 전체에 금박을 입혔다고 한다.

엔나 호텔
하우스텐보스에 있는 로봇 호텔. 공룡처럼 생긴 로봇도 있다!

나오시마
'예술의 섬'으로 유명하다. 섬 곳곳에 있는 거대한 조각품들을 천천히 감상해 보자.

오사카성
16세기에 도요토미 히데요시가 일본 통일에 성공했을 때, 이 5층짜리 성을 지어 자신의 힘을 과시했다.

히로시마의 이츠쿠시마 신사
신사가 있는 '숭배의 섬'은 예로부터 순례의 장소였다. 바다에 세운 '떠 있는' 문은 볼거리다!

후쿠오카성
폐허만 남았다. 하지만 성터에서 열리는 벚꽃 축제를 보려고 방문객이 몰려온다.

히메지성
일본 성곽을 대표하는 400년 된 목조 건축물로, 유네스코 세계 문화유산에 등재되었다. 일본 사람들은 '백로 성'이라고 부르는데, 순백의 아름다움을 뽐내기 때문이다.

가나가와의 하코네 조각 공원
박물관이 지루하다면 이 야외 조각 공원이 엄청나게 놀라울 것이다. 옆으로 비스듬히 누워 있는 거대한 머리를 조심하자.

후지산
눈 덮인 '후지산'은 활화산이자 일본에서 가장 높은 봉우리다. 매년 30만 명이 산을 오른다.

오키나와
일본 최남단에 있는 섬. 가오리, 바다거북과 함께 스노클링을 하고 수중 동굴을 탐험해 보자.

떠오르는 태양의 땅에 오신 걸 환영합니다!

여러분은 일본을 아시아 동쪽 끝에 있는 하나의 섬이라고 생각할지도 모르겠네요. 실제로 일본은 약 7000개의 섬으로 이루어져 있답니다! 4개의 주요 섬은 홋카이도, 혼슈, 시코쿠, 규슈예요. 일본에서 가장 분주한 도시인 수도 도쿄는 가장 큰 섬인 혼슈에 있어요. 일본은 판 3개가 만나는 곳에 위치하고 있어 매년 약 1500회의 지진이 일어나요.

일본 문화는 근면과 검손을 중요하게 생각하며, 윗사람을 존중하도록 강조합니다. 일본 사람들이 세계에서 가장 오래 산다는 거 알고 있나요? 생선, 쌀, 채소가 풍부한 식단 때문이라고 해요. 이 나라의 대표 요리 스시는 오늘날 세계 어디를 가도 맛볼 수 있을 정도로 대중적인 음식이 되었어요.

일본을 여행하다 보면 눈 덮인 산봉우리와 아름답게 손질해 놓은 정원, 최첨단 고층 건물과 울창한 대나무 숲, 온천에서 목욕하는 원숭이, 로봇이 운영하는 호텔을 만나게 될 거예요!

역사적 순간들

기원전 2500년 : 일본 열도에 사는 사람들이 석기와 토기를 사용함.

서기 250년경-552년 : 야마토 정권이 세력을 넓힘. 거대한 고분을 지음.

607년 : 호류사를 세움. 이 사원은 오늘날 남아 있는 가장 오래된 목조 건축물임.

794년 : 교토로 수도를 옮김.

1490-1590년 : 봉건 영주들 사이에서 권력, 토지, 영향력을 둘러싸고 전쟁이 벌어짐.

1590년 : 도요토미 히데요시가 일본을 통일함.

1639년 : 서구의 식민주의와 종교를 거부하고 200년 동안 쇄국을 선택함.

1854년 : 일본과 미국이 평화우호조약에 서명함. 쇄국을 끝냄.

1941-1945년 : 제2차 세계 대전에 참전함. 히로시마와 나가사키에 원자폭탄이 떨어진 뒤 패전을 선언함.

1956년 : 일본이 국제 연합(UN) 회원국이 됨.

1995년 : 고베 대지진으로 6000명 이상이 사망함.

2005년 : 교토에서 유엔기후변화협약 당사국 총회가 열리고 온실가스 감축을 목표로 교토의정서가 체결됨.

2011년 : 동일본 대지진으로 2만 명 이상이 사망함.

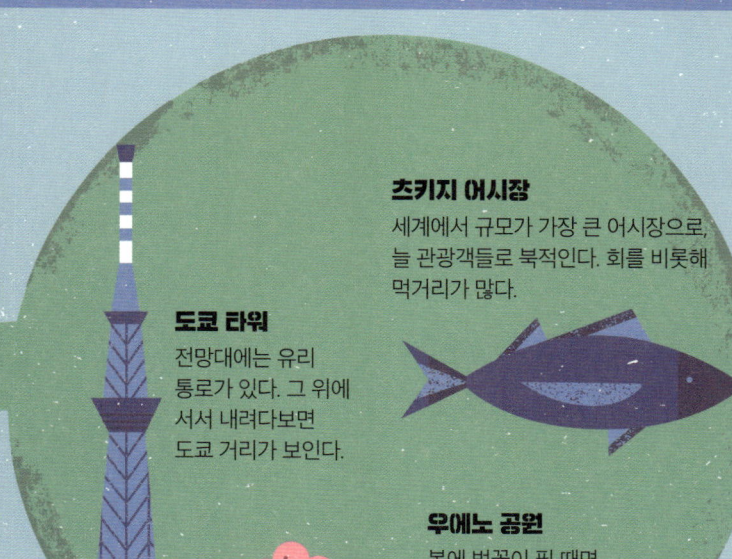

도쿄 타워
전망대에는 유리 통로가 있다. 그 위에 서서 내려다보면 도쿄 거리가 보인다.

츠키지 어시장
세계에서 규모가 가장 큰 어시장으로, 늘 관광객들로 북적인다. 회를 비롯해 먹거리가 많다.

우에노 공원
봄에 벚꽃이 필 때면 엄청 붐빈다. 공원 안에는 박물관, 콘서트홀, 사원, 동물원이 있다.

미야자키 하야오
1941년-
세계적으로 유명한 스토리텔러이자 애니메이션 영화감독. 지브리 스튜디오의 공동 창업자이기도 하다. 〈이웃집 토토로〉 등 수많은 명작을 남겼다.

오사카 나오미
1997년-
아시아 선수 최초로 여자 단식 테니스 대회에서 세계 1위를 차지했다.

무카이 치아키
1952년-
최초의 일본 여성 우주인. 두 번이나 우주 비행을 했다. 심장외과 의사이기도 하다!

코키 타이호
1940-2013년
역대 최고의 스모 선수. 45경기 연속 이겼으며, 21세에 최고의 자리에 올랐다.

도요토미 히데요시
1537-1598년
사무라이이자 정치인으로 일본 통일을 이룩했다. 임진왜란을 일으켰다.

일본

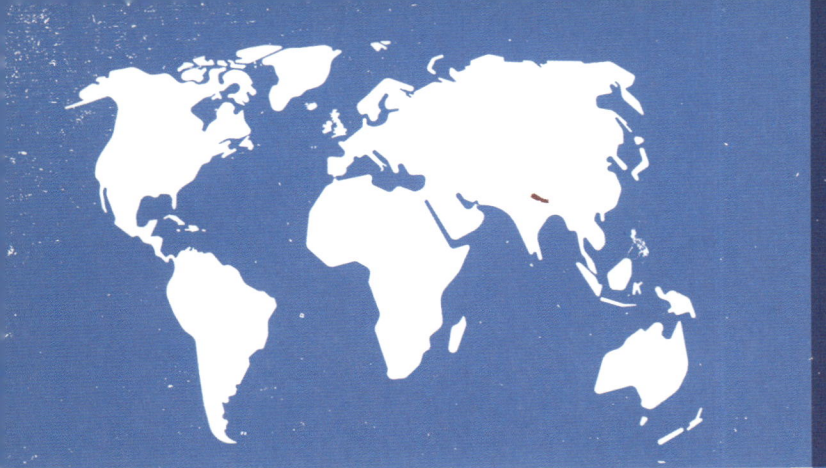

역사적 순간들

400-750년: 인도의 지배를 받다가 리차비 왕조가 들어섬.

1200-1800년: 말라 왕조가 권력을 잡고 카트만두 일대를 통치함.

1769년: 구르카 왕조의 프리티비 나라얀 샤가 카트만두를 정복하고 통일 왕국의 토대를 마련함.

1814-1816년: 구르카 왕국과 영국 동인도회사 사이에 전쟁이 일어남.

1914-1918년: 네팔 시민들이 제1차 세계 대전에서 영국을 위해 싸움.

1923년: 영국과 맺은 조약으로 네팔의 주권을 보장 받음.

1953년: 네팔의 텐징 노르가이와 뉴질랜드의 에드먼드 힐러리가 최초로 에베레스트산 정상에 오름.

1988년: 네팔과 인도 국경에 대규모 지진이 일어나 1000명 이상이 사망함.

1994-1999년: 공산주의 정부가 들어섬. 수많은 네팔 사람이 인도로 이주함.

2005년: 공산주의자들과 야당 지도자들이 민주화 과정을 위한 계획에 합의함.

2008년: 공화국이 수립됨.

2014년: 에베레스트의 환경 오염 문제를 해결하기 위해 등산가들에게 8kg의 쓰레기와 오물을 가지고 내려오게 한 법안이 통과됨.

수실라 카르키
1952년-
네팔 여성 최초로 대법원장에 올랐다. 부패에 대한 무관용으로 존경을 받았다.

산둑 루이
1954년-
안과 의사. 12만 명이 넘는 아시아, 아프리카 사람들의 시력 회복에 앞장섰다.

자막 기미레
1980년-
뇌성마비로 태어났지만 왼발로 글을 쓰는 법을 스스로 익혔다. 작가이자 시인으로 수상 경력이 있다.

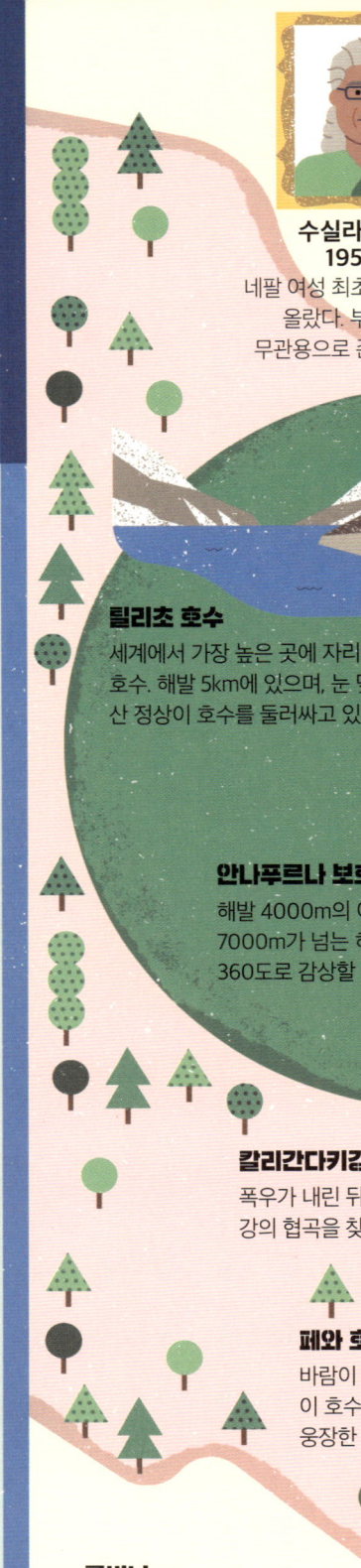

틸리초 호수
세계에서 가장 높은 곳에 자리 잡은 호수. 해발 5km에 있으며, 눈 덮인 산 정상이 호수를 둘러싸고 있다.

안나푸르나
해마다 발생하는 눈사태로 등반하기 위험한 곳으로 알려졌다.

안나푸르나 보호 구역
해발 4000m의 이 고원을 트레킹하면, 7000m가 넘는 히말라야산맥을 360도로 감상할 수 있다.

칼리간다키강
폭우가 내린 뒤 모험심 강한 사람들이 강의 협곡을 찾아와 래프팅을 즐긴다.

포카라

페와 호수
바람이 불지 않는 날이면 이 호수에 안나푸르나산맥의 웅장한 모습이 그대로 비친다.

룸비니
수천 명의 불교 순례자들이 부처님의 탄생지를 찾아와 경의를 표한다.

데비 폭포
몬순 시즌에 협곡의 바닥 사이로 물이 흐르다 지하 동굴로 스며든다.

인도

샨티 스투파
일본 승려들이 세계 평화를 기원하며 흰색 사리탑을 세웠다.

라니 마할
네팔 팔파 지구에 위치한 궁전. 강가에 무너져 내려 방치된 건물을 최근에 복원했다.

네팔

세계의 지붕에 오신 걸 환영합니다!

많은 사람이 네팔을 알아요. 세계에서 가장 높은 산, 에베레스트를 등반하려는 모험가와 등산가들이 꾸준히 찾아오기 때문이지요. 하지만 선택 받은 몇몇 사람만 정상에 오를 수 있습니다. 다른 사람들은 지구상에서 가장 높은 산봉우리 10개 중 8개 이상을 자랑하는 이 나라에 애정을 품고 집으로 돌아가지요!

우뚝 솟은 산으로 유명하지만, 네팔은 기온이 높고 습한 저지대 평원이 펼쳐져서 다양한 풍경도 감상할 수 있어요. 네팔 사람들은 주로 수도 카트만두에 모여 사는데, 대부분은 힌두교를 믿어요. 그래서 영혼이 다양한 삶과 형태로 다시 태어나는 '환생'을 믿지요. 분주한 카트만두에서 남부의 조용한 작은 마을에 이르기까지, 멋진 사원, 복잡한 시장, 고대 궁전은 물론 코뿔소, 코끼리, 벵골호랑이가 서식하는 국립 공원을 돌아볼 수 있어요.

텐징 노르가이
1914-1986년
에드먼드 힐러리와 함께 멋진 팀을 이루어 최초로 에베레스트산 정상에 우뚝 섰다.

석가모니
기원전 563년경-기원전 483년
불교를 창시했다. 석가모니의 가르침과 말씀은 많은 사람에게 정신적 가르침을 주었다.

스와얌부나트 사원
365개의 계단을 올라 황금 돔 사원에 가면 건방진 원숭이 수백 마리가 맞아줄 것이다!

하누만도카
카트만두에 있는 거대한 왕궁. 이곳에는 35개의 안뜰이 있었다고 한다. 1934년에 지진이 일어나 지금은 10개만 남았다.

파슈파티나트 힌두 사원
네팔 최대의 힌두교 성지. 유네스코 세계 문화유산으로 지정되었다.

마나카마나 사원과 케이블카
산꼭대기에 2층 탑이 있다. 이 신성한 힌두 사원까지 3km를 케이블카로 쉽게 올라갈 수 있다.

랑탕 국립 공원
높은 초원에서는 레서판다와 히말라야흑곰을 볼 수 있다. 운이 좋으면 눈표범도 볼 수 있다.

고르카 왕궁
16세기에 지은 궁전으로 요새이자 사원. 트리슐리 계곡이 내려다보이는 절벽 끝에 아슬아슬 자리 잡고 있다.

아산 초크
이 분주하고 활기찬 시장은 수백 년 동안 물건을 사고파는 역할을 했다. 지금도 화려한 직물에서부터 진기한 향신료에 이르기까지 무엇이든 살 수 있다.

보드나트 스투파
세계에서 가장 큰 불탑. 중요한 순례지로, 14세기에 교역로를 지나는 사람들이 불교로 개종할 수 있도록 이 사리탑을 세웠다고 한다.

나가르코트 전망대
이 작은 마을에서 카트만두 인근의 히말라야를 가장 잘 볼 수 있다. 13개 봉우리 중 8개 봉우리를 감상할 수 있다.

카트만두
랄릿푸르
바랏푸르

박타푸르
중부에 있는 중세 도시. 수많은 궁전과 사원이 있지만, 가장 눈에 띄는 건 햇볕에 말리기 위해 내놓은 즐비한 항아리들이다.

에베레스트산
지구에서 가장 높은 산. 6000만 년 전, 인도판과 아시아판이 충돌해 생겨났다.

치트완 국립 공원
네팔에서 가장 오래된 국립 공원. 인도코뿔소, 벵골호랑이, 표범, 원숭이, 사슴, 느림보곰이 산다.

황금 사원
12세기에 지은 것으로 추정된다. 정교하게 만든 황금색 외관 때문에 이런 이름이 생겼다.

더르바르 광장
130개가 넘는 안뜰과 55개의 사원, 고대 궁전이 있다.

파탄 박물관
옛 왕궁에 자리 잡은 박물관에는 네팔의 신성한 전통 예술품이 즐비하다.

주요 사항	어머니와 조국은 하늘보다 위대하다	
수도 카트만두	**화폐** 루피	**국가 코드** NP
대도시 카트만두 포카라 랄릿푸르 비르간지 바랏푸르	**이름의 유래** '네파'라는 고대 왕조에서 유래한 것으로 추정	**공식 언어** 네팔어
인구 2913만 명 (2020, 외교부)	**꽃** 랄리구라스 	**새** 히말라야 비단꿩 

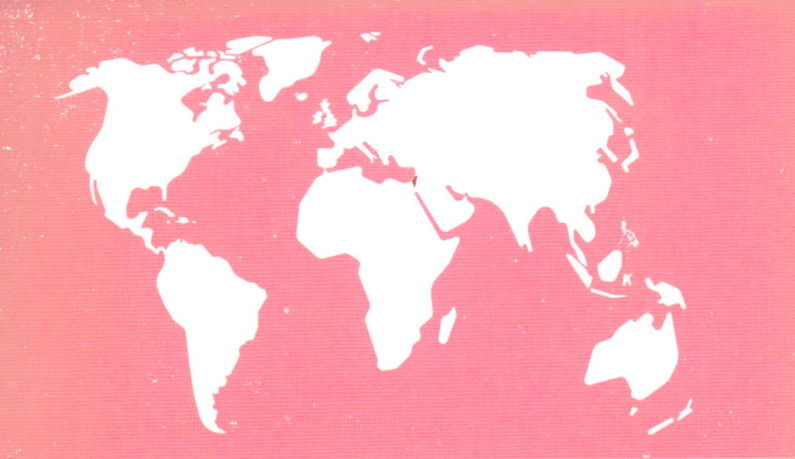

젖과 꿀이 흐르는 땅에 오신 걸 환영합니다!

이스라엘은 비교적 역사가 짧은 나라예요. 하지만 이 땅에는 수천 년 전부터 사람들이 살았고, 인류 문화의 뿌리라고 할 수 있어요. 세계에서 영향력이 가장 큰 두 종교, 그러니까 크리스트교와 유대교의 정신적 고향이면서 동시에 이슬람 문화에서도 중요한 위치를 차지하지요.

이스라엘 어디를 여행하든, 크리스트교 성경, 유대교 타나크, 이슬람교 코란에 등장하는 마을, 강, 산, 바다를 직접 볼 수 있어요.

놀라운 문화사와 더불어 경이로운 사막 풍경, 짜디짠 사해, 다양성이 깃든 도시가 있습니다. 전 세계에 흩어져 사는 많은 사람이 이스라엘을 고향이라고 부르기도 합니다. 또한 맛있는 중동 음식이 있는 곳이기도 해요. 이 멋진 나라를 탐험할 때는 병아리콩을 으깨 만든 작은 경단을 납작한 빵과 함께 먹는 '팔라펠'을 꼭 맛보세요.

역사적 순간들

1917년 : 영국이 팔레스타인에 유대인을 위한 국가를 세우기로 결정함.

1939년 : 영국 정부는 팔레스타인으로 이주하는 유대인의 수를 연간 1만 명으로 제한함.

1940년대 : 제2차 세계 대전 동안 나치가 유대인을 박해하자 유대인들이 팔레스타인으로 대거 이주함.

1947년 : 국제 연합이 팔레스타인을 유대인 지역과 아랍인 지역으로 분리하도록 권고함.

1948-1949년 : 이스라엘이 독립을 선언함. 곧바로 아랍인과 이스라엘인 사이에 전쟁이 일어남.

1949-1960년 : 약 130만 명의 유대인 난민이 이스라엘에 정착함.

1967년 : 이스라엘이 수에즈 운하 접근을 놓고 이집트를 공격해 '6일 전쟁'이 시작됨. 전쟁의 결과 이스라엘은 더 많은 팔레스타인 지역을 차지함.

1982년 : 이스라엘이 팔레스타인해방기구(PLO) 지도자들을 추방하기 위해 레바논을 침공함.

1993년 : 이스라엘 총리와 PLO 수반이 팔레스타인 자치 계획을 위한 합의에 서명함.

2003년 : 미국, 유럽 연합, 러시아, 국제 연합이 이스라엘-팔레스타인 분쟁을 해결하기 위해 개입함.

2016년 : 이스라엘은 이스라엘-팔레스타인 평화에 투표한 12개국과의 협력을 거부함. 폭력 사태가 지속됨.

주요 사항	공식 모토 없음	
수도 예루살렘	**화폐** 신 세켈	**국가 코드** IL
대도시 예루살렘 텔아비브 하이파 리숀레지온 페타티크바	**이름의 유래** 이 지역에 살던 고대 부족	**공식 언어** 히브리어
인구 905만 명 (2019, 외교부)	**꽃** 무화과나무 	**새** 후투티 

유리 겔라
1946년-
세계적인 마술사. 초능력으로 숟가락을 구부리는 속임수로 유명하다.

아다 요나스
1939년-
2009년에 노벨 화학상을 받았다. 중동에서 최초로 노벨상을 받은 여성이다.

이스라엘

갈 가도트
1985년-
미스 이스라엘 출신으로, 영화 〈원더우먼〉으로 일약 스타덤에 올랐다.

로슈 하니크라 동굴
절벽의 모습이 아름다운 동굴로 매력적이다.

통곡의 벽
유대인과 크리스트교인에게 가장 성스러운 곳이다. 이 통곡의 벽은 약 2000년의 역사를 자랑한다.

올리브산
예루살렘 외곽에 있는 이 언덕은 한때 올리브 숲으로 유명했다. 크리스트교인과 유대인에게 중요한 종교 유적지이다.

바위 돔 사원
예루살렘 구시가지에 있는 이슬람 사원. 역사가 1300년이나 된다.

카르멜 전통 시장
이 활기 넘치는 시장에는 음식, 보석류, 예술품 등 없는 게 없다.

주님 탄생 예고 기념 성당
천사가 마리아에게 신의 아들을 낳을 거라고 전한 곳이라고 한다.

다윗왕의 무덤
실제 다윗왕의 안식처가 아닐지도 모른다. 하지만 1000년의 역사를 지닌 이곳은 여전히 소년, 새총, 골리앗이라는 거인을 떠올리게 한다!

하이파

텔아비브

페타티크바

리숀레지온

지중해

아치 풀
1000년 된 저수지. 이곳을 즐기는 가장 좋은 방법은 배를 타는 것이다. 놀라운 아치와 기둥을 꼼꼼하게 잘 살펴보자.

예루살렘

사해에서 물에 둥둥 떠 있기
사해는 일반 바닷물보다 10배는 짜다. 그래서 아주 쉽게 물에 둥둥 떠 있을 수 있다!

가자 지구와 서안 지구
가자라고 불리는 해안의 좁은 땅 및 예루살렘 주변의 서안 지구 일부에는 팔레스타인 사람들이 살고 있다.

미니 이스라엘 박물관
이스라엘 전체를 볼 시간이 없다면 이 박물관에 가서 모형도를 구경해도 좋다.

정원 무덤
바위를 잘라 만든 무덤은 예수 그리스도가 묻힌 곳이라고 전해진다.

록펠러 박물관
9000년 전에 제작된 예리코 동상을 비롯한 선사 시대 유물들이 있다.

아브닷
7세기에 지진으로 파괴된 2300년 전 나바테아 도시의 유적을 탐험해 보자.

마사다 국립 공원
거대한 바위 절벽에 자리 잡은 고대 왕궁이자 요새. 수천 년의 역사와 전투의 흔적을 찾아볼 수 있다.

겟세마네
예수가 유다에게 배신당한 뒤 체포된 동산으로 알려졌다.

이스라엘 박물관
이스라엘에서 가장 중요한 박물관이자 갤러리. 이곳에서 역사적 유물, 예술품, 신나는 즐거움을 찾을 수 있다.

이집트

라몬 자연 보호 구역
이스라엘에서 가장 큰 국립 공원. 독특한 침식 분화구로 유명하다. 야생염소와 가젤을 눈여겨 보자.

팔라펠 맛보기
팔라펠은 이스라엘을 대표하는 길거리 음식으로, 병아리콩으로 만들어 갓 구운 빵과 함께 먹는다.

팀나 공원
산악 자전거를 타고 사막 공원을 둘러보자.

요탐 오토렝기
1968년-
유명 셰프. 이스라엘과 중동 음식 레시피를 담은 요리책으로 국제적인 명성을 얻었다.

수중 전망대 공원
이스라엘 최대 수족관. 이곳에는 800종 이상의 해양 생물이 있다.

돌핀 리프
홍해로 첨벙 뛰어들어 장난기 가득한 큰돌고래, 열대어와 함께 수영을 즐겨 보자. 스노클링을 하며 바닷속의 아름다운 산호초를 감상하자.

시갈리트 란도
1969년-
조각가이자 설치 예술가. 소금을 주제로 한 작품으로 유명하다.

시리아

49

이란

역사적 순간들

기원전 3000-기원전 2000년 : 이란 남동부 '지로프트' 근처에서 발견된 비문이 세계에서 가장 오래된 문자로 알려짐.

기원전 1340-기원전 1250년 : 엘람 왕국에서 '초가잔빌 지구라트'를 지어 엘람의 수호신 '인슈시나크'를 기림.

기원전 522-기원전 486년 : 다리우스 1세가 페르시아를 여러 지방으로 나누고, 화폐 체계를 통일하며, 하나의 공통 언어를 채택해 세계 최초의 초강대국을 건설함.

서기 632년 : 예언자 무함마드 사망. 같은 해, 이슬람군이 페르시아를 공격해 651년에 마지막 페르시아 왕이 죽고 제국은 역사의 뒤안길로 사라짐.

1051년 : 셀주크 튀르크가 페르시아를 정복해 시리아, 팔레스타인, 콘스탄티노플을 아우르는 제국을 건설함.

1218년 : 칭기즈 칸이 이끄는 몽골군이 페르시아 대부분을 정복함.

1786년 : 아가 모하마드 칸은 페르시아의 수도를 테헤란으로 옮김.

1797-1834년 : 페르시아가 러시아와 전쟁을 벌임. 그 결과 아제르바이잔과 아르메니아를 빼앗김.

1935년 : 페르시아에서 이란으로 나라 이름을 바꿈.

1962년 : 이란 지도자 무함마드 리자 팔레비가 '백색 혁명'을 일으켜 교육과 여성의 권리를 개선하고 성직자의 권력을 축소함.

1980-1988년 : 이란-이라크 전쟁 발발. 이란과 이라크 포함 90만 명이 넘는 사람들이 죽음.

2015년 : 이란은 국제 사회가 경제 제재를 해제해 주는 대가로 '핵 프로그램' 제한에 동의함.

오마르 하이얌
1048년경-1131년
페르시아의 수학자이자 천문학자이자 시인. 대수학의 기본 원칙을 만드는데 이바지했을 뿐만 아니라 정교한 태양력을 고안했다.

키루스 2세
기원전 590년경-기원전 530년
세계에서 가장 큰 제국을 건설했다. 정치, 군사 지식이 뛰어났다.

타브리즈

우르미아 호수
중동에서 가장 큰 짠물 호수(염호)에 조류가 움직이면 물이 붉게 물든다.

우라만 마을
쿠르디스탄의 가파른 산비탈에서 살아가기 위해 계단식 주택 같은 독창적인 건축물이 생겼다.

다마반드산
이란에서 가장 높은 산. 분화구 근처의 '분기공'(수증기나 가스를 분출하는 구멍) 때문에 '잠재적인 활화산'으로 간주된다.

카라지

테헤란

카샨의 술탄 아미르 아흐메드 목욕탕
500년 전에 지은 이 목욕탕은 몸을 씻고 휴식을 취하며 친구들과 이야기를 나누는 장소였다.

초가잔빌 지구라트
이 거대한 구조물을 어떤 용도로 사용했는지 아무도 모른다. 신에게 바치는 제단이었을까? 기원전 1250년에 세웠다.

이라크

아비야네
건물을 짓는데 사용한 독특한 황토 때문에 '붉은 마을'로 알려졌다. 1500년 이상 된 것으로 추정된다.

이스파한

마르군 폭포
진녹색 이끼로 덮인 암벽에 난 수십 개의 구멍에서 물이 흘러내린다.

슈슈타르 관개 시설
기원전 5세기에 카룬강에서 슈슈타르시로 물을 공급하기 위해 설치했다. 터널을 이용해 방앗간에 물을 보내기도 했다.

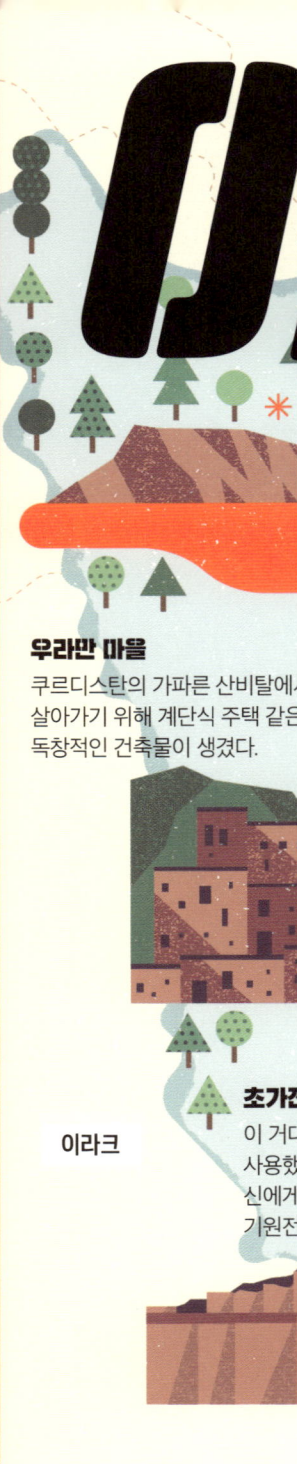

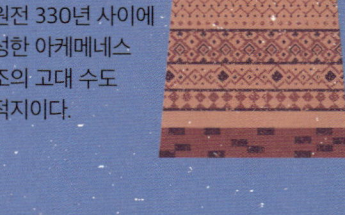

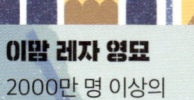

닉쉐 로스탐 무덤
아케메네스 왕조 왕들을 위해, 바위를 잘라 만든 무덤.

이스파한의 이맘 광장
1598년, 아바스 1세 때 이란의 수도를 이스파한으로 옮겨 모스크, 시장, 궁전이 있는 광장을 짓기 시작했다.

페르세폴리스
기원전 559년에서 기원전 330년 사이에 번성한 아케메네스 왕조의 고대 수도 유적지이다.

이맘 레자 영묘
2000만 명 이상의 이슬람교도가 해마다 이 모스크를 순례한다.

카림 칸 요새
'잔드 왕조'의 창시자 '카림 칸' 왕실의 일부였던 요새.

바탑 술트
미네랄이 풍부한 물이 산 아래로 흘러내려 웅덩이가 생겼다. 물 아래 붉은 흙이 햇빛을 받아 환하게 빛난다.

투르크메니스탄

아자디 타워
건국 2500주년을 기념하기 위해 세웠다. 흰색 대리석 8000개로 덮여 있다. 아자디는 '자유'라는 뜻이다.

그랜드 바자르
테헤란에서 가장 오래된 시장으로, 길이가 10km가 넘는다. 통로에는 없는 것 없이 거의 모든 물건을 파는 상인들이 줄지어 늘어서 있다!

골레스탄 궁전
꽃의 궁전이라고도 하며, 박물관으로 사용된다. 테헤란에서 가장 오래된 궁전으로, 건물 정면의 수로, 거울을 위주로 꾸민 내부 장식 등 페르시아 건축 양식을 잘 보여 준다.

카르나크
4000년 된 진흙 벽돌 마을의 구시가지는 완전히 폐허가 됐다. 그래도 130명 정도가 뉴타운에 살고 있다.

나린성
2000년 전에 진흙 벽돌로 지은 성. 벽에 배관 시설이 갖춰져 있다.

야즈드

루트 사막
루트 사막은 섭씨 70도까지 온도가 올라간다!

아미르 차크마크 광장
자동차가 다니지 못한다. 이 광장에 서서 15세기 페르시아의 멋진 건축물과 분수 등을 맘껏 감상할 수 있다.

자메 모스크
15세기 돔의 아름답고 정교하고 섬세한 모자이크 타일, 입구 양쪽에 있는 50m 높이의 첨탑이 유명하다.

조로아스터교 침묵의 탑
조로아스터교도들에 따르면, 사람이 죽으면 육신은 악령에 취약하다고 한다. 그래서 애도자들은 죽은 사람의 몸을 이 탑의 꼭대기에 올려 새한테 먹인다.

케슘섬의 나마크단 소금 동굴
거의 7km에 이르는 세계에서 가장 긴 소금 동굴. 통로를 따라가다 보면 소금기가 있는 흰색 종유석과 석순이 있는 큰 동굴이 나온다.

파키스탄

주요 사항	독립, 자유, 이슬람 공화국	
수도 테헤란	화폐 리알	국가 코드 IR
대도시 테헤란 마슈하드 이스파한 타브리즈 카라지	이름의 유래 아리아인들의 땅	공식 언어 페르시아어
인구 8490만 명 (2020, 외교부)	꽃 붉은 장미가 유명함, 국화는 튤립	새 나이팅게일 

한때 강력했던 제국의 고향, 위대함의 유산

이란은 중동에서 두 번째로 큰 국가입니다. 또한 엘람 왕국에서 시작해 키루스 2세의 아케메네스 제국에 이르기까지 세계에서 가장 오래된 문명의 고향이기도 합니다.

7세기에 아랍인이 이 지역을 정복한 뒤, 이란은 황금기를 누립니다. 아랍의 과학, 문화, 경제가 번성하고 이맘 레자 영묘와 이스파한의 '자메 모스크' 같은 뛰어난 건축물을 세웠어요. 역사를 통틀어 이란은 인류의 뛰어난 혁신과 전문성의 바탕을 마련해 주었어요.

우뚝 솟은 다마반드산 봉우리에서 이글거리는 사막과 소금 평원에 이르기까지, 놀라울 정도로 아름다운 광경이 끝없이 펼쳐집니다. 끔찍한 전쟁과 폭력적인 쿠데타를 비롯해 여러 문제가 있는 최근의 정치사에도 불구하고, 이란인들은 확고한 정체성과 자부심을 가지고 과학, 기술, 천문학 분야에서 뛰어난 성과를 계속 이어가고 있어요.

파디스 사베티
1975년-
유전자가 어떻게 질병에 영향을 미치는지 설명하는 알고리즘을 개발한 유전학자이다. 록 밴드의 리드 싱어이기도 하다!

파리사 타브리즈
1983년-
컴퓨터 보안 전문가. 스스로를 '보안 공주'라고 부른다. 구글에서 보안 담당 디렉터로 활동했다.

피에르 오미디아
1967년-
컴퓨터 공학을 전공한 뒤 매킨토시와 애플에서 일했다. 이후 '이베이'를 창업했다.

시리아

요르단강
헤르몬산에서 사해로 흘러드는 강으로, 세계에서 가장 낮다.

가다라(움 케이스)
고대 그리스·로마 유적. 한때 부유한 로마인들에게 인기 있는 휴양지였다.

이르비드의 다르아스사라야 박물관
요르단에서 두 번째로 큰 도시, 이르비드에는 청동기와 철기 시대 유물, 9000년 된 신석기 시대 동상을 볼 수 있는 박물관이 있다.

로마 원형 극장
'필라델피아(지금의 암만)'가 요르단의 수도였던 2세기에 만들었다. 6000명을 수용할 수 있었다.

제라시
한때 막강한 힘을 지녔던 로마 시대 도시의 폐허가 여기 있다. 대부분은 749년 지진으로 파괴되었지만, 160개의 거대한 기둥으로 둘러싸인 광장이 아직 남아 있다.

일곱 수면자들의 동굴
전설에 따르면, 크리스트교 소년 7명이 차별을 피해 이 동굴에 숨어들었다 잠이 들었는데, 300년 뒤에 깨어났다고 한다!

아즐룬성
산꼭대기에 자리 잡은 12세기 때 지은 성. 십자군 침략을 막기 위한 전략적 요충지였다.

이르비드

자르카의 쿠사이르 암라
한때 왕실의 휴양지였던 인상적인 사막 성. 8세기 프레스코화가 남아 있다.

암만 성채
암만에서 가장 높은 언덕 위에 지은 성채. 길이가 1700m나 되는 청동기 시대 성벽, 160년에 지은 헤라클레스 신전, 8세기에 지은 우마이야 궁전이 있다.

암만 · 자르카
루세이파
마다바

알 마그타스
이 작은 천연 샘에서 예수 그리스도가 세례를 받았다고 한다.

느보산
산 정상에서 사해, 베들레헴, 예루살렘을 한 눈에 볼 수 있다. 크리스트교인들은 모세가 이곳에서 처음으로 '약속의 땅'을 보았다고 믿는다. '느보'는 높다는 뜻이다.

마다바 지도
성 조지 성당에 가면 바닥 일부를 덮고 있는 중동의 모자이크 지도를 볼 수 있다. 예루살렘과 모세의 샘, 성지가 표시된 현존하는 가장 오래된 성서 모자이크이다.

와디 무사의 모세의 샘
모세가 목마른 추종자들에게 물을 주기 위해 바위를 내리쳤던 천연 샘이라고 알려져 있다.

사해 전망대
세계에서 가장 낮은 물줄기(수역)을 볼 수 있는 최고의 장소이다.

와디무지브 자연 보호 구역
와디무지브강은 우뚝 솟은 사암 절벽의 협곡을 지나간다. 강을 따라 하이킹도 하고 강에서 헤엄도 칠 수 있다.

이스라엘

다나 자연 보호 구역
요르단에서 가장 큰 자연 보호 구역. 멸종 위기에 처한 25종을 비롯해 수많은 야생 동물의 안식처이다. 아이벡스, 가젤, 모래고양이, 늑대를 찾아보자.

암만 해변
사해에는 어떠한 생명도 살 수 없을 만큼 소금의 농도가 짙다. 이 소금물에서는 누구나 쉽게 뜰 수 있고, 미네랄이 풍부해 진흙 팩을 하기 좋다.

쇼박성
12세기 유적. 망루, 지하 묘지는 물론 천연 샘으로 이어진 비밀 통로도 있다.

왕의 대로
예전에 아프리카와 메소포타미아를 연결하는 중요한 무역로였다.

마인 온천
온도가 각기 다른 60개 이상의 온천이 있다. 또한 온천 사이에는 폭포가 있어, 사막의 열기를 피해 편안하게 쉴 수 있다.

리틀 페트라
페트라와 모양이 닮았으나 규모가 작아 '리틀 페트라'라고 한다. 이 고대 나바테아 마을에는 돌멩이로 덮은 주택, 신전, 식당이 밀집해 있다.

알카즈네 신전, 페트라
붉은 돌산을 깎아 만든 신전. 이 멋진 건물은 나바테아의 왕 아레타스 3세 무덤으로 추정된다.

붉은 사막, 와디 럼
이 붉은 모래사막에는 울퉁불퉁한 암반이 여기저기 흩어져 있다. 〈스타워즈〉와 〈트랜스포머〉를 포함해 수많은 영화의 배경으로 나오기도 했다

라니아 왕비
1970년-
쿠웨이트에서 태어났고, 요르단으로 이사해 압둘라 왕을 만나 결혼했다. 교육, 건강, 가난한 지역 사회를 위해 노력하고 있다. 수많은 팔로워를 자랑한다.

아흐마드 아부가우시
1996년-
태권도 선수. 2016년 요르단 사상 처음으로 올림픽 금메달을 획득했다.

홍해
많은 해양 활동을 지원받으므로 스쿠버 다이빙에 적합하다.

모세
기원전 14세기경
실존 인물일까? 전설의 인물일까? 성서 신학자들은 모세가 신성한 존재와 이야기 할 수 있는 선지자라고 주장한다.

성서 이야기와 고대 문명이 만나는 곳

요르단은 아시아, 아프리카, 유럽 사이에 있습니다. 또한 세계에서 가장 큰 세 종교, 즉 크리스트교, 이슬람교, 유대교에서 매우 중요한 장소입니다. 요르단은 다양한 문명의 본거지로, 나바테아인, 바빌로니아인, 그리스인과 로마인, 오스만인 모두 요르단을 제국의 중심으로 삼았어요. 수천 년에 걸친 이 모든 인간 활동의 결과, 이곳에 많은 고대 유적지가 있어요.

요르단에서 사람들이 가장 많이 찾는 유명한 장소는 나바테아의 도시 페트라로, 건물을 짓는데 사용한 바위의 독특한 색 때문에 '장미 도시'라는 이름이 생겼지요. 페트라의 역사는 1500년이 넘었어요. 요르단의 주요 고고학 유적지로는 로마인들이 세운 도시 제라시, 아이유브 왕조 때 세운 아즐룬성, 우마이야 유적 쿠세이르 암라 궁전, 모세가 약속의 땅을 목격한 느보산 종교 유적지, 예수가 세례를 받은 천연 샘 등이 있어요. 이 모든 것과 더불어 요르단은 사해와 붉은 사막, 와디 럼 같은 뛰어난 자연 경관을 자랑합니다.

요르단 사람들은 유난히 친절한 것으로 유명하며, 음식도 엄청나게 넉넉히 대접합니다. '아흘란 와 사흘란(가족처럼 편안하게)'이라는 말도 빼놓지 않고 하지요. 요르단 사람들은 또한 축구와 농구를 엄청 좋아하는 팬이기도 합니다.

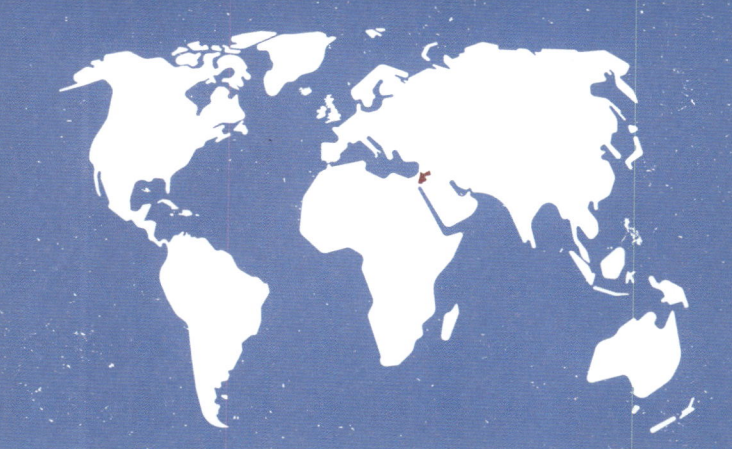

역사적 순간들

기원전 1만 년-기원전 4000년: 인류가 '비옥한 초승달 지대'라고 알려진 지역에 정착함. 집을 짓고 가축을 키우고 작물을 재배함.

기원전 1200년: 요르단에 에돔, 모압, 암몬이라는 세 개의 왕국이 등장함. 서로 교류 없이 지냄.

서기 300-400년: 그리스인, 나바테아인, 로마인 모두 아프리카와 아시아 사이의 지정학적 위치 때문에 이 지역을 호시탐탐 노림.

600년대: 우마이야의 수니파 왕조가 이슬람을 전파함. 이로써 이슬람이 지배적인 종교가 됨.

1100년대-1200년대: 크리스트교도와 이슬람교도 사이에 일어난 십자군 전쟁이 요르단을 포함한 중동 전역을 휩쓺.

1516년: 오스만 제국이 요르단의 맘루크 왕조를 무찌르고, 예루살렘과 다마스쿠스를 점령함.

1914-1918년: 아랍 민족주의자들이 오스만 통치에 반발해 반란을 일으킴. 1918년 아랍인들이 사우디아라비아, 남부 시리아와 요르단 일부를 장악함.

1946년: 요르단이 압둘라 왕 아래 독립 국가가 됨.

1951년: 압둘라 1세가 팔레스타인 극단주의자에게 암살당함. 압둘라 1세의 아들 탈랄이 왕위에 올랐지만 질병으로 1년 만에 물러나고 아들 후세인이 왕이 됨.

1994년: 요르단과 이스라엘이 평화 조약에 서명하고 안보, 물, 경제 문제에 협력하기로 함. 두 나라 사이에 첫 번째 도로가 건설됨.

2002년: 요르단과 이스라엘이 홍해에서 사해로 물을 공급하는 데 동의함.

주요 사항

주요 사항	신, 국가, 왕	
수도 암만	**화폐** 디나르	**국가 코드** JO
대도시 암만, 자르카, 이르비드, 루세이파, 마다바	**이름의 유래** 요르단 강. 경사진 아래로 내려간다는 뜻	**공식 언어** 아랍어
인구 1484만 명 (2021, 요르단 통계청)	**꽃** 검은 붓꽃	**새** 시나이 핀치새

요르단

디마 & 라마 하타브
1980년-
이 쌍둥이 자매는 중동에서 처음으로 251km에 달하는 6일간의 울트라 마라톤 대회에 참가했다.

압둘라 1세
1882-1951년
오스만 통치를 무너뜨리는 데 핵심적인 역할을 했다. 독립 요르단의 첫 번째 왕이 되었다.

사우디아라비아 & 아랍에미리트

아미라 알 타월
1983년-
사우디아라비아 공주. 빈곤 퇴치, 재난 구호, 사우디아라비아와 전 세계 여성의 역량 강화를 위해 노력하고 있다.

마날 알 샤리프
1979년-
2017년에 사우디아라비아에서 여성이 운전할 수 있는 권리를 얻고, 계속 여성 인권에 힘쓰고 있다.

 요르단

사라 아타르
1992년-
2012년에 사우디아라비아 최초로 올림픽에 출전할 수 있게 된 두 명의 여성 운동선수 중 한 명이다. 아타르는 800m를 뛰었고, 2016년에는 마라톤에 다시 출전했다.

알 울라
800개가 넘는 진흙 벽돌과 석조 주택이 미로 같은 마을을 이루고 있다. 2000년 전에 지은 건물은 이제 유령의 미로 같다.

자발성
수백 년 된 이 요새에는 눈에 보이는 것보다 더 많은 게 있다. 안뜰은 빗물 저수지 역할을 하는데, 이 물은 우물로 흘러들어가 도시에 물을 공급한다.

이라크

올드 애드 디리아
이 유적은 1744년에 탄생한 사우디 왕조 최초의 수도에 남아 있다.

세계 명소 공원
에펠 탑을 보기 위해 프랑스로 여행할 시간이 없다고? 타지마할을 보기 위해 인도로 갈 시간이 없다고? 걱정할 필요 없다. 이곳에 가면 축소 모형을 볼 수 있다.

알 마스막 요새
압둘 아지즈 알 사우디 국왕은 이 19세기 요새에서 각 지역을 정복해 통일할 계획을 세웠다. 그 지역이 현대 사우디아라비아 왕국을 이룬다.

마다인 살레와 카사르 알 파리드
고대 나바테아 문명 유적지. 정교하게 조각한 바위 무덤이 130개 넘게 있다.

 **사우디아라비아**

움주르
사막 근처에 이처럼 맑고 푸른 물이 넘실대는 열대 해변이 있으리라고는 아무도 상상하지 못했을 것이다.

제벨 피레인
이곳에 올라가면 고대 카라반 경로를 따라 목동과 낙타가 지나가는 모습을 내려다볼 수 있다.

제다 타워
구름을 뚫고 솟아 있는 1000m 높이의 제다 타워는 세계에서 가장 높은 건물로 설계되었다.

알 와바 분화구
한때 유성 충돌로 생성된 것으로 믿었다. 하지만 중앙에 거대한 소금 판이 있는 화산으로 밝혀졌다.

 리야드

사막 왕조, 마천루, 최고급 자동차

7세기 이전에 현재 사우디아라비아와 아랍에미리트(UAE)를 구성하는 땅은 대부분 유목민들이 다니던 곳이었어요. 두바이와 아부다비 같은 도시에 들어선 하늘 높이 솟은 거대한 건물을 보면 옛 모습을 상상하기 어려울지도 모릅니다. 엄청난 규모의 석유 매장지가 발견되고 나서 오늘날과 같은 이런 어마어마한 변화가 일어났어요. 호텔, 쇼핑몰, 호화 리조트, '포뮬러 원' 자동차 경기장은 오늘날 사우디아라비아와 아랍에미리트를 이야기할 때 먼저 떠올리는 이미지이지만, 대도시의 반짝이는 모습 이면에는 바위를 조각해 만든 고대 나바테아인 무덤, 버려진 진흙 벽돌 마을, 웅장한 요새와 정교한 모스크를 포함해 매혹적인 역사적 명소도 있어요. 사우디아라비아와 아랍에미리트에서 세계에서 가장 아름다운 이슬람 모스크를 확인해 보세요. 가장 큰 모스크는 순례자 수백만 명을 수용할 수 있어요. 이곳 자연의 경이로움도 사람들의 호기심을 끌어당기지요. 맑고 푸른 물을 자랑하는 아름다운 해변과 사막 바닥에서 깎아지른 듯 솟아오른 절벽을 탐험할 수 있다는 사실에 깜짝 놀랄 거예요.

제다

알 하람 모스크
메카의 하람 모스크는 400만 명의 신자들을 수용하기 위해 지었는데, 1000억 달러의 건축 비용이 들었다고 한다.

메카

대리석 마을, 디 에인
회색 슬레이트로 지은 이 작은 마을은 흰색 대리석 땅과 극적인 대조를 이룬다.

역사적 순간들

[사우디아라비아]

15세기 : 베두인족 족장 '마니 알 무라이디'가 현재 리야드 지역에 '디리야' 마을을 건설함.

1744년 : 무라이디의 후손 '셰이크 무함마드 빈 사우드'가 와하브파와 손잡고 영토를 확장함.

1818-1824년 : 이집트 군과 오스만 군이 디리야를 파괴함. 사우드 가문은 수도 리야드에 두 번째 국가를 세움.

1932년 : 사우디아라비아 왕국 선포. '이븐 사우스'가 초대 왕에 오름.

1938-1945년 : 담맘 돔 지역에서 석유 발견. 사우디 왕실을 보호해 준다는 조건으로 미국이 석유에 접근할 수 있도록 허용함.

2018년 : 여성에게 처음으로 자동차 운전 면허가 발급됨.

[아랍에미리트]

1760년 : 바니야스 부족이 아부다비섬에서 담수를 발견한 뒤 정착지를 건설함.

1958-1962년 : 아부다비에서 석유를 발견해 시추를 시작함. 1962년에 원유 수출이 처음으로 이루어짐.

1971년 : 아랍에미리트(UAE) 설립. '자이드 빈 술탄 알 나하얀'을 초대 대통령으로 선출함.

1985년 : 최초의 국영 항공사 '에미레이트 항공'을 설립함.

1999년 : 세계에서 가장 높은 호텔 '버즈 알 아랍'의 공사가 완료되어 손님을 받기 시작함.

2009년 : 두바이는 대중교통 시스템을 갖춤.

2010년 : 두바이에 세계에서 가장 높은 빌딩 '버즈 칼리파' 타워 개장함.

버즈 알 아랍
돛 모양의 고급 호텔. 두바이를 상징하는 랜드마크 건물이다.

팜 주메이라
야자수 잎 모양의 인공섬. 최고급 호텔과 아파트, 상점, 레스토랑이 모여 있다.

버즈 칼리파
세계에서 가장 높은 빌딩 (제다 타워가 완공될 때까지). 163층 빌딩은 높이가 828m나 된다!

다야 요새
아랍에미리트에서 가장 오래된 요새. 아래 펼쳐진 야자수 숲의 멋진 전망을 감상할 수 있다.

블루 수크
샤르자에서 가장 크고 분주한 쇼핑센터. (수크는 아랍어로 시장이라는 뜻이다.) 아랍에미리트 5디르함 화폐 앞면에 이 건물이 있다.

알 자지라트 알 함라
지역 주민들은 버려진 14세기 마을에 유령이 나온다고 생각한다.

알 바디야 모스크
단단한 진흙 벽돌 모스크는 1446년에 지은 것으로 추정된다. 아랍에미리트에서 가장 오래된 모스크다.

아랍에미리트

두바이

샤르자

아부다비

페라리 월드
이 고속 자동차 테마파크는 페라리 애호가들에게 시뮬레이터 운전을 하고 롤러코스터를 타고, 또 유명 모델에 앉아볼 수 있는 기회도 준다.

에미레이트 팰리스
이 고급스러운 호텔을 짓는데 30억 달러가 들었다. 전체적으로 114개의 돔, 100개 이상의 리프트, 1000개 이상의 샹들리에가 있다.

푸자이라성
아랍에미리트에서 가장 오래되고 큰 성. 엄격한 이슬람 종파 '와하브파'의 본거지이기도 하다.

포뮬러 원 경기장
아부다비 그랑프리가 열리는 이 경기장은 '야스마리나서킷'이라고 불린다. 드라이버들은 야스마리나 서킷을 55바퀴 달린다.

셰이크 자이드 그랜드 모스크
아부다비의 그랜드 모스크에는 4만 명을 수용할 수 있다. 세계에서 가장 큰 샹들리에와 손으로 짠 큰 카펫이 있다.

주요 사항	사우디아라비아 : 알라 외에는 신이 없으며, 무함마드는 그의 사도이다	
	아랍에미리트 : 신, 국가, 대통령	
수도	**화폐**	**국가 코드**
사우디아라비아 : 리야드	사우디아라비아 : 리얄	사우디아라비아 : SA
아랍에미리트 : 아부다비	아랍에미리트 : 디르함	아랍에미리트 : AE
대도시	**꽃**	**공식 언어**
사우디아라비아 : 리야드, 제다, 메카	사우디아라비아 : 대추야자	사우디아라비아 : 아랍어
아랍에미리트 : 아부다비, 샤르자	아랍에미리트 : 백일초	아랍에미리트 : 아랍어
인구		**새**
사우디아라비아 : 약 3546만 명 (2021, IMF)		사우디아라비아 : 매
아랍에미리트 : 928만 명 (2021, 연방 통계청)		아랍에미리트 : 매

아흐람
1969년-
아랍에미리트의 가수. 앨범을 10장 발표했다. '아랍 아이돌' 등 경연 프로에 심사위원으로 출연하기도 했다.

함단 빈 무하마드 알막툼
1982년-
두바이의 왕자. 세계 승마 선수권 대회에서 금메달을 획득하기도 했다.

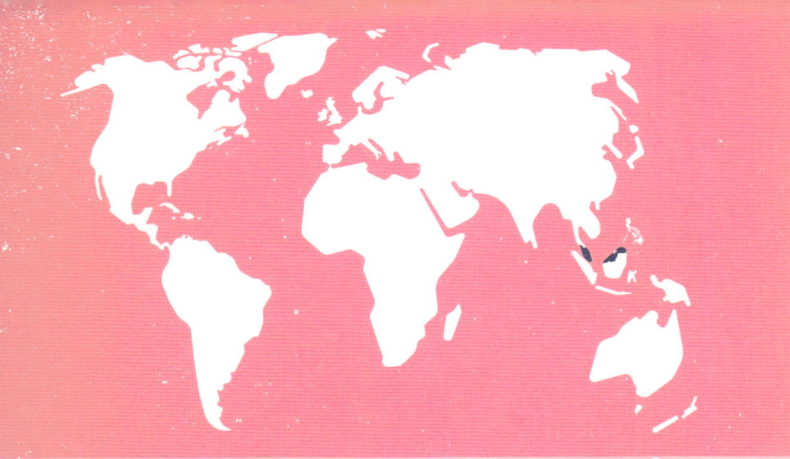

역사적 순간들

기원전 180만 년: 페락의 '렝공 계곡'에서 손으로 만든 도구가 발견돼 이 시기에 인류가 거주했다는 사실을 알게 됨.

기원전 1만 년-기원전 2500년: 오스트로네시아인들이 정착해 최초의 교역 마을을 세움.

서기 200-700년: 케다와 사라왁의 중요 무역로 주변에 불교·힌두 왕국들이 생겨남.

1400년대: 말레이 족장 파라메스와라가 믈라카를 발견해 이슬람교로 개종시킴. 제국이 넓어지면서 이때가 믈라카의 황금시대로 널리 알려짐.

1511년: 포르투갈이 향신료 무역에서 중요한 위치를 차지하기 위해 믈라카를 공격해 정복함.

1641년: 네덜란드 식민지 개척자들이 믈라카를 공격함. 포위 공격 끝에 포르투갈을 제압함.

1786-1826년: 영국인이 페낭을 점령하고 네덜란드와 말레이 지역을 분할하는 조약을 체결함. 싱가포르, 믈라카, 페낭이 영국의 지배를 받음.

1840년대: 페락에서 주석이 발견된 뒤 중국 광부들이 몰려듦.

1953-1963년: 말레이반도에서 실시된 첫 번째 총선에서 인도와 중국 동맹 세력이 승리를 거머쥠. 말라야, 싱가포르, 사바, 사라왁이 독립해 말레이시아를 이룸.

1990년: 말레이시아는 '프로톤 자동차'와 '페트로나스 쌍둥이 빌딩'(당시 세계에서 가장 높은 건물)을 포함해 대규모 산업화와 건축 프로젝트를 진행함.

2004년: 엄청난 쓰나미가 동남아시아를 휩쓺. 말레이시아의 페낭섬과 랑카위섬이 큰 피해를 입었으며, 페낭에서 52명이 사망함.

2017년: 제60회 국경일 기념 행사의 일환으로 정부는 국민들에게 자국에 대한 사랑을 심어 주기 위해 '네가라쿠 이니셔티브'를 시작함.

바투 페링기
페낭 최고의 해변! 일광욕부터 아드레날린을 뿜는 패러세일링에 이르기까지 다양한 경험을 해 볼 수 있다.

조지 타운
페낭의 중심지. 이곳은 역사적으로 중요한 무역 거점이었다. 이로 인해 문화, 음식, 종교 건축물에서 흥미로운 퓨전 문화가 생겨났다.

페낭 힐
페낭에서 가장 시원하고 탁 트인 전망을 자랑하는 휴식처로 손꼽힌다. 산악 열차 푸니쿨라를 타고 이 언덕에 오를 수 있다.

랑카위 스카이 브리지
지상에서 660m 높이에 있는 길이 125m 다리. 아래 펼쳐진 정글을 감상해 보자.

프렌티안섬
말레이시아에서 가장 아름답다고 한다. 푸른 바다와 백사장이 있어서 스쿠버 다이버들이 즐겨 찾는다.

카메론 하이랜드
말레이시아가 영국의 식민지였던 당시, 영국인들이 이 언덕에서 휴양을 즐겼다. 차밭을 많이 일구어, 차 문화가 발달했다.

타만 네가라
지구에서 가장 오래된 열대 우림으로, 역사가 1억 3000만 년이나 되었다.

칠링 워터폴스
열대 우림을 땀 흘리며 한 시간 정도 걸어가면 이 아기자기한 폭포에서 수영을 즐길 수 있다.

바투 동굴
석회암 동굴 입구에 있는 힌두교 전쟁의 신 무루칸 동상. 높이가 43m, 황금을 입혔다고 한다.

깜풍 꾸안탄의 반딧불이
밤이 되면, 이 맹그로브 늪은 수천 마리 반딧불이의 불빛으로 반짝인다.

믈라카
유럽 식민지 개척자들이 말레이시아와 접촉한 최초의 장소. 영국, 네덜란드, 포르투갈 건물로 가득하다.

페트로나스 쌍둥이 빌딩
한때 세계에서 가장 높은 건물로 기록되었다. 지금은 더 높은 건물이 많지만, 여전히 쿠알라룸푸르에서 눈에 띄는 건물이다.

나비 공원
120종의 나비 6000마리가 날아다니는 열대 우림 놀이터에 들어가 보자.

부킷 빈탕
쿠알라룸푸르의 번화가. 음식과 엔터테인먼트, 왁자지껄한 쇼핑몰, 붐비는 노점상, 심야 클럽이 쉼 없이 돌아간다.

지도 라벨: 조지 타운, 이포, 페탈링자야, 쿠알라룸푸르, 믈라카, 조호바루

리 총 웨이
1982년-
세계 최고의 배드민턴 선수. 69개의 배드민턴 타이틀을 획득했다.

셰이크 무샤파르 슈코르
1972년-
정형외과 의사. 말레이시아 최초의 우주 비행사. 2007년, 국제 우주 정거장까지 첫 우주 여행을 했다.

양자경
1962년-
홍콩 액션 영화(스턴트를 모두 직접 소화했다)는 물론 〈007〉 시리즈와 〈와호장룡〉 등 수많은 영화에 출연했다.

말레이시아

멋진 숲, 음식, 문화유산

말레이시아는 남중국해를 사이에 두고 두 부분으로 나뉘는데, 하나는 인구가 많이 모여 사는 반도 쪽이고 다른 하나는 미개척의 보르네오 지역입니다.
동남아시아에서 차지하는 지리적 위치 때문에, 수년 동안 수익성 있는 향신료 시장에서 돈을 벌려는 유럽 식민 세력들이 이 지역을 중요한 무역로 삼았어요. 이 때문에 반도 쪽은 문화와 종교가 뒤섞여 있어요. 수세기 동안 가장 큰 영향을 미친 나라는 중국, 인도, 영국, 네덜란드, 포르투갈이었는데, 그 영향은 건축, 종교, 음식에서 찾아볼 수 있어요. 믈라카와 같은 해변 도시에서는 식민지 시대의 정취를 느낄 수 있지요.
말레이시아의 수도는 푸드 마켓, 거대한 쇼핑몰, 하늘 높이 솟구친 '페트로나스 쌍둥이 빌딩'로 유명한 대도시입니다.

키나발루산
말레이반도에서 가장 높은 산(4095m). 1000만 년 전에 형성되었으며, 한때 빙하로 덮여 있었다.

키나바탕간강
아시아코끼리와 보르네오 피그미코끼리를 포함해 수많은 야생 동물이 이 강을 찾아온다.

코타키나발루

세필록 오랑우탄 센터
사람들이 사바의 숲을 마구 벌목하면서 오랑우탄이 위험에 빠졌다. 이 재활 센터는 부모를 잃은 아기 오랑우탄을 구해 보호하는 시설이다.

사라왁 민속촌
사라왁 원주민들의 전통문화와 생활 방식을 체험할 수 있는 박물관. 전통 가옥을 구경하고, 보르네오에서 가장 큰 5개 부족의 춤과 음악 공연을 감상하자. 현지 별미를 맛보는 것도 잊지 말자.

니아 동굴
이 거대한 동굴 안에는 4만 년 전 인류가 살았다는 흔적이 있다.

시파단섬
시파단섬은 활동을 멈춘 수중 화산 위에 산호초가 자라 생겨났다. 최고의 스쿠버 다이빙 장소로 각광받고 있다.

주아라 거북 프로젝트, 티오만섬
바다거북은 1억 3000만 년 전부터 지구에 살았지만, 지난 2세기 동안 그 수가 급감했다. 이 프로젝트는 급격한 감소를 막는 것을 목표로 한다.

바코 국립 공원
약 300마리의 긴코원숭이가 산다.

쿠칭 고양이 박물관
'쿠칭'은 '고양이'라는 뜻이다. 그러니 이 도시에 세계 최초의 고양이 박물관이 있다는 건 어쩌면 당연할지도 모른다. 이집트 고양이 미라부터 섬세한 도자기 조각상까지 다양한 전시물을 감상할 수 있다.

라플레시아, 구눙 가딩 국립 공원
세계에서 가장 큰 꽃, 라플레시아가 핀다. 하지만 너무 가까이 다가가지는 말자. 썩은 냄새를 풍기기 때문이다.

완 아지자 완 이스마일
1952년-
말레이시아 최초의 여성 부총리. 여성가족개발부 장관을 역임하기도 했다.

청춘응
1969년-
고무줄로 팔찌를 만드는 키트를 발명해 백만장자가 되었다.

주요 사항	단결은 힘	
수도 쿠알라룸푸르	**화폐** 링깃	**국가 코드** MY
대도시 쿠알라룸푸르 페낭 이포 조호바루 페탈링자야	**이름의 유래** 말레이어 '믈라유'	**공식 언어** 말레이어
	꽃 하와이무궁화 (부상화)	**새** 코뿔새
인구 3294만 명 (2020, IMF)		

대한민국

중국

아침고요 수목원
경기도 가평군에 있는 이 멋진 정원을 찾아가 5000종의 식물을 탐험해 보자!

낙산사
한국의 대표적인 사찰로, 7세기에 바다가 내려다보이는 절벽 위에 지었다.

현대자동차 파빌리온
평창 동계 올림픽을 기념해 현대자동차가 수소 에너지를 주제로 만든 브랜드 체험관. 우주의 어둠과 별빛 탄생을 표현하기 위해 검게 칠했다. 너무 새까맣게 칠해서 하늘에 구멍을 뚫고 공간만 남겨 둔 것 같은 느낌이 든다.

도라산 전망대
이곳에 가면 남북한 사이에 놓인 비무장 지대를 볼 수 있다. 비무장 지대란 남한과 북한의 충돌을 방지하는 지역을 말한다.

해인사
〈팔만대장경〉이 보관되어 있는 사찰. 〈팔만대장경〉은 고려 시대 부처의 힘으로 외적을 물리치기 위해 만들었다. 경판 수가 무려 8만 1258판이나 된다.

수원 화성
18세기에 정조가 아버지 사도 세자의 묘소를 옮기면서 새로 지었다. 한국을 대표하는 성곽으로, 유네스코 세계 문화유산에 올랐다.

서울
인천

하회민속마을
16세기에 생긴 대표적인 씨족 마을. 지금도 1000여 채의 전통 한옥이 남아 있다. 전통 생활 문화와 건축 양식을 경험할 수 있다.

창덕궁
조선 시대 가장 아름다운 궁궐로 손꼽힌다. 600여 년 전에 지은 건물로, 건축과 조경이 조화를 이룬 문화유산이다. 유네스코 세계 문화유산에 올랐다.

롯데월드타워
555m 높이의 123층 초고층 빌딩. 대한민국에서 가장 높고, 세계에서 6번째로 높은 빌딩이다!

첨성대
7세기에 경주에 지은 천문 관측 시설. 아시아에서 가장 오래되었다!

놀이똥산
한국 최초 똥 테마파크. 똥과 관련한 다양한 체험 지역이 있다. 똥 모양 미끄럼틀을 타고, 똥 모양 의자에 앉을 수도 있다. 냄새는 안 나니 걱정할 필요는 없다.

광장 시장
파전, 빈대떡 등 한국의 대표 길거리 음식을 맛볼 수 있다.

뮤지엄 김치간
김치는 한국의 전통 음식이다. 서울 인사동에 위치한 이곳에서는 100가지가 넘는 김치 요리를 맛보고 즐길 수 있다.

내장산 국립 공원
전라북도에 있는 국립 공원. 가을이 되면 단풍이 아름답다. 아름다운 폭포와 하이킹 코스를 탐험해 보자!

부산

임실치즈테마파크
치즈 하면 한국이 가장 먼저 떠오르지 않을지도 모른다. 하지만 이곳에 가면 치즈를 주제로 한 놀이기구를 타고, 치즈 만들기 체험도 할 수 있다.

동대문 시장
마을이라고 할 정도로 규모가 큰 시장. 3만 개 이상의 상점이 모여 있다!

트릭아이뮤지엄
서울 홍대 앞에 위치한 이곳에는 눈속임이 가득하다! 상상을 초월하는 자신의 모습을 사진에 담자!

테디베어 뮤지엄
제주도에 있는 이 박물관에서 전시물을 보고 놀아 보자!

천제연 폭포
제주도로 여행을 떠나 이 아름다운 3단 폭포를 만나 보자.

58

고요한 아침의 나라에 오신 걸 환영합니다!

대한민국은 수천 년의 역사를 자랑하지만, 일본 식민 지배의 아픔을 겪었어요. 제2차 세계 대전 이후에는 남과 북으로 분단되었지요.

한국 전쟁의 아픔을 겪기도 했고, 소련과 미국이 첨예하게 대립하던 냉전 시기에는 강대국 대립의 한복판에서 엄청난 긴장 속에 싸이기도 했어요.

한국 전쟁이 끝난 뒤, 한국은 자동차와 전자 제품 수출을 통해 지구상에서 가장 성공적인 경제 성장을 이루었습니다. 현재 영화, 드라마, 웹툰 등이 세계적으로 강한 영향력을 퍼뜨리고 있어요. 특히 케이팝은 중독성 강한 노래와 안무로 젊은 층을 중심으로 엄청난 팬을 만들어 냈죠.

서울을 비롯한 대도시는 무척 분주합니다. 특히 서울에는 멋진 건물들이 즐비해 있어요.

거리 곳곳에서 떡볶이, 붕어빵 같은 맛있는 음식을 만날 수 있어요.

이외에도 김치, 불고기, 비빔밥 등 맛있는 음식이 엄청 많답니다.

역사적 사건들

기원전 2333년 : 단군 왕검이 고조선을 건국함.

기원전 86년 : 해부루가 동부여를 세움.

서기 676년 : 신라가 백제와 고구려를 차례로 멸망시키고 통일 국가를 세움.

698년 : 대조영이 발해를 건국함.

918년 : 태조 왕건이 분열된 한반도를 통일해 고려를 건국함.

936년 : 고려가 후삼국을 통일함.

1392년 : 이성계가 조선 왕조를 세움.

1910년 : 일본이 한반도를 점령해 식민지로 만듦.

1945년 : 제2차 세계 대전에서 일본이 패배함. 일본으로부터 해방됨.

1945-1948년 : 북한은 소련이, 남한은 미국이 점령함.

1948년 : 대한민국 정부를 수립함.

1950년 : 한국 전쟁이 일어남.

1953년 : 한국 전쟁이 휴전됨.

1988년 : 서울 올림픽을 개최함.

1991년 : 남북한 유엔 동시 가입함. 남북 기본 합의서를 채택함.

1996년 : 경제 협력 개발 기구(OECD)를 가입함.

2000년 : 남북 정상회담이 열림. 6·15 남북 공동 선언문을 발표함.

2006년 : 수출 3천억 달러 돌파함.

주요 사항	홍익인간(널리 인간을 이롭게 하라)	
수도 서울	화폐 원	국가 코드 KR
대도시 서울, 부산, 인천	공식 언어 한국어	
	꽃 무궁화	새 까치
인구 5182만 명 (2021, 통계청)		

선덕여왕
595년경-647년
한국 역사에서 최초의 여왕. 어려운 시기에 신라를 이끌었다. 현명하고 강인한 지도자로 평가 받는다.

김구
1876-1949년
일본 식민 지배에 맞서 싸운 독립운동가이자 정치인. 대한민국 임시정부 주석으로 활동했다.

박완서
1931-2011년
소설가. 40세에 첫 소설을 썼다. 이후 유명한 작가가 되었다.

씨엘
1991년-
가수. 본명 이채린. 케이팝 그룹 2NE1의 리더. 대한민국의 유명한 팝스타이다.

해운대 해수욕장
한국에서 가장 인기 있는 해변. 부산에 있다. 수영을 즐기고 나서 모래 축제에 참여해 커다란 성을 지을 수 있다!

필리핀

크리스테타 코머포드
1962년-
필리핀 출신으로 백악관 수석 셰프에 오른 최초의 아시아계 여성. 2005년부터 수석 셰프 직책을 맡았다.

사가다의 매달린 관(행잉 코핀스)
그 지역 전통에 따르면, 관을 높은 곳에 매달수록 고인이 더 많은 사랑과 존경을 받았다고 한다.

비간
18세기 스페인 건물들이 잘 보존되어 있다. 도시 전체에 스페인 식민지 역사가 살아 있다.

이푸가오 계단식 논
계단식 논을 일직선으로 쭉 늘어놓으면 지구 둘레를 절반쯤 감쌀 것이다.

팀박 동굴의 미라
산속 동굴에 숨어 있는 이 미라는 500년 전 작은 나무 관에 묻힌 것이다.

칼로오칸
케손시티
마닐라

마닐라의 비논도
세계에서 가장 오래된 차이나타운. (물론 중국 이외 지역에서) 지금도 여전히 번성한 금융 중심지이다.

인트라무로스
1521년, 스페인은 성벽으로 둘러싸인 군사 기지, 인트라무로스를 건설하기 시작했다.

산티아고 요새
16세기에 세운 스페인 요새. 300년 이상 유럽과 아메리카로 이어진 향신료 무역을 위한 중요한 요충지 역할을 했다.

탈산 화산
호수로 둘러싸인 이 화산은 세계에서 가장 낮은 곳에 있다. 여전히 위험한 활화산이다.

코론섬의 난파선
열대 섬 코론에서 조금 떨어진 곳에 제2차 세계 대전 당시 침몰한 일본 전함 두 척의 잔해가 있다.

빅 라군
빅 라군의 투명한 청록색 바닷물은 아찔한 석회암 절벽으로 둘러싸여 있다. 이 파라다이스는 비밀 은신처처럼 느껴진다.

바라쿠다 호수
바다와 이어진 이 호수는 물이 따뜻하다. 물은 해저 근처에서 식는다. 이런 온도 변화는 바닷물과 담수가 뒤섞이기 때문이다.

보라카이
이 인기 있는 관광지는 2018년 자연 회복을 위해 6개월 동안 폐쇄되었다. 다행스럽게도, 지금은 이 멋진 열대 해변을 다시 즐길 수 있다.

푸에르토 프린세사 지하 강
이 강은 숲에서 바다까지 8km의 석회암 동굴을 통과한다. 보트와 카약을 타고 이 강을 탐험할 수 있다.

투바타하 리프
알록달록 열대어, 다채로운 산호, 진기한 바다거북을 볼 수 있는 필리핀 최고의 다이빙 장소로 꼽힌다.

화산, 스페인 식민지, 파라다이스 해변

필리핀에는 7100여 개의 크고 작은 섬이 있습니다.

루손섬은 인구가 가장 많으며 수도 마닐라가 있습니다. 필리핀은 수많은 섬으로 이루어져 있기에, 아름다운 해변과 스쿠버다이빙, 스노클링 장소로 유명한 건 어쩌면 당연할지도 몰라요. 석회암층 지형의 만과 석호, 해변을 탐험해 보세요.

필리핀은 '불의 고리'로 알려진 '환태평양 지진대'에 위치해 있어요. 환태평양 지진대는 원 모양으로 태평양 바다를 둘러싸고 있는데, 이곳에서는 지진과 화산 활동이 많이 일어나요. 필리핀에는 거의 4만 년 전부터 사람이 살았다고 해요. 그러다 중국, 인도, 인도네시아, 일본과의 무역로에 대한 전략적 위치가 점점 커지면서 외국의 관심을 끌기 시작했어요. 1521년에 스페인 왕의 명을 받은 포르투갈 탐험가 페르디난드 마젤란이 세부섬에 도착한 뒤, 세부섬은 스페인 식민지가 되었어요.

지금도 섬 전체에 스페인 식민주의의 유산이 많이 남아 있는데, 그중 16세기 요새가 있는 마닐라의 성벽 도시가 가장 인상적이지요. 필리핀은 1946년에 스페인과 미국 사이에 협정이 체결된 이후 비로소 완전한 독립국이 되었습니다.

호세 리살
1861-1896년
의사, 작가, 시인이자 필리핀의 독립운동가. 스페인 식민 통치의 평화로운 종식을 주장했다.

레이나벨 레예스
1984년-
천체 물리학자이자 데이터 과학자. 젊은 필리핀 과학자를 다루는 블로그를 운영하고 과학 TV 쇼를 진행했다.

삼보앙가

주요 사항	신과 사람과 자연과 나라를 위하여	
수도 마닐라	**화폐** 필리핀 페소	**국가 코드** PH
대도시 케손시티 마닐라 칼로오칸 다바오 세부 삼보앙가	**이름의 유래** 스페인 펠리페 2세의 이름에서 유래	**공식 언어** 필리핀어, 영어
인구 1억 880만 명 (2020, IMF)	**꽃** 재스민	**새** 필리핀독수리

역사적 순간들

기원전 4만 년-기원전 2만 5000년 : 사람들이 아시아 본토에서 얕은 바다를 건너 필리핀 군도까지 이주해 옴.

기원전 3000-기원전 200년 : 인도네시아와 중국 남부에서 온 사람들이 섬에 정착하기 시작함.

서기 900-1300년 : 중국 상인들이 인도, 인도네시아, 일본과의 교역을 위해 해안 지역에 본거지를 마련함.

1300-1400년 : 인도네시아와 말라야에서 온 아랍 상인과 이슬람교도가 이슬람을 전파함.

1500년대 : 포르투갈 탐험가 마젤란이 세부에 상륙하고 스페인령으로 선포함. 두 번째 스페인 원정대는 스페인 왕의 이름을 따서 이곳을 '라스 이슬라스 필리피나스'로 명명함.

1892-1896년 : 필리핀 독립운동이 불길처럼 번짐. 지식인 민족주의자 호세 리살이 독립운동의 최전선에 섬. 스페인은 봉기를 막고 호세 리살을 처형함.

1898-1899년 : 스페인·미국 전쟁에서 미국이 스페인을 물리침. 필리핀은 미국의 손에 넘어감.

1934년 : 미국은 1946년에 필리핀 독립을 약속함.

1941-1946년 : 제2차 세계 대전 중 일본이 필리핀을 침공함. 미국이 군대를 보내 일본군을 물리침. 이후 필리핀이 독립 국가가 됨.

1972-1981년 : 필리핀 정부와 자치를 원하는 민다나오의 이슬람 단체 사이에 폭력 사태가 발생함.

2013년 : 두 번의 지진과 태풍으로 약 6500명이 사망함.

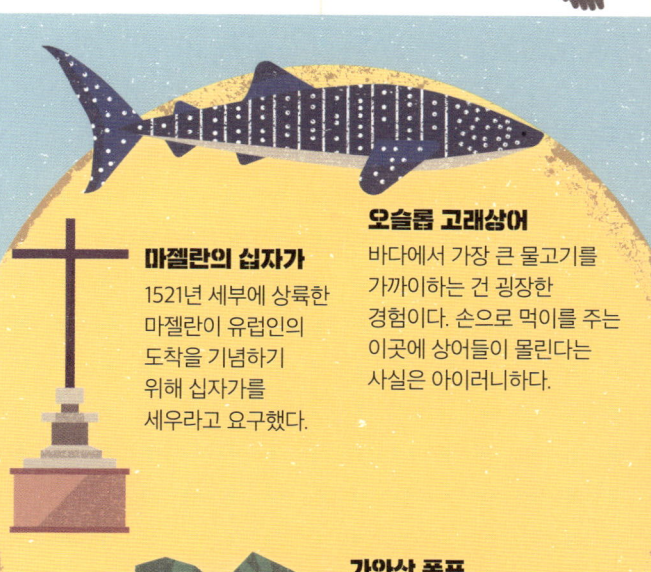

마젤란의 십자가
1521년 세부에 상륙한 마젤란이 유럽인의 도착을 기념하기 위해 십자가를 세우라고 요구했다.

오슬롭 고래상어
바다에서 가장 큰 물고기를 가까이하는 건 굉장한 경험이다. 손으로 먹이를 주는 이곳에 상어들이 몰린다는 사실은 아이러니하다.

마욘 화산
멀리서 마욘산의 거의 완벽한 원뿔 모양을 보는 것이 가장 좋다. 이 활화산은 이따금 분출한다.

가와산 폭포
맑고 파란 물을 자랑하는 정글 폭포. 시원하게 수영을 즐겨 보자.

초콜릿 언덕
안타깝게도, 이 둥근 산들은 초콜릿으로 만들어지지는 않았다. 여름에 이곳을 덮는 갈색 풀 때문에 이런 이름이 생겨났다.

샤르가오
필리핀에서 이 섬이 서핑하기에 가장 좋다.

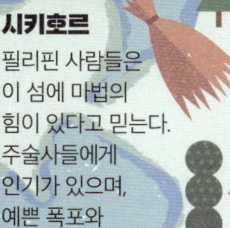

시키호르
필리핀 사람들은 이 섬에 마법의 힘이 있다고 믿는다. 주술사들에게 인기가 있으며, 예쁜 폭포와 수영장이 많다.

수중 묘지, 카미긴섬
바다의 외딴 십자가는 1870년대 화산 폭발로 침몰한 주변 도시를 표시한다.

마법의 강, 히나투안
마법처럼, 강의 맑고 푸른 물이 지하에서 솟아나와 태평양까지 흘러간다.

아식아식 폭포
이곳 산에서 곧바로 솟아난 물이 녹색 잎사귀 위로 작은 폭포처럼 떨어져 내린다.

매니 파퀴아오
1978년-
8체급에서 타이틀을 거머쥔 권투 선수. 은퇴한 뒤에는 상원의원이 되었다.

로베르토 델 로사리오
1919-2003년
1975년에 '싱얼롱(Singalong)'이라는 기계를 발명해 가라오케 특허를 출원했다.

캄보디아

타프롬 사원
12세기에 지은 이 사원의 벽돌 사이로 커다란 나무가 자란다. 사원이 어디에서 시작되고 숲이 어디에서 끝나는지 알 수 없다.

앙코르 톰
하나의 사원이 아닌 커다란 고대 도시로, 5개의 문과 8m 높이의 벽으로 둘러싸여 있다.

바이욘 사원
불교 사원에서 힌두 사원으로 바뀌었다. 돌에 새긴 거대한 얼굴 조각상이 무척 많다.

반테이 츠마르
이 크메르 사원 단지는 800년 이상 폐허였다가 최근에 어느 정도 복원되었다.

세레이 사오포안

톤레삽 호수
동남아시아에서 가장 큰 담수호. 호수에는 170개가 넘는 수상 마을이 있다.

프레아 비히어 사원
11세기에 지은 절벽 꼭대기 사원. 타이와 캄보디아가 서로 소유권을 주장했는데, 국제 법원에서 캄보디아 것이라고 판결을 내렸다.

씨엠립

바탐방

박쥐 동굴
박쥐 수천 마리가 이 어두운 동굴에 숨어 하루를 보내다 해질녘에 떼를 지어 나타난다.

대나무 열차
평평한 대나무 플랫폼 위로 물건을 실어 나르려 지었는데, 나무 막대기를 브레이크로 사용한다. 이 구불구불한 트랙은 이제 아름다운 숲 사이로 관광객을 실어 나른다.

샴보르 프레이 쿡 사원
캄보디아의 오래된 사원 유적지. 부서진 건물 유적이 정글 덩굴에 천천히 파묻히고 있다.

주요 사항	국민, 종교, 왕	
수도 프놈펜	**화폐** 리엘	**국가 코드** KH
대도시 프놈펜 타크마오 바탐방 세레이 사오포안 씨엠립	**이름의 유래** 캄부자데싸, 크메르 제국의 성립에 이바지한 북부 원주민 부족	**공식 언어** 크메르어
인구 1649만 명 (2019, IMF)	**꽃** 룸둘	**새** 큰따오기

키리롬 국립 공원
캄보디아 최초의 국립 공원. 아름다운 강과 폭포로 유명하다. 수영하기 좋다.

카다몬산맥
동남아시아에서 가장 큰 열대 우림. 샴악어, 코끼리, 호랑이 등이 살고 있다.

프놈타마오 야생 동물 구조 센터
불법 밀렵꾼과 상인들로부터 동물들을 구해 재활시킨다.

프놈펜

타크마오

노로돔 보파 데비
1943-2019년
캄보디아의 공주로, 장관, 프리마 발레리나. 캄보디아 왕립 발레단 감독을 지냈다.

코 롱 삼로엠
백사장, 청록색 바다, 야자수. 이곳은 캄보디아의 열대 낙원이다.

보코일 스테이션
이 버려진 폐허는 한때 캄보디아의 열기를 피하러 온 프랑스 병사들의 산악 휴양지였다.

프놈 츠녹 동굴 사원
캄보디아의 유일한 고대 동굴 사원이다. 시바 신에게 바친 벽돌 사원과 코끼리 모양의 종유석이 있다.

시아누크빌
캄보디아에서 가장 인기 있는 해변 휴양 도시. 카이트 서핑, 스쿠버 다이빙, 스노클링, 패들 보드, 카약 등 수상 스포츠로 가득하다.

까엡 어시장
캄보디아의 신선한 해산물 대부분은 이곳에서 나온다. 어부들이 커다란 게, 오징어, 물고기를 잡아 오는 모습을 지켜보자.

콩지 하브
1987년-
저렴한 친환경 벽돌을 생산해 주택 문제를 해결하려고 했던 벤처 사업가.

라오스

비운 사이시암 팡 보호 구역
보존이 잘된 이 숲에는 긴팔원숭이, 희귀한 큰따오기, 말레이곰, 구름표범이 살고 있다.

자야바르만 7세
1122년경-1218년
강력한 왕이자 전사. 거대한 바이욘 사원 단지와 병원을 지었다.

예약라옴 호수
수정처럼 맑은 물이 가득하고, 울창한 열대 우림으로 둘러싸인 원형 화산 분화구이다.

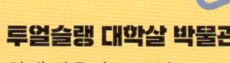

투얼슬랭 대학살 박물관
한때 감옥과 고문실로 사용된 박물관은 크메르 루주의 잔인한 대량 학살을 생생하게 보여 준다.

프놈펜 왕궁과 실버 파고다
1866년부터 캄보디아 왕이 이 궁전에 산다. 실버 파고다(은탑)에는 보석이 박힌 불상 등 보물이 있다.

몬둘키리의 코끼리 계곡 프로젝트
코끼리 10마리 정도가 자유롭게 돌아다닐 수 있는 1500ha의 보호 구역이다.

캄보디아 민속촌
캄보디아 예술은 크메르 루주 때 크게 파괴되었다. 이곳의 다채로운 라이브 쇼를 통해 전통적인 연극과 춤을 확인할 수 있다.

베트남

역사적 순간들

802-1431년 : 강력하고 광활한 크메르 제국이 캄보디아, 타이, 라오스, 남부 베트남 대부분을 통치함.

1100년대 : 앙코르 와트 사원 건설. 사원을 짓는데 30년 이상이 걸림.

1594년 : 타이 군대가 캄보디아 수도 로벡을 점령함.

1659-1690년 : 베트남이 캄보디아를 침공해 통치권을 얻어 냄.

1820-1851년 : 캄보디아의 크메르인은 베트남 통치에 반발함. 결국 점령군을 전복시키는 데 성공함.

1863년 : 캄보디아가 프랑스의 보호국이 됨.

1941-1946년 : 제2차 세계 대전 중 일본이 캄보디아를 점령함. 전쟁이 끝난 후 프랑스가 다시 들어옴.

1953년 : 프랑스로부터 독립해 캄보디아가 됨.

1969년 : 미국이 캄보디아의 북베트남 군 기지를 폭격함.

1975년 : '크메르 루주'로 알려진 잔인한 독재자 '폴 포트'와 추종자들이 권력을 장악해 캄보디아인 수십만 명을 처형함.

1979-1989년 : 베트남 군이 침공해 '캄푸치아 인민공화국'으로 국명을 바꿈. 게릴라전이 벌어지고 베트남 군이 철수함.

1998년 : 폴 포트가 사망하고 크메르 루주 정권이 마침내 끝남.

2003년 : 폭력 행위로 크메르 루주 지도자들이 재판을 받음.

2012년 : 전 캄보디아 왕 노로돔 시아누크가 89세로 사망함.

강력한 고대 왕국에서 오늘날 생존자로

캄보디아에는 수정처럼 맑은 바닷물을 자랑하는 열대 백사장 해변뿐만 아니라 고양이와 비슷한 오실롯, 태양곰, 코끼리, 긴팔원숭이 등 야생 동물이 사는 원시 열대 우림, 그림 같은 폭포와 화산 분화구 호수, 수상 마을, 정글 덩굴로 덮인 사원 유적지가 있습니다. 한때 세계에서 가장 큰 종교 기념물 앙코르 사원을 건설한 강력한 크메르 제국의 본거지였던 나라가 크메르 루주 때 엄청난 대량 학살을 경험했다니 정말 놀라워요. 캄보디아의 역사와 고난은 무시할 수 없지만 어두운 과거를 뛰어넘어 낙관적으로 미래를 바라보는 자랑스러운 나라로 떠오르고 있는 것 또한 사실입니다. 캄보디아인들은 자신들의 어두운 과거를 벗어나 풍부한 고대 유산을 드러내기 위해 노력하고 있어요. 크메르 문화에 대한 자부심과 미래에 대한 열정이 대단하지요.

반나리 산
1979년-
지역 활동가로 자원의 재생을 위해 일하고 있다. 또한 전통적인 캄보디아 실크 산업을 부활시키기 위해 수공예 사업을 하고 있다.

이어 우이
1983년-
캄보디아 최초의 온라인 게임 개발 스튜디오의 공동 설립자이자 CEO. 인기 있는 '아스바 더 멍키 (아스바 원숭이)' 게임 앱을 만드는 데 일조했다.

역사적 순간들

기원전 200년-서기 400년 : 이주자들이 북아프리카에서 남쪽으로 이동해 현지에 살고 있던 산족, 코이코이족과 합류함.

1480-90년 : 남아프리카 끝을 항해하던 포르투갈 항해사와 탐험가들이 유럽인 최초로 발을 디딤.

1652년 : 네덜란드 동인도회사가 네덜란드 케이프식민지를 건설함. 이것이 케이프타운이 됨.

1795-1814년 : 영국과 네덜란드 군대가 케이프타운을 차지하기 위해 싸움. 영국이 승리를 거둠.

1835-1843년 : 보어인(남아프리카에 정착한 네덜란드계 백인과 그 후손)이 영국의 통치에서 벗어나 북부와 동부에 공화국을 세움.

1867-1902년 : 보어 트란스발 공화국에서 다이아몬드와 금이 발견되면서 전쟁이 벌어짐. 보어인이 영국에 패함.

1910년 : 영국인은 케이프·나탈·트란스발·오렌지 리버 식민지에서 남아프리카 연합을 결성함.

1913년 : 원주민 토지법이 도입됨. 흑인 토지 소유권을 엄격히 제한함.

1931년 : 남아프리카가 영국으로부터 독립함.

1948년 : 인종에 따라 사람과 토지를 분리하는 아파르트헤이트 정책을 실시함.

1962년 : 아프리카민족회의 의장 넬슨 만델라가 아파르트헤이트에 맞서 싸우다 투옥되어 1990년까지 감옥살이를 함.

1994년 : 아파르트헤이트가 종식되고 흑인이 처음으로 전국 선거에서 투표함. 넬슨 만델라가 대통령으로 선출됨.

2006년 : 아프리카에서 최초로 동성 결혼을 허용함.

2010년 : FIFA 월드컵을 개최함.

사파리와 서핑의 땅에 오신 걸 환영합니다!

남아프리카는 야생 동물의 천국이라고 할 수 있어요. 사자, 코끼리, 하마, 코뿔소, 기린, 얼룩말, 표범, 버펄로 등 지구상에서 가장 멋진 생물을 가까이에서 볼 수 있습니다. 또한 석회암 동굴, 장엄한 산맥, 모래사막, 깎아지른 협곡과 멋진 해변에서 자연의 경이로움을 맛볼 수 있지요.

인류는 수천 년 동안 남아프리카에서 살아오며 화석화된 유적·도구·암벽화를 남겼습니다. 그 대부분은 오늘날에도 여전히 볼 수 있어요.

아프리카 원주민 부족은 네덜란드 정착민과 영국 식민지 개척자들이 도착하기 훨씬 전부터 수렵·채집과 농사를 지으며 살아왔어요. 이 아름다운 나라의 역사는 언제나 평화롭지만은 않았어요. 땅, 금광, 값비싼 보석을 둘러싸고 전쟁을 벌였지요. 하지만 오늘날의 삶은 좀 더 평화롭지요. 남아프리카의 가장 큰 도시들은 지역 예술, 음악, 전통, 과거와 현대 서양 패션이 매혹적인 조화를 이루고 있습니다.

테이블산
케이블카를 타고 이 평평한 산꼭대기로 올라가 멋진 전경을 감상해 보자. 예로부터 아프리카의 남단을 항해하는 선원들에게 길잡이 역할을 했다.

대서양

보울더스 해변
아프리카 유일의 펭귄 서식지로 유명하다. 화강암 바위와 모래사장으로 이루어진 이곳 해변에는 아프리카펭귄 수천 마리가 산다.

로벤섬
평등을 외쳤다는 이유로 감옥에 갇혔다고 상상해 보자. 만델라는 바로 그 이유로 로벤섬에 갇혀 지냈다.

커스텐보시 국립식물원
528ha에 이르는 테마 정원에는 약용 식물, 토종, 멸종 위기에 처한 식물이 있다.

넬슨 만델라
1918-2013년
남아프리카에서 인종 차별을 종식시키는 데 전념했다. 남아프리카 최초의 흑인 대통령을 지냈으며, 1993년에 노벨 평화상을 받기도 했다.

남아프리카 공화국

일론 머스크
1971년-
테슬라의 창업주. 전기 자동차 시대를 열었다. 화성에 식민지 건설 계획을 추진하고 있다.

다토 가틀항예
1993년-
사회적 기업가. 재활용 비닐봉지로 태양열 배낭을 발명했다. 배낭은 충전이 가능해서 밤에 조명으로 사용할 수도 있다.

AB 드 빌리어
1984년-
남아프리카 크리켓 선수. 단 31개 공으로 100점을 득점하는 대기록을 세웠다.

보츠와나

짐바브웨

마풍구브웨의 바오바브나무
이 거꾸로 된 나무(가지가 뿌리처럼 보이기 때문에 이렇게 부름)는 수천 년 동안 살 수 있다.

블라이드 리버 캐니언
26km 이어진 이 계곡은 세계에서 가장 큰 협곡이다.

모잠비크

인류의 요람
고대 조상을 만나고 싶은가? 전 세계 인류 화석의 40% 이상이 이곳에서 발견되었다.

림포포의 마후바스클루이프
산과 계곡이 부드러운 안개에 가려져 있어 '은빛 안개의 땅'으로 알려졌다.

골드 리프 시티
이곳 테마파크에서 골드러시(새로 발견된 금광으로 사람들이 몰려드는 것) 시대의 역사를 배울 수 있다.

크루거 국립 공원
크루거 국립 공원에서는 '빅 5'(사자, 표범, 코뿔소, 코끼리, 물소)가 자유롭게 돌아다닌다.

나미비아

아파르트헤이트 박물관
박물관에서 과거의 실수로부터 교훈을 얻을 수 있다. 아파르트헤이트 시대의 삶도 확인할 수 있다.

프리토리아

요하네스버그

유니온 빌딩
남아프리카 공화국 정부 청사와 대통령 집무실이 있다.

소웨토

칼라가디 트랜스프론티어 공원
아프리카 최초의 평화 공원. 남아프리카 공화국과 보츠와나 사이에 있으며, 남아프리카에서 가장 큰 야생 보호 지역이자 생태 보존 지역이다. 세계에서 가장 큰 모래 지대이기도 하다.

킴벌리의 빅 홀
다이아몬드를 찾으려고 판 이 거대한 구멍은 가로 463m, 깊이 240m나 된다.

에마코시니의 정신
울룬디의 언덕 위에 있는 7개의 거대한 뿔로 둘러싸인 이 거대한 청동 맥주병은 줄루왕을 기념한다.

세인트 루시아 삼각주
하마, 나일악어 수백 마리가 가까이 있는 곳에서 카약을 탈 수 있다. 검은코뿔소는 해안에서 한가로이 물을 마시고 있을 것이다.

블룸폰테인

레소토

세더버그 자연 보호 구역
울퉁불퉁하고 바위가 많은 이 지역은 고슴도치, 땅돼지, 벌꿀오소리의 고향이다. 고대 코이산 암각화도 있다.

드라켄즈버그산맥의 투겔라 폭포
투겔라 폭포는 950m 높이에서 떨어져 내려 겨울에는 드라켄즈버그 암벽이 거대한 얼음 기둥으로 얼어붙는다.

벽에 난 구멍
한가운데에 아치 모양인 거대한 천연 사암 벽이 바다에 우뚝 솟아 있다. 아치는 배가 지나다닐 만큼 무척 크다.

더반

캉고 동굴
2000만 년 전에 형성된 이 거대한 동굴에는 석회암 석순이 있다.

제프리스 베이
수영, 스노클링, 낚시, 스쿠버 다이빙, 항해, 카약, 서핑을 좋아하는 사람들이 몰려든다.

샤를리즈 테론
1975년-
할리우드 영화배우. 남아프리카 사람 최초로 오스카상을 받았다.

케이프타운

스텔렌보스
남아프리카에서 두 번째로 오래된 도시. 네덜란드 정착민들이 지은 흰색 건물이 많이 남아 있다.

피나클 포인트 동굴
이곳에서 발견된 고대 석기 도구는 인류가 17만 년에서 4만 년 전에 이 동굴에 살았다는 것을 보여 준다.

주요 사항	다양성, 국민, 결합	
수도 프리토리아(행정), 케이프타운(입법), 블룸폰테인(사법)	**화폐** 랜드	**국가 코드** ZA
대도시 케이프타운 더반 요하네스버그 소웨토	**공식 언어** 11개 언어. 아프리칸스어, 영어 등	**새** 청두루미
인구 약 5900만 명 (2020, 세계 은행)	**꽃** 프로테아	

투탕카멘
기원전 1342년경-기원전 1325년경
'소년 왕'으로 알려진 투탕카멘은 아홉 살에 파라오가 되어 10년 동안 나라를 다스렸다.

폼페이 기둥
30m 높이의 로마 시대 석조 기둥. 세라피움 신전의 폐허에 우뚝 솟아 있다.

콤 엘 쇼카파 카타콤
지하 깊숙이 있는 이 묘지에는 300구가 넘는 시체가 묻혀 있다.

콰이트베이 성채
600년 된 요새로, 침략군으로부터 알렉산드리아를 보호하기 위해 지었다.

카이로 성채
12세기에 지은 성채로, 잘 보존되어 있다.

이집트 박물관
이집트인들은 보석을 비롯한 귀중품을 왕족과 함께 묻었다. 이곳에 가면 투탕카멘의 장례식 가면 등 많은 유물을 볼 수 있다.

기제의 대피라미드
기제에 있는 피라미드 중 가장 크고 오래되었다. 고대 이집트인들은 이 거대한 석조 구조물 깊숙한 곳에 파라오를 묻었다.

사카라
이 계단식 피라미드는 이집트에서 가장 오래된 석조 구조물이다.

기제의 대스핑크스
사자의 몸통에 사람의 머리를 한 이 스핑크스 조각상은 높이가 20m가 넘고 길이가 73m가 넘는다.

알렉산드리아

나일강 삼각주
나일강이 지중해로 이어지는 곳으로, 해안선이 거의 250km에 이른다.

만수라

카이로

기제

칸 알 칼릴리 시장
15세기 시장에 가서 아름답고 섬세한 이슬람 건축물 모형과 파라오 공예품을 파는 노점을 구경해 보자.

수에즈 운하
매일 약 50척의 배가 지중해와 홍해를 잇는 수에즈 운하를 통과한다.

와디 알 히탄 (고래 계곡)
오래전 멸종된 고래 뼈가 바위와 암석에 남아 있다.

세인트 카타리나 수도원
이 수도원은 모세가 십계명을 선포한 것으로 알려진 곳 근처에 있다.

시나이산
성서에 따르면, 시나이산 꼭대기에서 모세가 하느님으로부터 말씀을 들었다고 한다.

시와 오아시스
야자나무와 맑은 샘물, 진흙 벽돌집, 당나귀 짐마차가 다니는 흙길이 있다.

화이트 사막
사막이 눈으로 덮여 있는 것처럼 온통 하얗게 보이는 이유는 무엇일까? 이곳 토양이 석회암이기 때문이다!

아비도스 신전
지하 세계의 왕이자 죽은 자들의 신 오시리스를 위해 지은 사원이다.

후르가다
홍해 근처에 자리 잡은 관광 도시. 멋진 해변 리조트에서 휴식을 취해 보자!

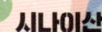

시슬곰 난파선 다이빙
영국군 화물선은 독일군의 폭격을 받아 홍해에 침몰했다. 이곳에서 스쿠버 다이빙을 할 수 있다.

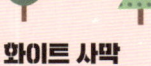

안와르 사다트
1918-1981년
이스라엘과의 평화를 위해 노력한 정치 지도자. 또한 이집트 사람들이 가난에서 벗어나도록 돕고 싶어 했다.

왕들의 계곡
도굴을 막기 위해 피라미드 건축을 중단하고 바위를 잘라낸 무덤에 파라오를 묻었다.

카르나크 신전
2000년에 걸쳐 파라오들이 신들에게 경의를 표시하기 위해 지었다.

람세스 2세
기원전 1304년경-1214년경
뛰어난 군사 지도자이자 가장 위대한 파라오로 평가 받는다.

나세르 호수
거대한 인공 호수는 이집트와 수단에 걸쳐 있다. 아프리카에서 가장 큰 파충류인 나일악어가 산다.

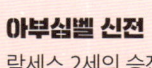

아부심벨 신전
람세스 2세의 승전을 축하하기 위해 절벽을 깎아 만들었는데, 20년이나 걸렸다.

아스완 댐
1902년, 나일강의 수위를 조절하기 위해 아스완 근처에서 나일강을 막아 세운 대형 댐.

수단

파라오의 땅에 오신 걸 환영합니다!

마음을 사로잡는 거대한 피라미드, 보물과 함께 묻혀 있는 고대 파라오 등 이집트처럼 상상력을 자극하는 곳은 없습니다. 장엄한 나일강은 사막의 모래와 고대 요새가 있는 옛 도시들을 지나쳐 흘러가지요. 이 나라에서는 수천 년 전에 문명이 시작되었으며, 오늘날에도 고대 세계를 직접 볼 수 있어요. 왕들의 계곡에서부터 카이로의 이집트 박물관에 이르기까지, 선조들의 삶을 직접 확인해 보세요.

고대 세계 탐험을 마쳤다면 하얀 사막과 장엄한 시나이산 등 자연이 주는 경이로움을 만끽하세요. 나세르 호수에서 흰 돛을 단 펠루카(배의 일종)를 관찰하고, 홍해의 수중 난파선을 탐험하세요.

이 나라의 대도시에는 활기찬 전통 시장과 현대적인 쇼핑센터, 아름다운 모스크와 매혹적인 박물관이 있습니다. 사실, 이집트의 수도 카이로는 너무 크고 복잡해서 이집트인들은 카이로를 '세계의 어머니'라고 부른답니다.

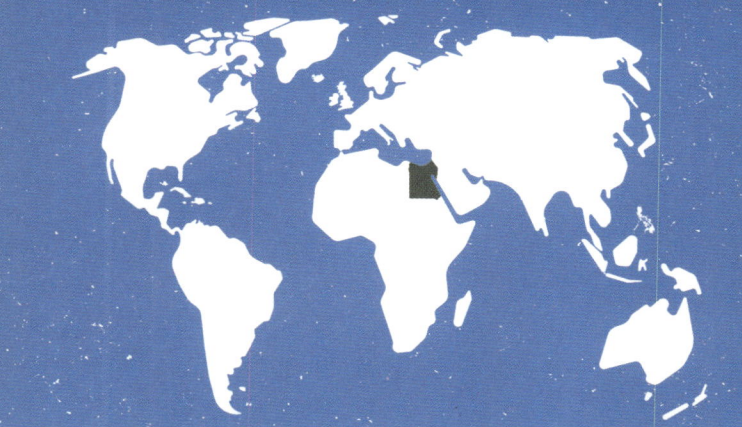

역사적 순간들

기원전 3500-기원전 3000년: 이집트인들이 상형 문자를 발명함.

기원전 2500년: 기제에 대피라미드와 스핑크스를 건설함.

기원전 1500년: 파라오들은 죽은 뒤 왕들의 계곡에 안치됨.

기원전 1390-기원전 1213년: 룩소르 신전을 세움.

기원전 331년: 마케도니아 왕 알렉산드로스 대왕이 이집트를 정복하고 알렉산드리아를 세움.

기원전 30년: 이집트의 마지막 파라오, 클레오파트라 7세가 자살함. 로마 제국의 지배를 받음.

서기 639-646년: 아랍 통치를 받게 되고 이슬람교로 개종함.

969년: 카이로가 이집트의 수도가 됨.

1517년: 오스만 제국이 이집트를 정복함.

1869년: 지중해와 홍해를 잇는 수에즈 운하가 완성됨.

1953년: 이집트 공화국이 설립되고 이집트가 중동에서 강력한 아랍 국가가 됨.

1978년: 안와르 사다트 대통령이 이스라엘과 '캠프 데이비드 협정'에 서명함. 이로써 수십 년에 걸친 적대 행위가 종식됨.

2018년: 사카라에서 4400년 된 무덤이 발견됨. 수십 년 만에 이룬 가장 완벽한 발견으로 기록됨.

주요 사항	삶, 건강, 복지	
수도 카이로	**화폐** 파운드	**국가 코드** EG
대도시 카이로 알렉산드리아 기제 슈브라 알 케이마 만수라	**이름의 유래** 그리스 신화에 나오는 아이깁토스가 이집트를 정복한 데서 유래됨	**공식 언어** 아랍어
인구 1억 400만 명 (2021, 해외 거주자 포함, 외교부)	**꽃** 수련	**새** 초원수리

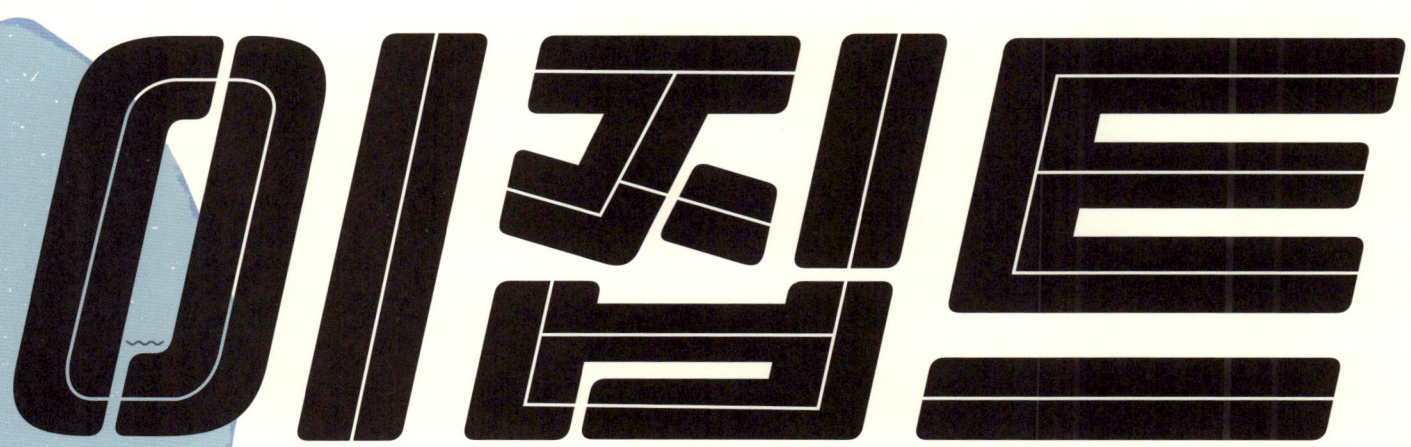

이집트

클레오파트라 7세
기원전 69-기원전 30년
이집트가 로마에 정복당하기 전 마지막으로 통치한 파라오.
아름다운 외모와 리더십으로 유명했다.

롯피어 엘 나디
1907-2002년
이집트는 물론 아랍 최초로 조종사 면허를 딴 여성이다.

석양의 땅에 오신 것을 환영합니다!

하루는 고대 카스바의 좁은 골목길을 걸어 다니고, 다음 날에는 낙타를 타고 황금빛 모래 해변을 구경하게 될 것입니다. 이것이 바로 모로코입니다! 아틀라스산맥의 고지대에서부터 사하라 사막의 모래와 그늘진 오아시스에 이르기까지, 모로코는 극과 극이 다 있는 나라예요. 더위와 먼지가 예상되지만 동굴과 숲이 우거진 산도 있습니다. 아름다운 이슬람 모스크, 베르베르족의 진흙 벽돌 건물, 스페인과 로마 유적지에서 볼 수 있는 이슬람 식 둥근 천장, 로마 유적지가 남아 있는 도시와 마을에서 모로코의 역사가 펼쳐집니다. 대도시와 북적이는 시장에서 벗어나고 싶다면, 국립 공원으로 떠나 멸종 위기에 처한 원숭이를 찾아보거나 북아프리카에서 가장 높은 산 정상에서 암벽 등반을 하든지, 동굴 탐험을 하고 광활한 오아시스의 야자수 그늘에서 낮잠을 자요. 이 아프리카 국가에는 어느 쪽을 둘러보든 경이로운 역사와 자연을 발견하게 될 거예요. 유럽과 아랍 세계의 영향과 놀라운 풍경이 결합된 모로코는 정말 독특한 곳입니다.

역사적 순간들

기원전 1200년 : 페니키아(오늘날의 레바논) 상인들이 도착함.

기원전 500년 : 튀니지에서 온 카르타고인이 모로코를 포함해 북아프리카를 점령함.

서기 40년 : 로마 제국이 모로코를 정복함.

278년 : 로마인들이 모로코 북부 탕헤르에 지역 수도를 세움.

600년대 : 아랍인들이 침입해 아랍어와 이슬람교를 전파함.

1000년대 : 베르베르족이 강력한 왕조들을 연달아 세움.

1500년대-1600년대 : 아랍 왕조가 베르베르를 정복함. 1631년에 알라위 왕조가 집권한 뒤 지금까지 통치를 이어감.

1777년 : 모로코가 미국을 독립 국가로 처음 인정함.

1912년 : 프랑스의 보호국이 됨. 해안 지역은 여전히 스페인의 통제 아래 있었음.

1956년 : 프랑스 보호령이 종료되고, 모로코 왕국은 독립 국가가 됨.

2011-2012년 : 모로코 사람들이 왕의 막강한 권력에 항의함. 모로코 국왕이 헌법 개정을 약속함.

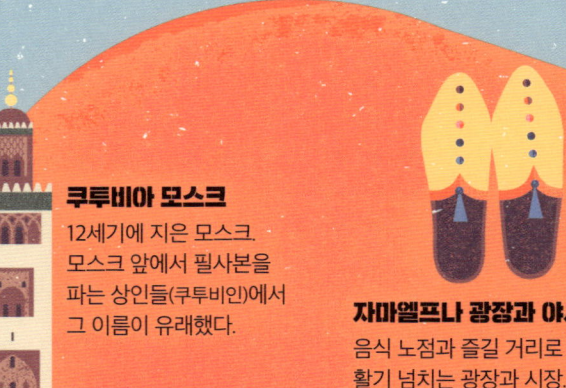

쿠투비아 모스크
12세기에 지은 모스크. 모스크 앞에서 필사본을 파는 상인들(쿠투비인)에서 그 이름이 유래했다.

자마엘프나 광장과 야시장
음식 노점과 즐길 거리로 가득한 활기 넘치는 광장과 시장. 지금까지 본 액션 영화보다 볼거리가 많다.

바히아 궁전
지금은 박물관으로 사용한다. 150개나 되는 복잡하게 디자인된 객실과 정원을 둘러볼 수 있다.

타그하르테 해변
이곳 황금빛 모래사장을 따라 하루 종일 수영, 서핑, 일광욕을 즐길 수 있다. 아니면 낙타를 탈 수도 있다.

차이마 라시니
1993년-
인권 운동가, 언론인, 페미니스트. 남녀평등과 여성의 권리를 위해 노력했다.

지벨 투브칼산
모로코의 아틀라스산맥과 북아프리카 전체에서 가장 높은 봉우리다.

레그지라 해변
바람이 많이 부는 외딴 해변. 파도가 깎아 놓은 거대한 석조 아치를 볼 수 있다.

모로코

헤라클레스 동굴
전설에 따르면, 영웅 헤라클레스가 '헤스페리데스의 정원'에서 황금 사과를 따기 전에 이 동굴에서 낮잠을 잤다고 한다.

탕헤르

카스바 우다야
이 12세기 성채의 구불구불한 거리에는 회반죽을 바른 건물, 도시에서 가장 오래된 모스크, 아름다운 정원이 있다.

볼루빌리스
이 무너져가는 로마 유적지에 한때 약 2만 명이 거주했던 것으로 알려졌다.

쉐프샤우엔 메디나
이 마을은 거의 모든 건물이 파란색으로 칠해져 있다!

프리우아토 동굴
이 동굴이 얼마나 깊은지는 아무도 모르지만, 북아프리카에서 가장 큰 동굴인 건 틀림없다.

이븐 바투타
1304-1369년
원래 여행을 즐겼다. 아시아 대부분 지역뿐만 아니라 이슬람 세계의 많은 곳을 방문하고 여행기를 썼다.

살레

페스

카사블랑카

라바트

가죽 염색 공장
약간 냄새가 고약할 수 있지만, 수세기 동안 전통 방법으로 가죽을 어떻게 만들었는지 이곳에서 확인해 보자.

하산 2세 모스크
경외심을 불러일으키는 이 모스크에는 세계에서 가장 높은 첨탑이 있다.

밥 만수르
대리석 기둥과 모자이크로 장식한 16m 높이의 성문. 모로코의 4대 제국 도시인 메크네스로 가는 관문이다.

이프레인 국립 공원
산악 지대에 위치한 국립 공원을 걸어 보자. 멸종 위기의 바바리원숭이가 산다.

페스 구시가지
이 고대 성벽 뒤에는 오래된 대학과 '자동차 없는 도시'가 있다.

즈난 스빌 공원
이 엄청난 정원의 호수, 분수, 그늘진 숲을 거닐어 보자.

마라케시

오조드 폭포
알 아비드 강이 저 아래 펼쳐진 올리브 과수원으로 층층이 흘러내린다.

팔미에
이 오아시스에는 수천 그루의 야자수가 있다. 그늘에서 더위를 식히는 낙타와 함께 놀아 보자.

에그르셰비의 사하라 사막
높이가 150m가 넘는 선명한 주황색 모래 언덕이 바다처럼 펼쳐져 있다.

에잇벤하두
이 고대 요새 마을은 방어벽과 모퉁이 탑 뒤에 붉은 흙으로 지은 건물로 이루어져 있다.

토드라 협곡
이 협곡의 양쪽에 있는 깎아지른 듯한 석회암 절벽은 너무 좁아 도보 여행자들이 한 줄로 걸어가야 한다.

알제리

히샴 엘 게루주
1974년-
1500m 육상 선수. 세계 챔피언을 4차례나 달성하고, 올림픽 금메달을 2번이나 땄다.

우리카 계곡
봄에는 야생화와 벚꽃이 계곡을 가득 채운다. 일 년 중 언제라도 모로코의 뜨거운 열기를 벗어나 편히 쉴 수 있는 아름다운 휴양지이다.

다데스 계곡
계곡에는 카스바(성채)라는 정착지가 늘어서 있다. 그래서 이곳은 '천 개의 카스바 계곡'이라는 별명이 붙었다.

메리엠 차디드
1969년-
탐험가, 천체물리학자, 천문학자. 극지방에 대한 주요 과학 탐험을 이끌었다.

프렌치 몬타나
1984년-
본명은 카림 카버치. 유명한 래퍼이자 DJ로, 13세 때 뉴욕으로 이주해 국제적인 아티스트가 되었다.

주요 사항	신, 조국, 왕	
수도 라바트	**화폐** 디르함	**국가 코드** MA
대도시 카사블랑카 라바트 페스 살레 마라케시 아가디르	**이름의 유래** 마라케시의 스페인어 '마루에코스'. '신의 땅'이라는 뜻	**공식 언어** 아랍어, 베르베르어
인구 3631만 명 (2020, IMF)	**꽃** 장미	**새** 딱새 

오벨리스크
거대한 기둥은 한때 중요한 지도자의 무덤을 표시하는 데 사용되었다.

석판 예배당
사람들은 이 예배당에 십계명을 새긴 석판을 담은 순금 상자가 있다고 믿는다.

예하 사원
'달의 사원'으로 알려진 예하 사원은 에티오피아에서 가장 오래된 건축물이다.

다나킬 사막 지대
공식적으로 지구에서 가장 뜨겁고 건조한 곳이다. 활화산, 온천, 용암 호수가 이곳 환경을 혹독하게 만든다.

아부나 예마타 구
석회암 동굴을 예배당으로 만들었다. 프레스코화로 덮인 지붕이 있고, 높이가 200m에 이른다.

에리트레아

시바의 여왕 목욕탕
전설에 따르면, 아라비아 남서부 왕국의 통치자 시바가 이곳에 목욕하러 왔다고 한다.

수단

 악숨

파실 게비
이 요새 같은 성은 곤다르시가 수도였던 17세기에 지었다.

메켈레

시미엔 국립 공원
아프리카의 지붕이라 불리는 곳으로, 바위 투성이 산봉우리와 가파른 계곡의 트래킹 코스가 유명하다. 멸종 위기에 처한 '왈리아 아이벡스'(염소의 일종)를 볼 수 있다.

아베베 비킬라
1932-1973년
마라톤 챔피언. 1960년 로마에서 맨발로 달려 금메달을 땄다. '맨발의 왕자'로 불린다. 1964년 도쿄에서도 우승했다.

곤다르

랄리벨라
화산암을 조각해 만든 이 11개의 석조 교회는 좁고 구불구불한 통로로 연결되어 있다.

바히르다르

타나 호수
에티오피아 담수의 50%를 보유하고 있는 거대한 호수이다.

지부티

남수단

청나일 폭포
지역 주민들에게 이 폭포는 티스 아바이, 즉 '큰 연기'로 알려져 있다. 물이 42m 높이에서 떨어질 때 엄청난 물보라가 일어 이런 이름이 생겼다.

아와시 국립 공원
사자, 표범, 흑멧돼지, 하마는 이 국립 공원의 멋진 야생 동물 중 극히 일부다.

아베 호수
거품이 이는 마그마가 이 광대한 소금 호수의 지각을 밀어내 용해된 칼슘의 높은 탑이 생겨난다.

아디스아바바

디레다와

국립 박물관
세계적으로 유명한 인류의 초기 조상 '루시'의 미라를 확인하거나 선사 시대 스밀로돈과 거대한 돼지 화석을 확인해 보자.

멜카 컨튜레
이 선사 시대 유적지에 140만 년이 넘은 석기 도구와 화석이 있다.

 나즈렛/아다마

엔토토산
이 산꼭대기에 오르면 에티오피아의 수도를 한눈에 볼 수 있다.

메르카토
이곳 아프리카 최대의 노천 시장에는 향신료에서 중고 의류에 이르기까지 안 파는 게 없다.

네치사르 국립 공원
네치사르 평원에서 뛰어 노는 수백 마리의 얼룩말 무리를 감상해 보자.

바빌레 코끼리 보호 구역
에티오피아에는 코끼리가 2000마리 미만인 것으로 추정되는데, 이곳에 수백 마리가 살고 있다.

오모 계곡
커다란 입술판, 몸의 흉터, 붉은 흙으로 염색한 머리카락은 이곳 부족민들이 외모를 가꾸는 방법의 일부이다.

동아프리카 지구대
이 거대한 열곡은 두 개의 평행한 단층에 둘러싸인 좁고 긴 계곡으로, 대륙과 해양 분지의 바닥에서 관찰된다. 200만 년 동안 아프리카 대륙을 둘로 갈라놓았다.

소프 오마르 동굴
아프리카에서 가장 긴 석회암 동굴로, 15km가 넘는다. 지하를 흐르는 물길을 따라가야만 들어갈 수 있다.

메넬리크 2세
1844-1913년
메넬리크 황제는 에티오피아 제국의 영토를 두 배로 늘리고, 이탈리아의 침략을 물리쳤다.

차모 호수
호숫가에서는 한낮에 일광욕을 즐기는 나일악어를 볼 수 있다.

케냐

티루네시 디바바
1985년-
세계 최정상급 육상 선수. 올림픽 금메달 3개, 세계선수권대회 5회 우승, 세계 크로스 컨트리 타이틀을 4번 획득했다.

인류 조상들의 땅에 오신 것을 환영합니다!

에티오피아는 역사가 오래된 국가에 속합니다. 사람들은 다른 나라의 침략을 받아 식민지가 된 적이 한 번도 없다는 사실을 매우 자랑스러워하지요.

에티오피아는 각자 고유한 언어를 사용하는 80개 이상의 민족으로 이루어졌습니다. 이곳은 거대한 동아프리카 지구대, 청나일 강의 근원지, 지구상에서 가장 뜨겁고 건조한 다나킬 사막 지대에 이르기까지 자연의 보고라 할 수 있어요.

에티오피아의 풍부한 역사 덕분에 과거의 놀라운 유적지가 많이 남아 있습니다. 돌로 조각한 교회, 고대 오벨리스크, 인류가 어떻게 발전했는지 알려주는 선사 시대 고고학 유적지도 있습니다. 수도이자 가장 큰 도시 아디스아바바에는 거대한 노천 시장, 귀중한 유물로 가득한 박물관, 유칼립투스 나무로 덮인 우뚝 솟은 산이 있습니다. 에티오피아는 전쟁의 고난과 기근의 잔인함을 견디며 자랑스럽고 강한 국가로 떠오르고 있어요. 어디를 가든 놀라운 볼거리와 새로운 경험 거리가 있어요.

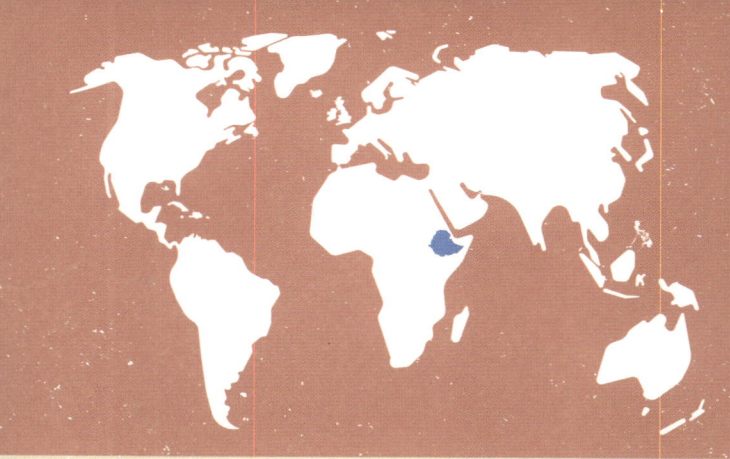

역사적 순간들

320만 년 전: '호미니드'로 알려진 초기 인류가 직립 보행을 시작함.

175만 년 전: '호모 에렉투스'로 알려진 인간이 '멜카 컨튜레'에서 석기를 사용하기 시작함.

기원전 10세기: '다못'으로 알려진 제국이 집권해 '예하'에 수도를 세움.

서기 1세기: 악숨 제국이 설립됨.

300년대: 에티오피아는 세계 최초로 크리스트교를 채택함.

615년: '네가시'에 아프리카 최초의 이슬람 정착촌이 생겨남.

1632년: 곤다르를 수도로 선포함.

1769-1855년: 곤다르가 영향력을 잃기 시작한 후, 에티오피아는 여러 지역으로 나뉨.

1896년: 이탈리아가 에티오피아 침공을 시도하지만 메넬리크 2세가 이끄는 에티오피아 군대에 패배함.

1936-1941년: 이탈리아가 다시 침공해 에티오피아 군대를 제압하고 5년간 점령함. 이후 영국이 개입해 이탈리아를 밀어내는데 도움을 줌.

1983-1985년: 세계 역사상 최악의 기근이 발생해 120만 명 넘게 목숨을 잃음.

1993-2000년: 에리트레아가 에티오피아에서 분리되어 독립 국가가 되었지만 국경에서 충돌이 일어나 전쟁으로 번짐. 2000년에 평화 협정이 체결됨.

2005년: 이탈리아가 약탈 60년 만에 4세기 악숨 오벨리스크의 마지막 조각을 반환함.

2014년: 엔토토산맥에 동아프리카 최대의 천문대를 개관함.

주요 사항	에티오피아는 신을 향해 손을 내민다		
수도 아디스아바바	**화폐** 비르	**국가 코드** ET	
대도시 아디스아바바 디레다와 메켈레 나즈렛/아다마 바히르다르 곤다르	**이름의 유래** '타다'라는 뜻의 그리스어 아이토 & '얼굴'이라는 뜻의 옵스 **공식 언어** 암하라어	**꽃** 칼라 릴리 	**동물** 사자 
인구 1억 1500만 명 (2020, 세계 은행)			

하레르
아프리카에서 가장 오래된 이슬람 도시. 성벽 안에는 약 110개의 모스크가 있다.

살러워르크 저우데
1950년-
에티오피아 최초의 여성 대통령. 2019년 현재 아프리카에서 유일한 여성 국가 수반이다.

딩크네쉬
우리에게는 '루시'로 잘 알려져 있다. '루시'는 초기 인류의 조상으로, 320만 년 전에 살았다. 유인원과 같은 특성에도 불구하고 두 발로 걸을 수 있었다.

에티오피아

에너지가 넘치는 아프리카 국가에 오신 걸 환영합니다!

나이지리아는 아프리카에서 인구가 가장 많은 나라입니다. 또한 1956년 석유가 발견된 후 가장 부유한 국가가 되었어요. 이 나라에서 가장 큰 도시 라고스에는 2100만 명이 넘는 사람들이 살고 있어요! 나이지리아를 고향으로 삼은 최초의 사람들은 로마인이 도로 건설을 시작하기 훨씬 전에 존재했던 녹 문명을 이루었다고 알려져 있어요.

나이지리아의 시골은 열대 우림, 초원, 산맥, 해안 맹그로브와 늪으로 이루어져 있어요. 식민지 점령, 노예 무역, 내전이라는 힘겹고 종종 폭력으로 얼룩진 역사에도 불구하고, 최근에는 대규모 국립 공원을 만들어 자연의 경이로움을 보호하려는 노력을 하고 있어요. 나이지리아 국립 공원은 천산갑, 코끼리, 코뿔소, 개코원숭이, 아프리카 물소 및 사자와 같은 희귀하고 흥미로운 야생 동물을 볼 수 있는 최고의 장소로 자리 잡았지요.

오늘날 나이지리아는 고층 빌딩, 전통적인 초가집 마을, 아름다운 해변, 신성한 지하 동굴이 뒤섞여 있어요. 문화, 예술, 건축, 종교가 만나 매혹적이고 계속 변화하는 나라를 만들고 있지요.

역사적 순간들

기원전 900년: 녹(Nok)으로 알려진 신석기 시대 문명이 나이지리아 중부의 조스 평원에서 시작됨.

서기 800년대-1400년: 북쪽에 하우사 왕국과 보르노 왕조가 생겨나고, 남쪽에는 오요 왕국과 베냉 왕국이 생겨남.

1472년: 포르투갈 탐험가들이 나이지리아에 상륙해 황동, 구리, 후추, 옷감, 노예를 거래하기 시작함.

1500년대-1800년대: 노예 무역으로 수천 명이 아메리카 대륙으로 끌려감.

1850-1914년: 영국이 들어와 지배력을 강화함. 영국은 이곳을 '나이지리아 식민지 및 보호령'이라고 부름.

1956년: 50년 동안의 탐사 끝에 올로이비리 유전에서 석유가 발견됨.

1960년: 나이지리아가 독립을 쟁취함.

1967년: 동부 3개 주가 '비아프라 공화국'이 되려고 하면서 내전이 발발함.

1979년-1990년대: 일련의 정치 쿠데타로 국내 상황이 매우 불안해짐.

1996년: 나이지리아 축구팀이 미국 애틀랜타 올림픽에서 금메달을 획득함.

2000년: 이슬람교도와 크리스트교인 사이의 긴장이 격렬해지고 부족들 사이에 전쟁이 일어남.

2014년: 나이지리아 경제가 아프리카에서 가장 큰 규모로 성장함.

2015년: 최초로 평화로운 권력 이양이 이루어짐. 모하마두 부하리가 대통령이 되어 부패를 몰아내겠다고 약속함.

치마만다 응고지 아디치에
1977년-
소설가이자 대중 연설가. 아디치에는 젊은 흑인 여성에 대해 글을 쓰고 있으며, 코먼웰스 작가상, 휴스턴라이트 상 등을 받았다.

위즈키드
1990년-
싱어송라이터. 11세에 자신의 노래를 녹음하기 시작했다. 2016년에 드레이크와 함께 작업한 노래가 15개국에서 1위를 차지하면서 지구촌 슈퍼스타가 되었다.

타파와 발레와 광장
이 거대한 중앙 광장의 입구에는 거대한 말 동상 4개가 있다. 또한 이 광장은 25층짜리 독립 기념관으로 둘러싸여 있다.

세 번째 본토 다리
라고스섬과 본토를 연결하는 이 다리는 나이지리아에서 가장 길다.

레키 보존 센터
이곳에 온 손님은 현수교를 건너 나무 꼭대기의 원숭이와 새, 아래쪽의 악어 사이를 안전하게 거닐 수 있다.

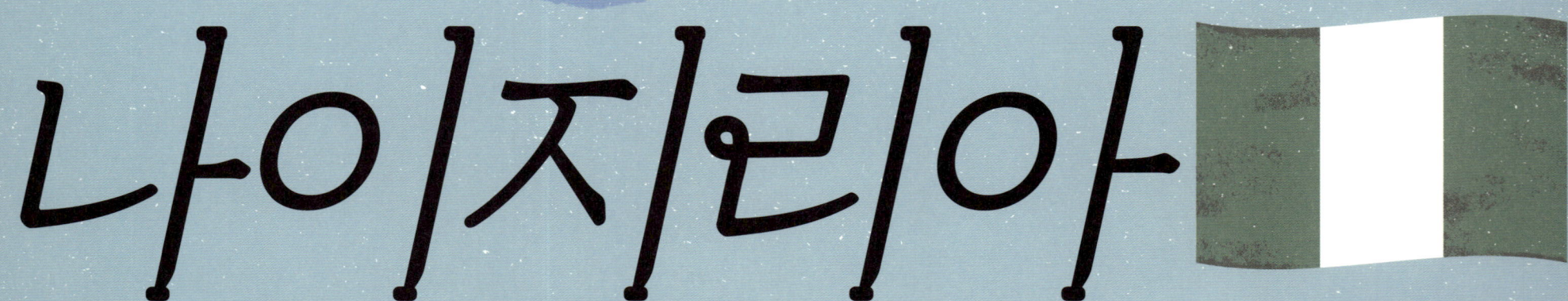

나이지리아

주요 사항 — 통일과 신념, 평화와 진보

수도 아부자	**화폐** 나이라	**국가 코드** NG
대도시 라고스 카노 이바단 아부자 포트 하르코트 베냉 시	**이름의 유래** 영국 식민지배자들이 '나이저강'의 이름을 따라 나이지리아로 부름	**공식 언어** 영어, 하우사어, 요루바어, 이그보우어 등 토착어
인구 2억 96만 명 (2019, 세계 은행)	**꽃** 크로커스	**새** 검은관두루미

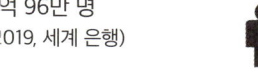

아부자 국립 모스크
4개의 우뚝 솟은 첨탑을 자랑하는 거대한 황금 돔 모스크.

아부자 예술 공예 마을
마을 중심부의 분주한 초가집에는 재능 있는 장인들이 만든 작품이 전시되어 있다.

밀레니엄 파크
밀레니엄 파크는 탁 트인 녹지 공간으로, 밤에는 아름다운 야경을 자랑하는 평화로운 곳이다.

고대 카노 성벽
이 거대한 방어벽의 기초는 거의 1000년 전에 지어졌다. 높이 약 15m로, 14세기에 완공되었다.

수라메 문화 경관
이 무너져 가는 돌담은 16세기 케비 왕국의 유적이다.

여왕 아미나의 벽
16세기의 위대한 전사, 여왕 아미나를 보호하기 위해 지은 거대한 흙벽. 자리아의 주민들은 이 흙벽의 보호를 받았다.

카인지 호수
나이저강에 댐을 세워 카인지 호수가 생겼을 때, 살던 집이 완전히 물에 잠겨 5만 명에 이르는 사람들이 새로운 삶의 터전을 찾아 떠나야 했다.

양카리 국립 공원
나이지리아에서 코끼리를 볼 수 있는 최고의 장소. 세계에서 가장 큰 육지 포유류가 300마리 넘게 이 공원에 산다.

위키 웜 스프링스
지열 활동으로 따뜻한 물이 땅 위로 흘러나온 덕분에 사람들이 휴식을 취하기에 완벽한 수영장이 생겨났다.

주마 록
이곳 주민들은 사람의 얼굴을 닮은 이 725m 높이의 바위에 인근 지역 사회를 보호하는 신비로운 힘이 깃들어 있다고 믿는다.

오순-오소그보 신성숲
다산의 여신 '오순'을 기리는 조각, 조각상, 신사가 있는 신성한 숲이다.

오그부니케 동굴
나이지리아 내전 동안 수백 명의 현지인이 좁은 터널로 연결된 이 동굴을 은신처로 삼았다.

고대 녹 문명 정착지
고대 녹 문명은 로마가 생겨나기 500년 전에 존재했다고 알려져 있다. 섬세한 점토 조각상으로 유명하다.

오훔 폭포
가파른 석회암 절벽을 따라 2개의 폭포수가 좁은 협곡과 동굴로 흘러든다.

가샤카 야생 동물 보호 구역
나이지리아에서 가장 큰 국립 공원. 침팬지, 황금고양이, 사자, 코끼리, 하마를 볼 수 있다.

에린 이제샤 폭포
깊은 삼림 지대로 들어가면 이 7단 폭포를 만날 수 있다. 각각 헤엄칠 수 있는 자그마한 웅덩이도 있다.

오코무 국립 공원
외딴곳에 있는 원시 열대 우림. 천산갑, 표범 등 희귀 동물들이 살고 있다.

올로이비리 유전
50년의 탐사 끝에 마침내 1956년 석유를 찾아냈다.

소나무 숲
조용하고 그림 같은 소나무 숲. 폭포수가 흘러내려 석회암 동굴에 수영장이 생겨났다.

이베노 해변
길이 45km인 모래사장은 서아프리카에서 가장 긴 해변으로 유명하다. 이곳에서 수영, 일광욕, 스쿠버 다이빙을 즐길 수 있다.

베냉 왕궁
이 13세기 궁전은 영국과의 전쟁 후 20세기 초에 재건된 것으로, 옛 지도자의 고향이었다.

아미나 J 모하메드
1961년-
유엔(UN) 사무부총장. 나이지리아인 아버지와 영국인 어머니 사이에서 태어난 모하메드는 영국에서 학교를 마친 후 나이지리아로 이주했다.

알리코 단고테
1957년-
투자자이자 사업가. 아프리카 최고 부자로 손꼽힌다. 자산이 170억 달러에 이른다고 알려졌다.

아이놀루와 아보예지
1991년-
아프리카에서 가장 젊고 성공적인 기술 혁신가이자 기업가로 알려졌다.

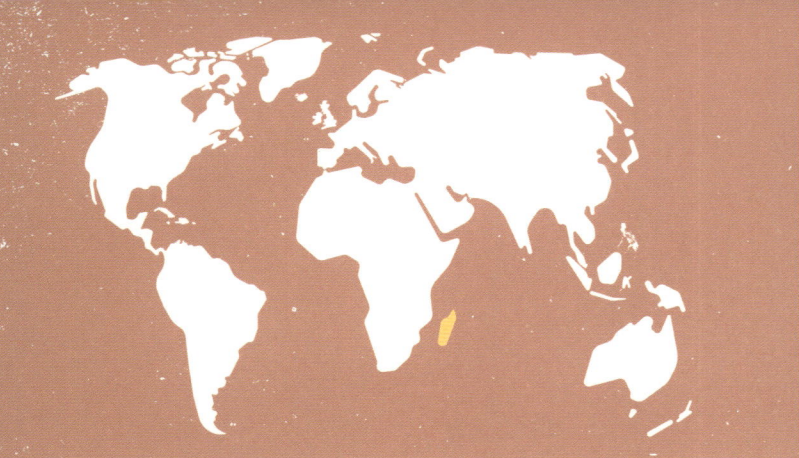

지구 생물 다양성의 보물 창고

마다가스카르는 1억 6000만 년 전에 아프리카 본토에서 분리되었습니다. 그 뒤로 방대한 종류의 독특한 동식물이 진화해 왔어요. 마다가스카르에 사는 수많은 야생 동물에 대해 들어 보았을 거예요. 이 섬에는 세계 어디에서도 볼 수 없는 동식물 수백 종이 있어요. 눈이 큰 여우원숭이가 가장 유명하고, 멸종 위기의 야행성 여우원숭이 아이아이, 황금대나무 여우원숭이도 이곳에서 볼 수 있어요. 이곳에서만 볼 수 있는 식물도 1만 1000종 이상 있습니다!

고립된 섬, 마다가스카르는 동식물뿐만 아니라 사람에게도 상당한 영향을 미쳤어요. 아프리카의 일부이지만 마다가스카르 사람들은 자신들을 '말라가시안'이라고 부릅니다. 아프리카보다 동남아시아 사람들과 유전적 관계가 더 가깝습니다. 이들의 조상은 인도네시아에서 카누를 타고 도착한 것으로 보입니다. 수세기 동안 마다가스카르 사람들은 유럽 침략자들을 물리쳤지만 결국 프랑스의 지배를 받았어요. 1960년에 독립했지만 여전히 언어와 음식에서 프랑스의 흔적을 찾아볼 수 있어요.

섬의 대부분은 열대 지방에 속하지만 영토가 너무 넓어서 추운 중앙 고원 지대, 햇볕이 내리쬐는 무더운 서쪽 지역, 열대 우림의 습한 동쪽 지역으로 나뉩니다. 언제든 독특한 야생 동물과 주민들의 환영을 경험할 수 있어요.

역사적 순간들

1억 6000만 년 전: 아프리카 대륙에서 커다란 땅덩어리가 떨어져 나가 인도와 마다가스카르가 생겨남.

8000만 년 전: 마다가스카르가 인도에서 분리되어 오늘날의 섬이 됨.

서기 700-1200년: 오스트로네시아어를 쓰는 사람들이 카누를 타고 인도네시아에서 이 섬에 도착함.

800-900년: 아랍 상인들이 마다가스카르 북부 해안을 따라 현지인들과 거래를 시작함.

1500년: 포르투갈 선장 디오고 디아스가 인도로 가다 유럽인 최초로 발을 디딤.

1500년대: 영국인, 프랑스인, 네덜란드인, 포르투갈인 들이 무역로를 개척하려 시도했지만 마다가스카르 사람들에게 쫓겨남.

1500년대 후반: 사칼라바족이 제국을 건설함.

1600년대: 동해안이 무법지대가 되고 해적들이 통제함.

1810-1828년: 메리나 왕 라다마 1세가 영국의 도움으로 나라를 통일하고 사칼라바 제국을 제압함.

1890년: 영국은 탄자니아 잔지바르에서 영향력을 행사하는 대가로 마다가스카르가 프랑스 보호령이 되는 데 동의함.

1960년: 프랑스와의 치열한 싸움 끝에 독립을 쟁취함.

1975년: 디디에 라치라카가 정권을 잡아 18년 동안 독재 정권을 구축함.

1993년: 알베르 자피가 대통령이 됨.

2017년: 새로운 여우원숭이 종이 발견됨.

라나발로나 1세
1778-1861년
마다가스카르의 '미친 여왕'으로도 알려진 라나발로나 1세는 유럽 강대국들과의 관계를 끊고 강제 노동을 통해 공공사업을 펼쳤다. 또한 크리스트교를 금지시켰다.

칭기 국립 공원
'칭기'는 '맨발로 걸을 수 없는 곳'이라는 뜻이다. 이 뾰족한 석회암 덩어리를 보면 그 이유를 알 수 있을 것이다!

바오바브나무의 거리
'거꾸로 뒤집힌' 모양의 나무는 수백 년이 되었는데, 800년이나 된 것도 있다! 둘레가 45m에 이르는 나무도 있다.

이살루 국립 공원
이곳의 풍경은 사암 지형에서 나무 고사리가 즐비한 협곡, 폭포, 물웅덩이로 바뀐다.

일라카카 사파이어 광산
1998년에 사파이어가 처음 발견되었다. 보석 러시가 시작되고 40명이 살던 작은 마을이 6만 명이 거주하는 공간으로 커졌다. 사파이어가 세계에서 가장 많이 나온다.

마다가스카르

노지베 해변
말라가시어로 '빅 아일랜드'라는 뜻이지만, '일랑일랑'(열대 교목의 하나. 이 나무의 노란 꽃에서 향유를 채취함), 농장이 있어 '향수 섬'으로도 알려져 있다.

마하장가

아날라보리 간헐천
근처에 있는 아라고나이트 광산의 활동으로 이 간헐천이 실제로 뿜어져 나온다.

안타나나리보

안치라비

안톤고나
16세기, 바짐바족이 주변 땅보다 높은 이 절벽 꼭대기에 모여 살기 시작했다.

피아나란초아

차란노로 산괴
800m의 깎아지른 듯한 암벽은 전 세계의 암벽 등반가들을 불러들인다.

마하팔리 사람들의 무덤
마하팔리 사람들은 죽은 자를 기리기 위해 직사각형 무덤 주변에 나무로 조각한 기둥을 세웠다. 마다가스카르 남쪽에서 볼 수 있다.

앙카라나 동굴
석회암 지대에 폭우가 내려 땅속을 흐르는 강, 우묵 팬 땅, 동굴이 생겨났다.

마로모코트로산
마다가스카르에서 가장 높은 산. 강의 주요 원천이며 이따금 산 정상이 눈으로 덮여 있을 때도 있다.

노지 만게이브
이 열대 섬에는 멸종 위기에 처한 '아이아이원숭이'가 산다. 이 여우원숭이는 발가락이 무척 길다.

자하메나 국립 공원
112종 이상의 새가 있다. 그중 67종은 마다가스카르 고유의 새이다.

마소알라 국립 공원
산호초에서 열대 우림에 이르기까지, 마다가스카르의 다양한 생물 중 50%가 이곳에서 발견된다.

노지 알라냐 등대
높이가 60m나 되는 등대로, 아프리카에서 가장 높다. 작은 프루네르섬에 배가 좌초하지 않도록 이 등대를 세웠다.

토아마시나

로바 알라소라
메리나 왕 '안드리아마넬로'는 왕가를 보호하기 위해 1540년에 이곳에 요새를 지었다. 오늘날에는 그 흔적만 남아 있다.

라노마파나 국립 공원
고온 다습한 열대 우림. '황금대나무 여우원숭이'를 비롯해 세계에서 희귀한 여우원숭이 종들이 산다.

라노마파나 온천
라노마파나 국립 공원에 있는 천연 온천.

알베르 라코토 라치마망가
1907–2001년
마다가스카르 고유 식물의 약용 특성을 밝히기 위해 노력한 과학자였다.

알리 카메
1984년–
올림픽 10종 경기 선수. 아프리카 선수권 대회에서 금메달을 땄다.

마다가스카르 슬림
1956년–
'포크 앤 블루스' 기타리스트. 2000년에 '캐나다 올해의 월드 뮤직 앨범'을 수상했다.

지젤 라베사할라
1929–2011년
마다가스카르 최초로 장관에 오른 여성. 인권 투쟁에 평생을 바쳤다.

해적 묘지
해적들이 죽으면 이곳에 묻혔다.

암보디포타트라
작은 골목 마을은 생트마리섬의 중심지로, 마다가스카르에서 가장 오래된 교회가 있다.

파이러트 만의 난파선
생트마리섬 해안에는 해적 난파선이 많다. 그 안에는 보물이 가득 담겨 있다고 전해진다.

안도알로 플레이스
도시 최초의 시장이자 왕실 공식 행사장이었다.

여왕의 궁전
라나발로나 1세를 위해 디자인된 이 성채에는 17세기와 18세기에 메리나 왕들이 살았다.

암보히망가
왕실 언덕에는 메리나 왕족이 살았다. 이곳에서 무덤이 많이 발견되었다.

주요 사항	사랑, 조국, 진보		
수도 안타나나리보	**화폐** 아리아리		**국가 코드** MG
대도시 안타나나리보 토아마시나 안치라비 피아나란초아 마하장가	**이름의 유래** 말라가시어 '마다가시카라'		**공식 언어** 말라가시어, 프랑스어
인구 2696만 명 (2019, 세계 은행)	**꽃** 국화는 부채잎파초. 유명한 꽃은 포인시아나		**새** 물수리

케냐

역사적 순간들

기원전 600만 년 : 초기 인류의 하나인 호미니드 오로린 투게넨시스가 케냐의 투겐 언덕에 살았음.

기원전 180만 년 : 호모 에렉투스가 투르카나 호수 지역에서 도구를 사용하기 시작함.

기원전 2000년 : 유목민들이 에티오피아에서 케냐에 도착함.

기원전 2500-기원전 1500년 : 사하라 사막 이남 아프리카의 반투족이 케냐에 도착해 금속을 사용하기 시작함.

서기 900년 : 이슬람교를 믿는 사람들이 몸바사에 정착함. 이로써 스와힐리어 문명이 시작됨.

1498년 : 포르투갈 사람들이 도착해 몸바사에 해군 기지를 건설하고 아랍 지배력을 약화시킴.

1840년대 : 독일 선교사이자 탐험가 요한 크라프와 요하네스 레브만이 유럽인 최초로 킬리만자로산과 케냐산을 발견함.

1890-1895년 : 케냐와 우간다가 영국의 지배를 받아 영국령 동아프리카로 알려짐.

1963년 : 케냐가 독립 국가가 됨. 조모 케냐타가 초대 총리에 오름.

2013년 : 조모 케냐타의 아들 우후루 케냐타가 대통령 선거에서 가까스로 승리를 거둠.

2015년 : 고고학자들이 로메크위에서 석기 도구를 발견함. 330만 년 된 것으로 추정되는 이 도구는 지금까지 발견된 가장 오래된 도구임.

2017년 : 전국적으로 심한 가뭄이 들어 국가 재난을 선포함.

주요 사항 — 함께 협력하자

수도 나이로비

대도시 나이로비, 몸바사, 키수무, 나쿠루, 엘도레트

인구 5400만 명 (2020, 세계 은행)

화폐 실링

이름의 유래 아프리카에서 두 번째로 높은 산, 케냐산

꽃 난초

국가 코드 KE

공식 언어 스와힐리어, 영어

새 분홍가슴파랑새

우간다

케냐산 케냐에서 가장 높은 산인 킬리만자로산 다음으로 아프리카에서 높은 산이다. 화산 활동 기록이 없는 사화산이다.

올 페제타 보호 구역 운이 좋은 사파리 방문객은 이 구역에서 코끼리, 사자, 표범, 코뿔소, 케이프버팔로 등 '빅 5'를 볼 수 있다.

에와소니로강 건조한 북쪽에 있는 이 강은 몰려드는 동물들에게 생명을 불어넣는다. 나일악어에게 특히 인기가 높다.

나쿠루 호수 국립 공원 멸종 위기에 처한 로스차일드기린, 코뿔소, 사자, 표범, 하마가 살고 있다.

그레이트 리프트 밸리(동아프리카 열곡대) 지구의 지각이 움직이는 모습을 볼 수 있는 곳은 거의 없다. 여기 케냐에서는 소말리아 판과 누비아 판이 갈라져 거대한 균열이 생기는 모습을 볼 수 있다.

키수무

나쿠루

카루루 폭포 케냐에서 가장 높은 폭포. 3단으로 높이가 273m에 이른다. 무성한 녹색 숲이 폭포를 둘러싸고 있다.

나이로비

나이바샤 호수 조류 관찰자들의 천국이다. 두루미, 아프리카대머리황새, 가마우지와 펠리컨을 볼 수 있다. 숨어 있는 하마를 조심할 것!

마사이 마라 국립 보호 지역 매년 영양 수천 마리가 푸른 목초지를 찾아 이 사바나 평원을 가로지른다. 이를 '대이주'라고 한다.

마사이 문화유산 센터 마사이 부족의 문화와 유산을 보존하는 것은 물론, 인근 마을의 여성 장인들에게 일자리 제공을 목표로 한다.

암보셀리 국립 공원 킬리만자로산을 배경으로, 메마른 평원을 가로지르는 야생 코끼리 무리를 지켜보자.

탄자니아

조모 케냐타
1897년경-1978년
케냐의 독립을 위해 싸웠던 반식민주의자. 1963년에 초대 총리, 1964년에 대통령이 되었다.

왕가리 마타이
1940-2011년
빈곤을 줄이고 환경을 보호하는데 기여한 공로로 노벨 평화상을 받은 최초의 아프리카 여성이다.

사바나와 항구, 케냐에 오신 것을 환영합니다!

인도양 쪽 해안선을 통해 케냐로 들어온 외국인들은 이 땅을 호시탐탐 노렸습니다. 포르투갈, 중국, 영국, 아랍인이 이 항구가 무역의 보물 창고라는 사실을 알았기에 모두 이 땅에 대한 소유권을 주장했어요. 하지만 이곳 해안이 외부인을 끌어들이기 수백만 년 전부터 케냐는 최초 인류의 고향이었어요. 투르카나 지역에서 석기 시대 도구가 발견됨으로써 그 사실이 밝혀졌지요.

이런 모든 인간의 활동 외에도 케냐는 세계에서 가장 아름다운 야생 동물의 고향입니다. 국립 공원과 보호 구역에는 흰색과 검은색 코뿔소, 코끼리, 사자, 호랑이, 버펄로, 표범, 기린, 하마, 나일악어, 심지어 멸종 위기에 처한 영양까지 살고 있습니다. 영양은 매년 케냐 평원을 가로질러 이동합니다. 케냐에는 기린과 함께 아침 식사를 할 수 있는 곳도 있답니다. 야생 동물이 장관을 이루는 나라답게 이곳 풍경은 정말 놀랍습니다. 샤얌 협곡, 깎아지른 듯 떨어지는 폭포, 활동을 멈춘 사화산, 드넓게 펼쳐진 사바나, 지각이 움직이는 것을 볼 수 있는 계곡이 모두 여기에 있습니다. 케냐에 가면 인생 사진을 건질 수 있을 거예요.

삼부루 국립 보호 구역
어미 잃은 오릭스 송아지 6마리 이상을 데려다가 키운 것으로 유명한 암사자가 이곳에 살았다.

기린 호텔
조심! 이 호텔에서는 기린이 간식을 달라며 창문으로 고개를 쭉 내민다!

보마스 오브 케냐
아프리카의 가장 큰 강당에서는 50가지 이상의 전통 음악과 춤을 공연한다.

나이로비 사파리 워크
이곳에서 치타, 흰코뿔소, 표범, 사자를 바라보며 산책해 보자!

야타 고원
이곳은 평범한 고원이 아니다. 세계에서 가장 크고 가장 긴 용암이 흐른다!

다프네 셸드릭
1934-2018년
야생 동물의 생명을 구하고 치료하는 데 평생을 바쳤다. 어미 잃은 코끼리와 코뿔소를 먹이기 위해 분유를 개발했다.

엘스게이트 협곡
강이 우뚝 솟은 석회암 절벽 사이 좁은 틈을 지나가기 때문에 이런 이름이 붙었다.

라무
섬의 건축 양식과 예술성이 혼합되어 과거의 이야기를 들려준다. 아랍, 인도, 중국의 영향을 받았다는 것을 확인할 수 있다.

루가드 폭포
갈라나강의 바위 위로 떨어지는 급류.

히롤라 영양
히롤라는 세계에서 가장 희귀한 영양이다. 눈 아래 시커먼 다크서클이 있어서 '네 눈 영양'이라고도 한다.

데이비드 루디샤
1988년-
육상 선수. 800m 기록이 1분 41초였다. 2012년과 2016년 올림픽 챔피언이자 2011년과 2015년 세계 챔피언이다.

마라파 협곡
이 사암 협곡은 수세기에 걸쳐 바람과 비에 깎여 분홍색, 주황색, 흰색 봉우리로 차게 되었다.

말린디
1873년에 노예 제도가 폐지될 때까지 300년 동안 상아와 노예를 거래하는 항구였다. 지금은 해변을 사랑하는 관광객들에게 인기가 높다.

몸바사 해양 공원
열대 바다와 산호초는 다이빙과 스노클링을 하기에 안성맞춤이다.

몸바사

예수 요새
400년 된 요새. 포르투갈 사람들이 인도로 가는 무역로에서 항구를 보호하기 위해 지었다.

리처드 투레레
2000년-
사자가 집에서 기르는 가축을 잡아먹지 못하도록, 손전등을 들고 걷는 사람의 모습을 딴 조명 시스템을 발명해 사자를 쫓아냈다.

디아니 해변
청록색 바닷물을 자랑하는 드넓은 백사장이 있다. 아프리카 최고의 해변으로 선정되었다.

역사적 순간들

200년: 서부 아프리카와 중부 아프리카에 살던 반투족이 현재 모잠비크로 알려진 지역으로 이동함.

1000년대: 경작 생활을 하던 쇼나족이 세운 쇼나 제국이 짐바브웨에서 오늘날의 모잠비크로 확장함.

1498년: '바스쿠 다 가마'가 이끄는 포르투갈 탐험대가 모잠비크 해안에 도착함.

1400-1600년대: 포르투갈 사람들이 요새와 교역소를 건설함. 유럽 정착민들이 해안에서 내륙으로 들어감.

1700년대-1800년대: 모잠비크는 세계에서 가장 큰 노예 무역 중심지가 됨.

1842년: 포르투갈이 노예 무역을 금지했지만 비밀리에 계속 노예를 거래함.

1930-1960년대: 포르투갈인은 무역 회사를 해체하고 모잠비크를 직접 통치하기로 결정함. 수천 명의 포르투갈 정착민이 모잠비크로 몰려옴.

1975년: 포르투갈 지배를 끝내기 위한 수년간의 투쟁 후, '모잠비크 해방전선'이 국가의 독립을 획득하고 여당이 됨.

1977-1992년: 모잠비크 해방전선 정부와 권력을 원하는 야당 반군 사이에 내전이 일어남.

2001년: 잠베지 계곡 홍수로 7만 명에 가까운 사람들이 집을 잃음.

2013년: 정부군과 반군 사이에 다시 전투가 일어남. 폭력 사태로 수천 명이 고향을 떠남.

모잠비크

주요 사항 | 투쟁은 계속된다

수도	화폐	국가 코드
마푸투	메티칼	MZ

대도시	이름의 유래	공식 언어
마톨라 마푸투 남풀라 베이라 시모이오	이곳 해안에 와서 정착한 아랍 상인 '마사 빈 비키' 또는 '알 비키'	포르투갈어

인구	꽃	동물
3100만 명 (2020, 세계 은행)	벨빈 	아프리카 코끼리 

조아킹 시사누 1939년-
1986년부터 2005년까지 모잠비크 대통령. 민주주의를 가져온 것으로 인정받고 있다.

마리아 무톨라 1972년-
800m 육상 선수. 모잠비크 최초 올림픽 금메달리스트 세계선수권대회에서 3번 우승했다.

카호라바사 호수와 댐
아프리카에서 네 번째로 큰 인공 호수. 1974년 잠베지강에 거대한 댐을 건설한 뒤에 생겨났다.

라이온 하우스
원래 고롱고사 공원을 찾아온 방문객들이 동물을 볼 수 있도록 지은 오두막. 홍수로 버려지자 사자들이 들어와 살게 되었다.

차이나마페레 암벽화
수천 년 전에 그린 것으로 추정되는 이 고대 암벽화에는 동물과 인간의 모습이 있다.

그란데 호텔 오브 베이라
1954년에 지은 아르데코 양식의 건축물. 올림픽 규모의 수영장을 갖췄다. 이 고급 호텔은 1974년에 문을 닫았으며 이후 불법 거주자들이 차지하고 있다.

자연사 박물관
이곳에 가면 토착 동물들이 녹색 물웅덩이에서 물을 마시는 박제된 모습을 볼 수 있다.

툰두루 식물원
분주한 마푸투에 자리 잡은 녹색 오아시스. 열대의 열기를 잠시나마 피할 수 있는 아기자기한 장소다.

마푸투 중앙 시장
1200여 년 전, 포르투갈 식민지 시절에 생긴 시장. 수많은 노점이 거리를 가득 메우고 있다.

인하카섬
7000년 전까지만 해도 본토의 일부였다. 현재는 마푸투에서 50km 떨어져 있다.

폰타 두 모후의 돌고래
남아프리카공화국과 접한 국경 바로 북쪽, 사람들은 돌고래를 보러 이곳을 찾는다.

시모이오

마톨라

마푸투

탄자니아

니아사 국립 보호 구역
모잠비크에서 가장 큰 보호 구역으로, 멸종 위기에 처한 아프리카들개 350마리가 살고 있다.

나물리산
해발 2419m로, 모잠비크에서 두 번째로 높은 산이다. 700m의 화강암 절벽이 인상적이다.

마부 숲
주민들은 수세기 동안 이 오래된 열대 우림을 알고 있었다. 하지만 과학자들은 2005년에서야 알게 되었다!

쿠이림바스 국립 공원
이 작은 군도에 있는 12개 주요 섬은 부드러운 백사장과 아름다운 산호초로 유명하다. 이곳에서 스노클링을 즐겨 보자.

남풀라

모잠비크섬의 스톤 타운
이 작은 섬은 한때 포르투갈령 동아프리카의 수도였다. 인상적인 방어 요새가 있는 스톤 타운은 식민지 본부였다.

모잠비크섬의 마쿠티
스톤 타운의 포르투갈 식민지와 달리, 모잠비크의 다른 도시는 전통적인 초가집이 대부분이다.

고아섬
1876년, 배가 좌초하는 것을 방지하기 위해 이 작은 섬에 커다란 사각형 등대를 세웠다.

고롱고사 국립 공원
모잠비크 내전으로 사자, 하마, 영양 같은 큰 포유류의 수가 크게 줄었다가 다시 늘고 있다.

산타 캐롤리나
이 작은 섬에서는 열대 지방의 경이로운 모습을 볼 수 있다.

뱅게라섬
군도에서 두 번째로 큰 섬. 주변 해역에서 전통 보트를 볼 수 있다.

수족관
바자루토섬에 있는 천연의 암초 웅덩이로, 열대어와 완벽한 스노클링 조건 때문에 이런 이름을 얻었다.

마란가타나 응웬야
1936-2011년
화가이자 시인. 평범한 사람들의 투쟁과 모잠비크의 독립 추구에 영감을 받아 그림을 그리고 시를 썼다.

클라리스 마칸구아나
1976년-
농구 선수. 미국 여자프로농구(WNBA)와 스페인 내셔널리그에서 활약했다.

베이라

마쿠티 등대와 난파선
버려진 등대 바로 아래에 놓인 이 녹슨 난파선 위를 걸어 보자. 극적으로 보이지만, 이 배는 방파제로 사용하기 위해 일부를 물에 빠뜨린 것이다.

마니이케니
12-17세기 고고학 유적지에서는 유리구슬과 조개껍데기가 발견되었다. 이곳 정착지에서 해안 마을과 교역을 했다는 걸 추측할 수 있다.

포메네 자연 보호 구역
이 작은 해양 보호 구역은 깨끗한 맹그로브 하구와 예쁜 석호를 보호한다. 희귀한 '듀공' 해양 포유류도 볼 수 있다.

토포 해변
넓은 모래사장 너머로 거대한 쥐가오리, 돌고래, 고래상어, 혹등고래를 볼 수 있다.

루이사 디오고
1958년-
모잠비크 여성 최초로 총리직에 올랐다. 경제학자로 명성이 높다.

아름다운 해변, 역사적인 섬 요새, 야생 동물 보호 구역

아름다운 열대 해안선을 자랑하는 동아프리카 국가 모잠비크는 수세기 동안 상인과 여행자의 관심을 끌었습니다. 16세기에는 포르투갈이 이곳에 대규모 무역 식민지를 세웠어요. 작은 모잠비크섬은 아프리카 제국의 수도가 되었기에, '스톤 타운'의 방어 요새에 가면 식민지 시대의 무너져 가는 폐허를 지금도 볼 수 있어요.

모잠비크가 1970년대에 포르투갈 지배에서 벗어나 독립을 이루었습니다. 하지만 수년간의 내전과 폭동을 겪고 정당들은 지속가능하고 일 잘하는 정부를 세우기 위해 애를 썼습니다. 모잠비크는 많은 사람이 빈곤 속에 살고 있는 가난한 나라입니다. 하지만 내전의 종식으로 관광 산업이 성장하고 있어요.

동물 개체수가 다시 늘어나고 있으며, 고롱고사 국립 공원과 니아사 국립 보호 구역 같은 곳에서는 코끼리, 멸종 위기에 처한 아프리카들개, 하마, 사자, 야생 버펄로를 볼 수 있습니다.

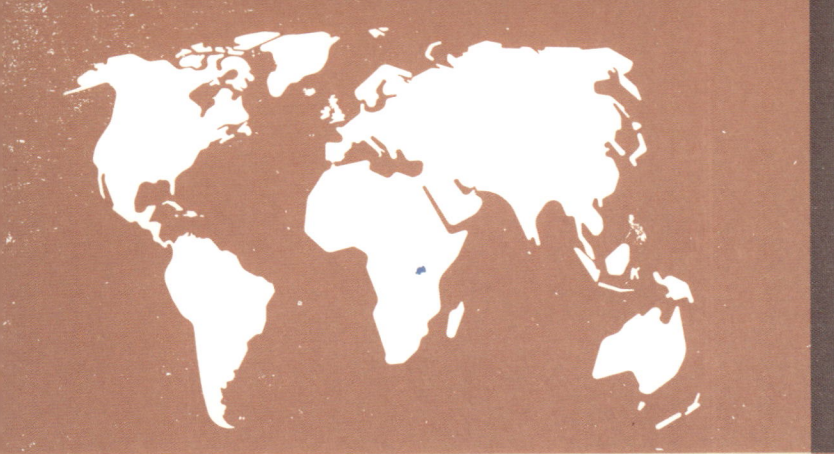

역사적 순간들

기원전 1만 년 – 기원전 3000년 : 트와족이 이주함.

서기 5–11세기 : 후투족이 들어와 농사를 짓기 시작함.

14세기 : 투치족이 이주하기 시작함. 뛰어난 전투력을 발휘해 중요한 부족으로 자리 잡음.

19세기 : 투치족 왕 '키게리 4세'가 르완다 왕국의 경계를 설정함.

1899년 : 독일 제국이 르완다를 식민지로 삼음. 독일령 동아프리카로 알려짐.

1916년 : 벨기에 군대가 르완다를 침공해 점령함.

1946년 : 국제 연합(UN)은 벨기에가 르완다를 신탁 통치하도록 선언함. 투치족 왕이 간접적으로 통치함.

1962년 : 르완다는 공화국을 선포함. 그레구아르 카이반다 후투족 대통령 아래 독립국이 됨.

1990년 : 우간다에서 투치족 반란군이 르완다를 침공해 정치적 권리를 요구함.

1994년 : 후투족 극단주의자들이 투치족 수십만 명을 살해함. 인종 청소로 알려짐.

2001년 : 후투족과 투치족을 하나의 르완다 국민으로 통합시키고자 새로운 국기와 국가가 발표됨.

2018년 : 르완다는 정부 각료의 구성에서 남녀평등 균형을 유지한 두 번째 아프리카 국가가 됨.

비소케산
이 화산은 1957년에 마지막으로 분화했다. 현재는 안전해서 정상까지 걸어가며 아름다운 분화구 호수를 볼 수 있다.

무쌍즈 동굴
수백만 년 전에 용암이 흘러내려 생겨난 동굴 지대. 르완다에서 가장 큰 동굴로, 길이가 2km가 넘고 박쥐 수천 마리가 산다.

카리심비산
비룽가산맥에서 가장 높은 산. 건기에도 산봉우리가 눈으로 덮여 있다.

냐뭄바 온천
거품이 있는 이 뜨거운 물웅덩이에 특별한 치유력이 있다고 한다.

푼다 다원
이 농장은 수확이 한창일 때는 하루에 90톤의 차를 만든다.

루앵게리

기세니

기슈와티무쿠라 국립 공원
적극적인 보호 프로그램 덕분에 삼림 벌채꾼들한테 공원을 구하고 황금원숭이, 침팬지, 새들이 안전하게 살 수 있게 되었다.

카리소케 연구 센터
마운틴고릴라의 생존을 위해 평생을 바친 동물학자 다이앤 포시의 유산이 이곳에 전시되어 있다.

키부 호수
르완다에서 가장 큰 호수. 아름답게 보일지 모르지만 좋은 냄새가 나지는 않는다 물속 메탄가스의 농도가 너무 짙기 때문이다.

기타라마

웅다바 폭포
전설에 따르면, 100m 아래 웅덩이로 떨어지는 폭포수가 한때 꿀이었다고 한다. 이 때문에 숲에 사는 사람들은 이 폭포를 무척 좋아했다.

키부예(카롱기)
우리는 르완다가 내륙에 있다는 걸 알고 있다. 하지만 카롱기는 키부 호숫가 모래사장 때문에 해변이 유명하다.

왕궁과 르웨세로 박물관
무타라 3세를 위한 궁전이었다. 현재 현대 미술관이 자리 잡고 있다.

기수마
2009년에 여성 56명이 모여 커피콩 재배 집단을 만들어 삶을 개선하기로 했다. 오늘날 이곳에서 생산한 커피콩은 전 세계로 팔려 나간다.

뉴웨 국립 공원
'캐노피 워크'라고도 하는 이 공원의 나무 사이를 걷다 보면 침팬지와 눈이 마주치게 된다.

후예(바타레)

후예(바타레 타운)
이 대학 도시에는 아프리카 대륙에서 가장 많은 학생이 산다.

르완다

천 개의 언덕에 오신 것을 환영합니다!

르완다는 최근 끔찍한 폭력의 역사를 극복하고 아프리카 대륙에서 진보와 평화의 등대가 되었습니다. 수도 키갈리에 있는 '제노사이드 메모리얼'처럼 과거 잔학 행위를 엄숙하게 떠올리게 하는 곳도 있지요. 오늘날 르완다 사람들은 낙천적으로 생각하며 자부심을 가지고 앞으로 나아가고 있습니다.

르완다 사람들이 조국을 자랑스러워하는 건 당연할지도 몰라요. 르완다는 세계에서 가장 큰 영장류 마운틴고릴라를 볼 수 있는 유일한 곳이랍니다. 또한 거대한 담수 호수, 용암이 깎아 만든 거대한 동굴, 검은코뿔소·얼룩말·기린·코끼리 등이 살아가는 사바나, 눈 덮인 화산 봉우리도 볼 수 있어요.

마을, 박물관, 시장에는 전통문화가 살아 숨 쉬고 있어요. 이곳에 찾아가서 음악과 춤의 중요성, 직조, 바구니 만들기, 도자기 같은 공예품을 포함한 일상생활에 대한 모든 것을 한번 배워 보세요.

르완다는 커피콩 생산, 모험 관광 같은 경제적 노력과 민주주의와 평화를 보장하기 위해 함께 애쓰며, 과거에 얽매이지 않고 미래에 초점을 맞춘 국가임을 세계에 보여 주고 있어요.

이비이와쿠 문화 마을
이곳 주민들은 방문객들에게 춤, 노래, 음식, 천연 의약품 등 르완다의 관습과 전통을 소개한다.

사비뇨산
산 정상의 들쭉날쭉한 봉우리 때문에 현지인들 사이에는 '노인의 이빨'로 불린다.

화산 국립 공원의 마운틴고릴라
멸종 위기에 놓인 마운틴고릴라들이 자연 서식지에서 안전하게 지낼 수 있는 지구상 유일한 장소이다.

브뭄바

부레라 호수와 루혼도 호수
이 쌍둥이 호수에는 하마와 악어가 없다. 그래서 수영하기에 아주 완벽한 곳이다.

키갈리

대통령궁과 미술관
대량 학살 이전에는 대통령이 이곳에 살았다. 지금은 대통령이 어떻게 살았는지 보여 주는 박물관이 되었다.

제노사이드 메모리얼
대량 학살로 80만 명이 넘는 사람들이 목숨을 잃었다. 너무 끔찍해 상상할 수 없을 정도다. 희생자를 기리기 위해 이 기념관을 세웠다.

키미론코 시장
수도 키갈리에서 가장 번잡한 시장. 과일과 채소에서 직물, 중고 의류, 여행용 장신구에 이르기까지 안 파는 게 없다.

사바나 평원의 야생 동물 사파리
코끼리, 버펄로, 영양, 얼룩말, 기린, 원숭이, 표범, 하이에나, 사자, 살쾡이, 코뿔소를 찾아보자.

이헤마 호수
공원에서 가장 큰 이 호수는 인기 있는 낚시터다. 방문객들은 보통 하마와 악어를 보는 걸 더 즐거워한다!

무윰부 캠프장의 조류 관찰
붉은 얼굴의 오색조, 갈색목위버(베짜기새), 회색왕관두루미, 아프리카지느러미발을 찾아보자.

아그네스 비나과호
소아과 의사. 어린이의 건강을 개선한 공로를 인정받아 상을 받았다.

장 드 디에우 은쿤다베라
휠체어 운동선수. 르완다 최초의 올림픽 메달리스트이다. 2004년 아테네에서 800m T46 스프린트에서 동메달을 땄다.

앙투아네트 우위마나
여성 인권을 위한 노력을 아끼지 않았다. 7만 5000명이 넘는 르완다 여성의 삶을 개선하는 데 힘을 보탰다.

앙리 냐카룬디
1977년-
르완다는 전기 사정이 안 좋다. 냐카룬디는 한 번에 최대 80대의 휴대 전화를 충전할 수 있는 태양열 키트를 발명했다.

지미 게이트트
1982년-
축구 선수. 2004년 아프리카 네이션스컵에서 골을 넣은 덕분에 르완다가 최초로 본선에 진출할 수 있었다.

주요 사항	통합, 노동, 애국	
수도 키갈리	**화폐** 프랑	**국가 코드** RW
대도시 키갈리, 후예(바타레), 기타라마, 루헹게리, 기세니, 브뭄바	**이름의 유래** 룬디어 '르완다'에서 유래 르완다는 '크다'는 뜻임	**공식 언어** 키냐르완다어, 프랑스어, 영어, 스와힐리어
인구 약 1300만 명 (2020, 세계 은행)	**꽃** 붉은 장미	**새** 슈빌 

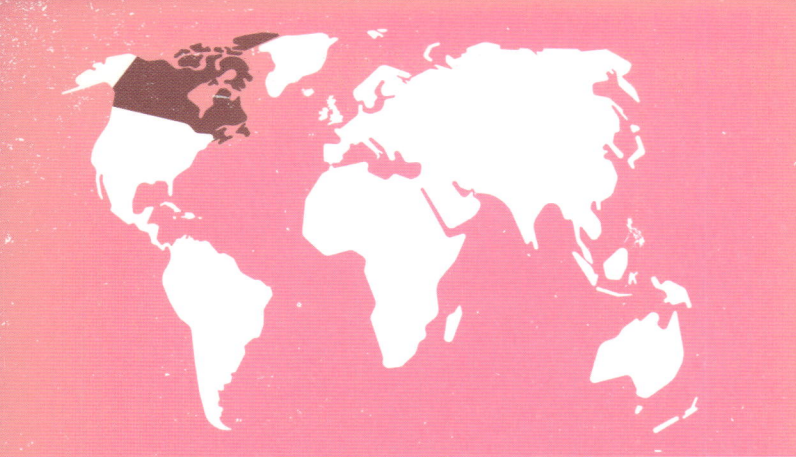

모두를 위한 야생의 땅에 오신 것을 환영합니다!

이 드넓은 야생의 나라는 러시아 다음으로 큰 나라입니다. 눈 덮인 산맥, 거대한 담수 호수, 무스 떼, 사향소, 힘센 곰, 육중한 들소, 날렵한 살쾡이, 갉아먹는 비버 등 야생 동물이 있는 숲이 끝없이 펼쳐져 있습니다. 스키, 하이킹, 카약, 카누, 암벽 등반 등 야외에서 할 일도 무궁무진하다 보니 캐나다의 도시 역시 흥미롭다는 사실을 깜빡하기도 하지요.

16세기와 17세기에 프랑스와 영국 탐험가들은 이 땅을 식민지로 삼기 위해 경쟁했습니다. 캐나다는 프랑스, 영국 역사와 관련이 깊습니다. 또한 오늘날 캐나다는 가장 강력한 다문화 국가이지요.

캐나다 사람들은 격렬하고 속도감 있게 진행되는 겨울 스포츠, 하키 경기를 무척 즐깁니다. 그러나 아이스링크 밖에서 캐나다인은 친절하고 평화를 사랑하는 것으로 유명하지요.

역사적 순간들

기원전 3만 년-기원전 1만 5000년 : 팔레오-인디언이 시베리아에서 캐나다 유콘과 미국 알래스카 지역으로 건너옴.

서기 796년 : 치페와족, 오타와족, 포타와토미족이 삼화 연맹을 맺음.

1450년경 : 호데노소니 연맹이 맺어짐. 오대호 연안의 5개 민족이 하나로 모임.

1497년 : 영국의 지원을 받은 이탈리아 탐험가 존 캐벗이 뉴펀들랜드를 탐험해 영국 영토로 선언함.

1534년 : 프랑스 탐험가 자크가 세인트로렌스강을 프랑스 영토로 선언함.

1608년 : 퀘벡시가 생겨남. '뉴 프랑스'의 수도가 됨.

1763년 : 7년 전쟁에서 패배한 프랑스가 캐나다 영토를 영국에 넘김.

1857년 : 빅토리아 여왕이 오타와를 캐나다의 새로운 수도로 선언함.

1867년 : 캐나다 자치령이 생겨남.

1914년 : 캐나다가 영국군에 합류해 제1차 세계 대전에 참전함.

1931년 : 캐나다에 대한 영국 의회의 권한이 종료됨.

1939년 : 캐나다가 독일에 전쟁을 선포하고 제2차 세계 대전에 참전함.

1965년 : 흰색 바탕에 붉은 단풍잎이 캐나다의 국기가 됨.

1982년 : 엘리자베스 2세가 캐나다 최초의 독립 헌법에 서명함.

2010년 : 캐나다 밴쿠버에서 동계 올림픽이 열림.

2014년 : 캐나다 연구소에서 에볼라 바이러스 퇴치 백신을 만듦.

로베르타 본다
1945년-
캐나다 최초의 여성 우주 비행사이자 신경과 전문의. NASA에서 10년 넘게 우주 의학 책임자로 활동했다.

캘거리 스탬피드
이곳에 가면 황소 타기, '배럴 레이싱' 같은 로데오 행사와 더불어 서부 캐나다 문화를 즐길 수 있다.

밴프 국립 공원
이 국립 공원은 빙하, 빙원, 침엽수림, 모레인 호수의 아름다운 청록색으로 유명하다.

와누스키윈 역사 공원
원주민의 문화와 역사 중심지. 북부 평원에서 살아온 사람들의 6000년 역사를 고스란히 보여 준다.

카필라노 연수교
카필라노강과 울창한 숲 위에 있는 다리. 이 위를 걸을 때는 난간을 꽉 잡도록!

스탠리 공원
밴쿠버에서 가장 큰 공원. 50만 그루의 나무가 있다! 할로 트리는 600-800년 된 나무 그루터기로, 코끼리가 그 안에 들어갈 수 있을 정도라고 한다.

그라우스산
겨울이 되면 스키, 스노보드, 스케이트를 타기 위해 몰려든다. 여름에는 등산객들이 산책로를 걸어 다닌다.

태평양

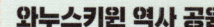
캘거리

밴쿠버

스포티드 호수
매년 여름이면 이 호수의 물이 대부분 증발해 수백 개의 둥근 웅덩이만 남는다. 토양의 광물질 성분에 따라 색이 달라진다.

공룡 주립 공원
이곳에서 60여 종의 공룡 화석이 발견되었다.

로라 시코드
1775-1868년
1812년에 벌어진 전쟁에서 미국의 공격이 임박했다는 사실을 영국, 캐나다, 아메리카 원주민 군대에 알리기 위해 32km를 걸어갔다.

웨인 그레츠키
1961년-
아이스하키 선수. 북미아이스하키리그 역사상 최고 득점을 기록했다.

미국

캐나다

테리 폭스
1958-1981년
암으로 오른쪽 다리를 잃은 후, 암 연구 기금 모금을 위해 캐나다 동부 해안에서 서부 해안까지 달리기를 시작했다. 143일 후 암이 재발해 달리기를 멈출 수밖에 없었다.

루이 리엘
1844-1885년
메티스(프랑스계와 원주민의 혼혈)의 권리와 문화를 수호하는 지도자이자 정치가. 메티스의 땅을 지키기 위해 반란을 주도했다.

주요 사항		바다에서 바다로	
수도 오타와	**화폐** 캐나다 달러	**국가 코드** CA	
대도시 토론토 몬트리올 밴쿠버 캘거리	**공식 언어** 영어, 프랑스어		
인구 3774만 명 (2020, 외교부)	**나무** 단풍나무	**새** 캐나다어치	

토론토 타워
통신 및 관측 타워. 서반구에서 지지대 없이 단독으로 서 있는 가장 높은 구조물이다.

나이아가라 폭포
캐나다와 미국에서 나이아가라 폭포를 볼 수 있다. 캐나다 쪽에 있는 호스슈 폭포는 북아메리카에서 가장 웅장하다.

토론토
세계에서 가장 다양한 문화가 있으며, 평화로운 도시이다.

몽로얄 공원
정상에 오르면 도시의 멋진 전망을 감상할 수 있다. 맑은 날에는 미국의 애디론댁산맥까지 볼 수 있다.

매니토바의 북극곰 관찰 마을
북극곰 수백 마리가 사냥을 위해, 툰드라에서 허드슨만의 빙판을 향해 나아가는 모습을 볼 수 있다.

휴런 호수
호수 안에 섬이 3만 개 이상 있다. 그중 매니튤린섬은 세계에서 가장 큰 담수 섬이다.

올드 몬트리올
프랑스 모피 상인들은 400년 동안 몬트리올의 항구를 이용했다. 1642년에 몬트리올은 프랑스의 정착지가 되었다.

라방키즈 레스토랑
쭉쭉 늘어나는 치즈와 감자튀김, 그리고 진한 그레이비 소스를 먹을 준비가 되었나? 이 몬트리올 레스토랑에는 30가지가 넘는 다양한 '푸틴'(퀘벡 전통요리, 갓 튀긴 감자튀김 위에 치즈 커드와 뜨거운 그레이비 소스를 얹어 먹는다.)이 있다.

올드 퀘벡
1608년에 유럽인이 처음 건설했다. 이 시기부터 요새를 보존해 왔다.

리도 운하
오타와와 온타리오 호수, 세인트로렌스강을 연결하는 이 운하는 겨울에 꽁꽁 얼어 스케이트 링크를 이룬다.

오타와
캐나다의 수도로, 세계에서 7번째로 추운 수도다!

란세오메도스 국립 역사 지구
11세기 바이킹족이 건설한 식민지 유적. 잔디를 입힌 목조 건물에서 출토된 유적들은 그린란드와 아이슬란드 지역에서 발견된 것과 비슷하다.

대서양

세인트 존스
다채로운 해안가 주택들은 마을의 독특한 기상과 주민들의 창의적인 마음을 담아낸다.

펀디만
매일 1600억 톤 이상의 물이 펀디만을 오가며 세계에서 가장 높은 조수를 만들어낸다. 이곳에 가면 고래도 볼 수 있다!

미국

미겔 이달고
1753-1811년
미겔 신부는 멕시코 사람들이 스페인의 통치에서 벗어나야 한다고 믿었다. 멕시코 독립 전쟁의 지도자로 활약했기에 '멕시코 독립의 아버지'로 평가 받는다.

티후아나

시우다드 후아레스

소치밀코 운하
소치밀코에 가면 물 위에 떠 있는 정원을 따라 다채로운 바지선이 오고가는 조용한 운하를 볼 수 있다.

센트로 히스토리코
멕시코시티 중심부에는 아즈텍 사원 유적, 라틴 아메리카에서 가장 오래된 성당, 대리석 외관과 금색 기와가 눈에 띄는 극장이 있다.

판초 비야
1878-1923년
멕시코의 로빈 후드. 가난한 사람들의 권리를 위해 싸운 혁명 지도자였다.

산이그나시오 연안 석호
겨울에 가면 동태평양 회색고래를 볼 수 있다.

구리 협곡
서로 연결된 협곡 6개를 하나로 합치면 미국의 그랜드 캐니언보다 더 크다.

국립 인류학 박물관
60만 점 이상의 유물을 자랑하는 박물관. 무게가 24톤이나 되는 '선 스톤'(태양을 닮은 원석)을 꼭 보자.

카보산 루카스 아치
태평양과 코르테스해가 만나는 바하캘리포니아 반도의 최남단에 위치한 아치 모양의 암석.

푸에르토 바야르타
산책길을 따라 걸어 보자. 해변과 도시를 즐길 수 있다.

모렐리아
분홍색 돌로 조각한 건물이 있는 도시는 흔치 않다. 분홍빛 채석장 석재가 모렐리아의 독특한 분위기를 연출한다.

치첸이트사의 마야 유적
춘분과 추분에 태양이 중앙 사원에 닿으면, 거대한 뱀이 스르르 미끄러지듯 지나가는 듯한 그림자가 생긴다.

히든 해변
기다란 터널을 헤엄쳐 가면, 수정처럼 맑은 물이 출렁이고 지붕의 구멍으로 햇빛이 비치는 비밀 해변을 만나게 된다.

과달라하라

테오티우아칸
고대 도시 유적지에 가면 운하, 궁전, 광장을 볼 수 있다.

멕시코시티

푸에블라

카바냐스 문화 회관
원래 병원으로 지었던 복합 단지는 현재 멕시코 현대 미술의 본거지가 되었다.

왕나비 생물권 보전 지역
매년 북아메리카에서 날아온 왕나비 수백만 마리가 이 보호 구역의 전나무에서 겨울을 보낸다.

오악사카
음식의 천국이다. 메뚜기 튀김 또한 인기 있는 길거리 음식이다!

과치몬토네스
풀로 덮인 이 계단식 피라미드는 2000년 전 테노치티틀란 문화의 유적지다.

아카풀코 절벽 다이빙
전문 다이버들이 40m에 이르는 높이의 '라 케브라다' 절벽에서 바다로 뛰어내리는 '죽음의 다이빙' 장면을 숨 죽여 지켜볼 수 있다. 절대 따라 하지 말 것!

우엔티틀란 협곡
도시 외곽에 협곡이 있다. 계곡 바닥까지 걸어가면 온천탕이 나온다.

태평양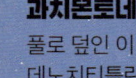

엘사 아빌라
1963년-
라틴 아메리카 여성 최초로 에베레스트산 정상에 올랐다.

프리다 칼로
1907-1954년
세계적으로 유명한 예술가. 멕시코 문화를 예술 작품의 영감으로 사용했다.

주요 사항	조국이 우선이다	
수도 멕시코시티	**화폐** 페소	**국가 코드** MX
대도시 멕시코시티 과달라하라 푸에블라 시우다드 후아레스 티후아나	**이름의 유래** 아즈텍족, 멕시카	**공식 언어** 스페인어
인구 1억 3020만 명 (2020, 외교부)	**꽃** 달리아 	**새** 크레스티드 카라카라 

고대 문화, 자연의 경이로움, 눈부신 도시의 나라에 오신 것을 환영합니다!

멕시코 하면 무엇이 떠오르나요? 반짝이는 청록색 바다를 자랑하는 해변 백사장인가요? 아니면 시장과 노점상에서 풍기는 매콤하고 신선하고 향긋한 음식 냄새? 아니면 수천 년 전의 문화와 경험에 대한 이야기를 들려주는 장엄한 고대 유적이 떠오른다고요? 그럼 고층 빌딩과 번화한 광장이 있는 현대적인 도시? 멕시코는 이 모든 것 그 이상입니다. 다채롭고 분주하고 시끄러우며 자부심도 강합니다.

멕시코처럼 생동감 넘치는 역사와 문화가 있는 곳도 드물어요. 하루는 고대 마야 사원을 탐험하고, 다음 날은 지하 석회암 터널을 통해 스쿠버 다이빙을 즐길 수 있어요. 정글과 산악 지대, 대도시와 마을도 찾아갈 수 있어요. 그걸로 충분하지 않다면 꼭 알아 두세요……. 멕시코는 초콜릿이 발명된 곳입니다!

역사적 순간들

기원전 1400년 : 올메카 문명이 태어남. 올메카 문명은 아메리카 대륙에서 꽃핀 최초의 정교한 문명으로 평가 받음.

기원전 1000-기원전 100년 : 마야 문명이 꽃핌. 마야인들은 신을 기리기 위해 피라미드를 세움.

서기 1000-1200년 : 마야 문명이 무너지고 아즈텍족이 멕시코에 도착함.

1325-1440년 : 아즈텍족은 테노치티틀란을 건설함. 아즈텍족이 세운 아즈테카 제국은 몬테수마 1세의 지도 아래 세력을 뻗어 감.

1517-1521년 : 스페인 탐험가들이 도착함. 에르난 코르테스는 아즈텍족을 물리치고 스페인의 영토로 선언함. 테노치티틀란에 멕시코시티가 세워짐.

1600년대 : 멕시코가 뉴스페인 식민지의 일부가 되고 스페인 정착민이 도착함.

1810-1821년 : 멕시코 독립 전쟁이 벌어져 스페인의 패배로 끝남. 멕시코는 공화국이 됨.

1846-1848년 : 멕시코와 미국이 텍사스를 놓고 전쟁을 벌임. 미국이 멕시코시티를 점령하고, 멕시코는 많은 땅을 포기하는데 동의함.

1917년 : 멕시코 헌법이 채택됨.

1929년 : 국가혁명당이 결성됨. 이후 70년 동안 권력을 장악함.

1985년 : 규모 8.1의 대지진이 멕시코시티를 강타해 1만 명이 넘는 사람이 사망하고 도시가 많이 파괴됨.

2000년 : 제도혁명당(국가혁명당에서 바뀐 이름) 출신이 아닌 빈센테 폭스가 대통령에 당선됨.

홀복스섬
플라밍고를 발견하거나 고래상어와 함께 헤엄칠 수 있는 최고의 장소.

도스 오호스 세노테
도스 오호스는 '두 개의 눈', 세노테는 '수직 동굴'을 뜻한다. 2개의 세노테는 커다란 동굴로 합쳐진다.

이슬라 무헤레스
마야 사람들은 이 섬을 출산과 의술의 여신에게 바치는 예배의 장소로 여겼다.

코즈멜섬
이 섬 주변으로 스노클링과 스쿠버다이빙을 즐길 수 있는 완벽한 열대어의 낙원이 펼쳐져 있다.

셀하 테마파크
수중 석회 동굴이 있는 천연 수족관이다.

툴룸
유카탄반도에는 놀라운 유적이 많지만 청록색 바다 위에 자리 잡은 툴룸의 고대 마야 성은 꼭 가 봐야 한다.

보남팍 벽화
고대 마야 유적지의 벽화 사원에 들어가면 전투와 희생을 묘사한 대담한 그림을 볼 수 있다.

카리브해

몬테수마
1398년경-1469년
아스테카 제국의 두 번째 황제이자 테노치티틀란의 다섯 번째 왕으로 통치를 강화하고 확장하기 위해 노력했다.

멕시코

자유의 땅에 오신 걸 환영합니다!

미국에는 정말 모든 것이 있습니다! 세계에서 네 번째로 큰 국가이며 풍부한 천연자원을 보유하고 있어 부유한 나라입니다. 대도시, 아름다운 국립 공원, 수많은 영화배우로 가득합니다!

우리가 알고 있는 도시, 그러니까 고층 건물과 고속도로가 빽빽이 들어선 현대적인 도시는 미국에서 시작되었습니다. 우리가 자주 들어본 수많은 도시가 미국에 있지요.

미국의 주요 수출품인 TV와 영화 때문에 그럴지도 몰라요. 할리우드는 100년 이상 영화를 만들어 왔으며 미국 TV쇼는 지구촌 거의 모든 곳에서 방송됩니다.

미국의 유명한 수출품 중 하나는 아마 패스트푸드일 거예요! 햄버거, 핫도그, 감자튀김……. 여러분 중에 패스트푸드를 한 번도 먹어 보지 않은 사람이 있나요? 거의 없을 걸요.

디날리 국립 공원
디날리는 북아메리카에서 가장 높은 산이다. 숲, 빙하, 눈이 가득한 경이로운 땅에서, 스키를 즐기자!

와이키키 해변
도시와 어우러진 아름다운 해변과 백사장을 자랑한다. 하와이 오아후섬에 펼쳐진 이 해변에 가서 수영을 해 보자!

금문교
샌프란시스코의 상징. 샌프란시스코만 입구에 놓인 이 다리는 금빛이 아니다! 이 붉은색 강철 구조물은 1937년에 완공되었다.

요세미티 계곡
깎아지른 것 같은 절벽이 요세미티 계곡을 둘러싸고 있다. 수백만 년 동안 빙하에 깎여 생겨났다. 암벽 등반가들을 눈여겨 보자!

옐로스톤 국립 공원
미국은 물론이고 세계 최초의 국립 공원이다. 아름다운 경관을 자랑할 뿐만 아니라 야생 동물로 가득하다. 곰, 들소, 사슴을 조심할 것!

러시모어산
4명의 미국 대통령, 즉 조지 워싱턴, 토머스 제퍼슨, 시어도어 루스벨트, 에이브러햄 링컨의 얼굴이 바위에 새겨져 있다.

데스 밸리
미국에서 가장 덥고 건조한 곳이다. 그럼에도 불구하고 눈 덮인 산맥과 다양한 야생 동물이 산다.

메사버드 국립 공원
약 1만 년 전부터 사람이 살았다. 절벽에 자리 잡은 800년 된 석조 주거지로 유명하다.

유니버설 스튜디오
이 영화 스튜디오와 테마파크는 1912년부터 운영되고 있다. 인기 있는 영화를 많이 제작했다.

디즈니랜드
월트 디즈니는 세계에서 가장 유명한 테마파크를 만든 만화 영화 제작자이자 기업가였다. 미키 마우스와 도널드 덕분임은 두말할 것도 없다!

로스앤젤레스 피닉스 휴스턴

UFO 박물관 및 연구 센터
뉴멕시코 로즈웰에 있다. 외계인과 비행접시, 외계인과의 만남에 대한 기록을 확인할 수 있다.

네온사인 박물관
화려한 라스베이거스의 변화와 역사를 네온사인을 통해 살펴볼 수 있는 이색적인 박물관이다.

그랜드 캐니언
20억 년의 지구 역사를 볼 수 있는 곳. 콜로라도강과 매서운 바람이 이 일대 고원을 깎아 미로 같은 협곡을 만들었다.

아멜리아 에어하트
1897-1937년
대서양을 단독으로 비행한 최초의 여성. 세계 일주 비행에 도전하다 비행기와 함께 실종되었다.

세레나 윌리엄스
1981년-
테니스 선수. 메이저 대회 단식 우승을 23번이나 차지했다. 총 319주 동안 1위에 오르는 기록을 세웠다.

멕시코

주요 사항	우리는 하나님을 믿습니다	
수도 워싱턴 D.C.	**화폐** 미국 달러	**국가 코드** US
대도시 뉴욕 로스앤젤레스 시카고 휴스턴 피닉스	**이름의 유래** 이탈리아 탐험가 아메리고 베스푸치	**공식 언어** 영어
	꽃 장미	**새** 대머리독수리
인구 약 3억 3100만 명 (2020, 외교부)		

조지 워싱턴
1732-1799년
미국 초대 대통령. 영국 통치에 반대해 미국 독립을 위해 싸웠다.

새커거위아
1788년경-1812년
인디언 쇼쇼니족 여성. 루이스와 클라크가 미국 대륙을 탐험하도록 도와주었다.

센트럴파크
대도시 뉴욕 한가운데 있는 녹지 공간으로, 매년 4000만 명이 센트럴파크를 찾는다.

엠파이어 스테이트 빌딩
이 건물은 102층 높이로, 1931년부터 1970년까지 세계에서 가장 높았다.

자유의 여신상
프랑스가 미국 독립 전쟁 승리를 기념해 선물한 조각상으로 미국의 상징이 되었다. 구리로 만들었으며, 높이는 93m에 이른다.

펜타곤
이 독특한 오각형 모양은 미국 국방부 건물 모습이다. 세계에서 가장 큰 오피스 빌딩이기도 하다.

백악관
1800년에 미국 2대 대통령 존 애덤스가 백악관에서 집무를 보기 시작했다. 그 뒤로 미국 대통령은 모두 이곳에서 지낸다. 이곳은 또한 박물관이기도 하다.

스미소니언
워싱턴 D.C. 주변에 있는 과학, 항공, 우주, 아프리카계 미국인 역사, 예술 등 17개의 박물관과 화랑으로 이루어져 있다.

뉴욕

워싱턴 D.C.

뉴올리언스 마디그라스 축제
파티 타임! 이 크리스트교 축제는 뉴올리언스를 흥분의 도가니로 만든다. 화려한 수레가 행진하는 모습도 보고 멋진 음악도 들어 보자.

무터 박물관
의학의 경이로움과 신비를 보여 주는 박물관. 몸, 장기, 뼈, 심지어 알베르트 아인슈타인의 뇌 일부가 전시되어 있다. 심장이 약한 사람은 조심할 것!

케네디 우주 센터
우주와 로켓을 좋아하고 다른 행성에 가 보고 싶다면 이곳에 꼭 가 봐야 한다! 1969년 달 여행이 여기에서 시작되었다.

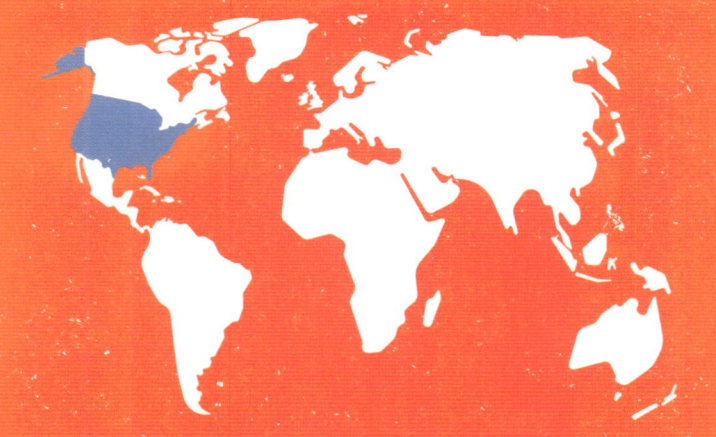

역사적 순간들

700년: 북아메리카 중서부와 남동부 지역에서 미시시피 문명이 출현함.

1190년: 푸에블로 인디언이 오늘날 콜로라도에 클리프 플레이스(절벽 거주지)를 건설함.

1565년: 플로리다주 세인트 오거스틴이 북미 최초의 유럽 식민지가 됨.

1620년: 순례자들이 도착해 뉴잉글랜드에 플리머스 식민지를 건설함.

1763년: 영국이 프랑스를 물리친 후 북아메리카 대륙 동부 대부분을 차지함.

1775년: 조지 워싱턴이 영국에 대항해 군대를 이끌면서 미국 독립 혁명이 시작됨.

1776년: 13개 식민지가 미국 독립 선언을 선포함.

1804년: 탐험가 루이스와 클라크가 북아메리카 대륙 횡단을 위한 여행을 시작함.

1861년: 반노예 연합 북부와 노예를 찬성하는 남부 사이에서 남북 전쟁이 일어남.

1865년: 남북 전쟁이 북부의 승리로 끝남.

1903년: 헨리 포드가 포드 자동차를 설립함.

1917년: 미국이 제1차 세계 대전에 참전하면서 세계적인 강대국으로 떠오름.

1969년: 아폴로 11호 우주선이 달에 착륙하고 닐 암스트롱이 인류 최초로 달 표면을 걸음.

2001년: 테러리스트들이 항공기로 뉴욕 세계무역센터를 공격해 2606명이 사망함.

2009년: 버락 오바마가 아프리카계 미국인 최초로 대통령에 당선됨.

2016년: 부유한 부동산 재벌 출신 도널드 트럼프가 대통령 선거에서 승리함.

미국

닐 암스트롱
1930-2012년
항공기의 성능을 시험하는 조종사, 항공 엔지니어, 우주 비행사로, 최초로 달 위를 걸었다.

올드 아바나
아바나에서 가장 오래된 지역으로, 1519년에 건설되었다. 요새처럼 된 성벽이 특징이다.

말레콘
이 넓은 해변 산책로는 해안을 따라 8km나 뻗어 있다. 아바나에서 가장 인기 있는 산책 명소다.

모로성
고대 요새 뒷벽에는 구멍이 뚫려 있어 포로들이 상어에게 먹이를 줄 수 있었다.

피델 카스트로
1926-2016년
혁명을 이끈 정치 지도자. 거의 60년 동안 쿠바를 실질적으로 지배했다. 카스트로는 쿠바를 서반구 최초의 공동체로 만들려고 했다.

사투르노 동굴
종유석과 석순이 가득한 지하 동굴의 맑고 푸른 바닷물로 뛰어들어 보자.

바라데로 해변
비치파라솔이 펼쳐진 부드러운 백사장을 따라 걷다 보면 쿠바에서 가장 유명하고 고급스러운 해변 리조트를 찾을 수 있다.

바라데로 생태 공원
이 공원의 최고 명소는 박쥐 서식지와 고대 원주민들의 암벽화가 있는 거대한 동굴 2개이다.

비냘레스 계곡 국립 공원
계곡의 푸른 초원에는 독특한 석회암 언덕이 있다. 수세기 동안 작물을 재배했다.

과나하카비베스 국립 공원
반도에 있는 공원. 스쿠버다이빙으로 인기가 높다. 또한 수천 마리의 참게가 눈길을 끈다.

마탄사스
약 500년 전에 해적들이 자주 나타났다. 요즘에는 시인, 예술가, 학자들이 모여든다.

사파타반도
30km가 넘는 해변과 거대한 늪이 있다. 세계에서 가장 작은 쿠바벌새를 볼 수 있다.

산타 클라라
체 게바라의 시신이 이곳 영묘에 묻혀 있다. 체 게바라의 개인 소지품과 거대한 동상이 있는 박물관도 있다.

마리아 라 고르다에서 스쿠버 다이빙
쿠바의 다이빙 중심지. 이곳 해안에는 해적 보물이 묻혀 있다는 전설이 전해 온다. 보물을 찾을 수 없더라도 산호초는 괜찮은 경험이 될 것이다.

플라야 파라이소
우리말로는 '파라다이스 해변'이라고 한다. 수정처럼 맑은 바닷물, 야자수, 하얀 모래가 완벽에 가깝다.

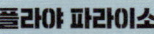
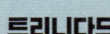

트리니다드
스페인 식민주의자들은 설탕 농사로 큰돈을 벌어 트리니다드에 웅장한 집을 지었는데 집을 강렬한 색으로 칠했다.

샹티스피리투스
오래전에 생긴 7개 스페인 정착촌 중 하나. 예쁜 도시에 오래된 다리와 교회, 건물이 있다.

혁명에서 자연의 부국으로

스페인 식민지에서 공산주의 국가가 되기까지 쿠바는 침략과 반란으로 가득 찬 역사를 안고 있습니다. 독립과 정체성을 위해 싸운 사람들이 쿠바의 영웅들이에요. 격동의 역사에도 불구하고, 카리브해에서 가장 큰 섬인 쿠바의 아름다운 자연은 관광과 문화, 모험과 생물 다양성 덕분에 새로운 명성을 얻기 시작했어요. 식민지 시대의 과거 유산은 사탕수수와 담배 농장을 기반으로 지은 도시의 웅장한 건물에 남아 있지요. 쿠바의 미래는 점점 늘어나는 국립 공원과 생물권 보호 구역에서 확인할 수 있어요. 이곳에 가면 아주 작은 쿠바벌새와 자그마한 몬테 이베리아 개구리 같은 놀라운 생물을 볼 수 있어요. 둘 다 세계에서 가장 작은 종입니다.

식민지 이전에 이곳에 살던 사람들은 암벽화와 고대 매장지의 형태로 그 흔적을 남겼습니다. 스페인 사람들이 이곳에 오기 전, 옛 모습을 재현해 놓은 마을에 가면 원주민들의 일상생활을 느낄 수도 있어요. 오늘날 쿠바인들은 자부심이 강하고 흥이 넘칩니다. 춤을 추고, 먹고 마시고 산책하는 건 대부분의 지역 주민들에게 일상생활이랍니다. 외딴 황무지, 대도시, 소박한 시골 마을, 가파른 산맥과 멋진 해안선 등 쿠바의 이곳저곳을 둘러보세요.

알리시아 알론소
1920-2019년
발레리나이자 안무가. 1955년에 국립발레단을 창립했다.

하비에르 소토마요르
1967년-
육상 선수. 높이뛰기 세계 기록 보유자로 2.45m를 뛰어넘었다.

아나 베탕쿠르
1832-1901년
스페인으로부터 쿠바의 독립과 여성의 권리를 위해 싸웠다. 부유한 가정에서 태어났지만 혁명가들과 함께 숲에서 생활했다.

셀리아 크루즈
1925-2003년
라틴 아메리카 가수. 스튜디오 앨범을 37장 발표했고 그래미상을 2차례 받았으며, 영화에도 출연했다.

주요 사항

조국 아니면 죽음을! 우리는 승리할 것이다

수도 아바나	**화폐** 쿠바 페소	**국가 코드** CU
대도시 아바나 산티아고데쿠바 카마궤이 올긴 관타나모	**이름의 유래** 타이노족 단어 쿠바오('비옥한 땅이 풍부한 곳'이라는 뜻)	**공식 언어** 스페인어
인구 1123만 명 (2020, 쿠바 통계청)	**꽃** 마리포사	**새** 쿠바 비단깃털새

역사적 순간들

기원전 1000년: 남아메리카에 살던 과나아타베이 사람들이 쿠바에 도착함.

서기 1200년: 타이노족이 정착해 옥수수, 담배, 유카 식물, 면화를 재배하기 시작함.

1492년: 탐험가 크리스토퍼 콜럼버스가 유럽인 최초로 쿠바에 도착해 스페인 영토로 선언함.

1511년: 디에고 벨라스케스가 최초의 스페인 정착촌인 바라코아를 세움. 유럽인들이 옮긴 질병으로 타이노족 수천 명이 목숨을 잃음.

1607년: 아바나가 쿠바의 수도가 됨.

1898년: 쿠바 독립 전사들이 미국에 합류해 스페인과의 전쟁을 치름. 미국이 승리하며 쿠바는 보호국이 됨.

1902년: 쿠바가 독립함. 관타나모를 미국에 임대함.

1952-1959년: 바티스타가 쿠바의 독재자가 됨. 혁명 세력을 이끄는 카스트로는 바티스타를 무너뜨리고 쿠바를 사회주의 국가이자 러시아의 동맹국으로 선언함.

1961-1962년: 쿠바는 미국과 소련의 냉전 한가운데 놓임. 미국은 피그만 침공으로 카스트로를 무너뜨리려 했으나 실패함.

2002년: 1991년 소련 붕괴 이후 러시아는 쿠바에 대한 영향력을 잃음. 쿠바에 있던 마지막 러시아 군사 기지가 폐쇄됨.

2008년: 피델 카스트로가 동생 라울 카스트로에게 권력을 넘김.

2015년: 미국의 버락 오바마 대통령과 쿠바의 라울 카스트가 외교 관계를 다시 세움.

카구아네스 국립 공원
공원의 늪에는 새와 수줍음 많은 바다소가 산다. 또한 어마어마한 동굴이 70개도 넘는다.

카요코코섬
해변에는 플라밍고 무리가 계절에 따라 이주를 하다가 쉬어 가기도 한다.

카마궤이

시에라 마에스트라산맥
쿠바에서 가장 높은 산맥. 피델 카스트로를 비롯한 많은 혁명가가 이곳으로 숨어들었다.

올긴

훔볼트 국립 공원
생물학적으로 다양한 종이 많아 유명한 곳이다.

마드레 비에하
산등성이에 서식하는 양치류를 자세히 들여다 보자. 운이 좋으면 세계에서 가장 작은 개구리, 몬테 이베리아 개구리를 만날 수 있다.

구아마
타이노 원주민들의 생활 방식을 엿볼 수 있다.

산티아고데쿠바

산티아고데쿠바 모로 요새
16세기에 도시가 해적에게 습격당하자 이 강력한 요새를 건설해 적의 침입에 대비했다.

관타나모

바코나오 자연 공원
2000종에 가까운 식물군이 있으며 희귀한 박쥐와 거미도 볼 수 있다. 아, 게다가 실물 크기 공룡 모형이 수십 개나 있다!

바라코아
쿠바에서 가장 오래된 외딴 마을로 하얀 모래 해변이 아름다운 만을 끼고 있다. 서쪽에는 융케산이 솟아 있다.

볼리비아 **브라질**

타피 델 발레 구역
로스 멘히레스 고고학 공원에 가면 3000년 된 커다란 돌 50개를 볼 수 있다!

캄포 델 시엘로 운석 지대
이 분화구는 철 성분이 많은 커다란 운석에 부딪혀 생겨난 것이라고 한다.

이구아수 폭포
세계에서 가장 큰 폭포로, 아르헨티나와 브라질 국경에 자리 잡고 있다.

이키구알라스토 주립 공원
'달의 계곡'으로도 알려진 이 불모의 주립 공원에는 고대의 이색적인 암석들이 자리 잡고 있다.

보르헤스 기념 미로
'핀카 로스 알라모스' 부지에 위치한 이 현대적인 울타리 미로는 유명 작가 '호르헤 루이스 보르헤스'를 기리기 위해 설계되었다.

빌라비첸시오 온천
치유력이 있는 것으로 알려진 이곳 미네랄 온천에 몸을 담가 보자.

살리나스 그란데스
소금 사막은 햇빛을 받으면 밝게 빛난다! 해발 4000m 높이에 있어서 라마를 볼 수도 있다.

이베라 습지
세계에서 두 번째로 큰 습지. 아나콘다, 재규어, 카피바라, 카이만 등을 조심하자!

코르도바 **로사리오**

멘도사 **우루과이**

부에노스아이레스

아콩카과산
해발 6960m로 남반구에서 가장 높은 산이다!

라구나 델 디아만테
아름답지만 독성이 있는 호수에는 플라밍고가 산다. 근처의 화산이 호수에 반사되어 다이아몬드처럼 보인다!

가우초
가축을 기르며 보호하는 힘든 일을 하는 가우초는 아르헨티나 고유의 카우보이로 유명해졌다.

플로라리스 헤네리카
부에노스아이레스에 있는 이 금속 꽃 조각은 아침에 열리고 저녁에 다시 닫히도록 설계되었다.

태평양

말바
부에노스아이레스 라틴 아메리카 미술관. 공간 창작 대회에서 우승한 아르헨티나 건축가 3명이 디자인한 이 현대적인 박물관에서 라틴 아메리카의 예술을 감상해 보자.

부치 캐시디의 오두막
미국 서부 범죄자 부치 캐시디가 아르헨티나로 도망쳐 와 이 오두막에 잠깐 살았던 적이 있다.

나우엘우아피 호수
이곳에 가서 카약과 낚시를 즐겨 보자. 이 빙하 호수는 헤엄치기에는 살짝 차가울 수도 있다!

라 레콜레타 공동묘지
세계에서 가장 아름다운 공동묘지로 손꼽힌다. 이곳에는 멋진 조각상으로 장식한 유명 아르헨티나인들의 무덤을 많이 찾을 수 있다.

손바닥 동굴
이 동굴 벽에는 1만 년 정도 된 손자국과 그림이 있다.

피츠로이산
이 산은 아르헨티나와 칠레의 국경에 위치해 있다. 해가 뜰 때 뾰족뾰족한 산이 종종 분홍색으로 물들곤 한다.

자라밀로 국립 공원
아주 오래된 침엽수림이 화산재에 뒤덮여 있다.

발데스반도
이곳에는 범고래, 물개, 바다사자, 고래가 살고 있다. 세계 유산으로 지정된 이 거대한 해안 자연 보호 구역을 살펴보자.

대서양

페리토 모레노 빙하
이 얼음 강은 길이 30km, 너비 5km로, 아르헨티노 호수로 천천히 흘러들어간다.

티에라 델 푸에고 국립 공원
이 섬은 산, 빙하, 피오르로 이루어졌다. 바다에서 카약을 하며 이 섬을 탐험할 수 있다!

남극 크루즈
남극 크루즈의 가장 인기 있는 출발지, 우수아이아에서 배를 타고 빙산을 둘러볼 준비를 하자.

세상의 끝 박물관
세상의 끝에 위치한 이 땅의 역사를 둘러보자. 선박, 고래잡이 등 지역 주민들의 역사적인 사진을 들여다보자. 이 지역의 역사와 원주민의 삶, 자연사에 대해 알기 쉽게 정리해 놓았다.

우수아이아

주요 사항	통합과 자유	
수도 부에노스아이레스	**화폐** 아르헨티나 페소	**국가 코드** AR
대도시 코르도바 로사리오 멘도사	**이름의 유래** 스페인 사람들이 도착한 뒤, 이 땅은 풍부한 은으로 전설이 되었음	**공식 언어** 스페인어
인구 4537만 명 (2021, 외교부)	**꽃** 에리트리나 	**새** 붉은화덕새 

체 게바라
1928-1967년
체 게바라는 의사이자 작가이자 혁명가로, 피델 카스트로를 도와 쿠바의 군사 독재를 무너트렸다.

리오넬 메시
1987년-
'살아 있는 전설'로 불리는 세계 최고의 축구 선수.

호르헤 루이스 보르헤스
1899-1986년
소설가, 시인, 평론가. 혁신적인 스타일로 많은 작가에게 영향을 미쳤다.

디에고 마라도나
1960-2020년
역사상 가장 유명한 축구 선수. 1986년에 아르헨티나를 월드컵 우승으로 이끌었다.

역사적 순간들

1400년대-1530년: 잉카족이 들어옴.

1516년: '후안 디아스 데 솔리스'는 유럽인 최초로 금을 찾아 이 땅을 밟음.

1536년: 페드로 데 멘도사가 부에노스아이레스를 세움. 이후 1580년에 재건됨.

1810년: 아르헨티나 최초의 정부가 수립됨.

1816년: 아르헨티나가 스페인으로부터 독립함.

1853년: 아르헨티나는 헌법을 갖춘 공화국이 됨.

1944년: 산후안 지진으로 1/3이 집을 잃음.

1946년: 후안 페론이 대통령이 됨.

1947년: 아르헨티나 여성들이 투표권을 얻음.

1978년: FIFA 월드컵 개최를 하고 우승을 함.

1982년: 아르헨티나가 영국령 포클랜드섬을 침공함. 2개월 만에 영국에 패배함.

2013년: 아르헨티나 출신의 '호르헤 마리오 베르골리오'가 프란치스코 교황이 됨.

은빛, 실버의 땅에 오신 것을 환영합니다!

아르헨티나는 눈부시게 밝습니다. 이곳에서 은만 볼 수 있는 건 아니에요. 아르헨티나에는 세계에서 가장 높은 산맥, 거대한 얼음 지대, 구불구불 길게 뻗은 해안선, 놀라운 이구아수 폭포, 아름다운 현대 도시가 많이 있습니다. 그리고 당근 모양으로 생긴 이 나라의 남쪽 끝으로 가면 남극을 아주 가깝게 느낄 수 있어요! 남아메리카의 아르헨티나에는 300만 년 전부터 인류가 살았습니다. 아르헨티나는 또한 자연의 경이로움과 눈부신 야생 동물로 가득한 나라입니다. 라마, 재규어, 카피바라(남미의 대형 설치류)를 볼 수 있어요.

수도 부에노스아이레스는 언제나 흥미진진한 즐길 거리가 넘쳐 나는 휘황찬란하고 현대적인 도시입니다. 초리판(아르헨티나 소시지 샌드위치)이나 엠파나다(밀가루 반죽 속에 고기나 채소를 넣고 구운 아르헨티나의 전통 요리) 같은 맛있는 길거리 음식을 맛볼 수도 있고, 이곳에서 탄생한 위대한 춤, 탱고를 배울 수도 있어요.

에바 페론
1919-1952년
배우이자 운동가로, 후안 페론 대통령과 결혼한 뒤 아르헨티나의 정신적 지도자로 유명해졌다.

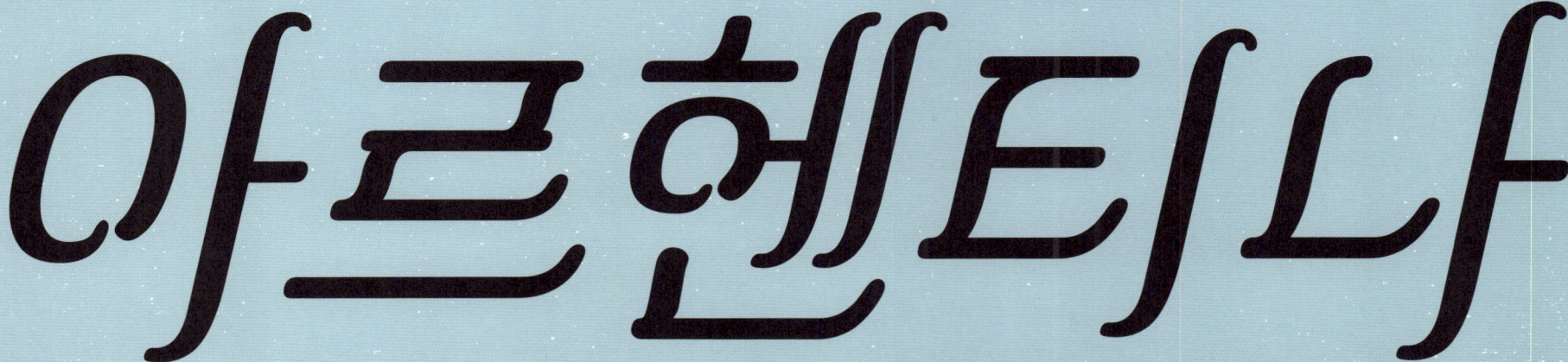

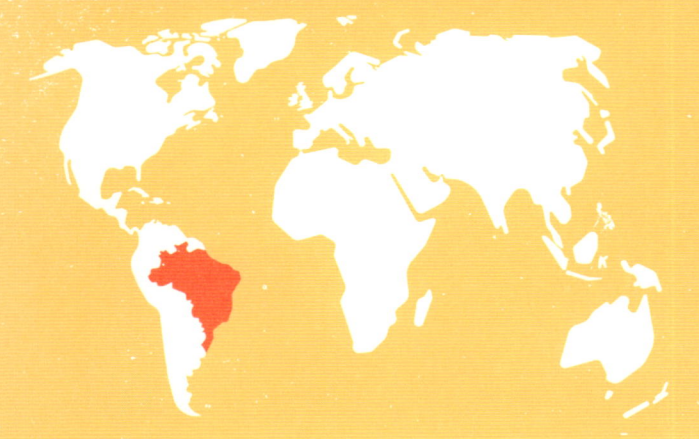

브라질

역사적 순간들

1500년 : 포르투갈 탐험가 페드루 알바르스 카브랄이 도착해 포르투갈 땅이라 선언함.

1542년 : 스페인 정복자 프란시스코 데 오레야나가 아마존강을 최초로 탐험함.

1654년 : 네덜란드 군대가 점령한 얼마 뒤에 포르투갈이 네덜란드를 몰아내고 브라질을 차지함.

1727년 : 북쪽의 파라 지방에 커피를 처음 심음. 이후 브라질은 세계에서 가장 큰 커피 생산국이 됨.

18-19세기 : 아프리카인 수백만 명이 브라질에 노예로 끌려와 커피 농장에서 강제 노동을 함.

1815년 : 브라질은 포르투갈 식민지에서 포르투갈 연합왕국의 일원이 됨.

1822년 : 포르투갈과의 관계를 끊고 독립을 선언함.

1889-1891년 : 군주제가 군사 쿠데타로 전복되고 공화국이 됨.

1917년 : 연합국 편에서 제1차 세계 대전에 참전함.

1958년 : 브라질이 처음으로 FIFA 월드컵에서 우승을 차지함.

2010년-2016년 : 지우마 호세프가 브라질 최초의 여성 대통령이 됨.

펠레
1940년-
브라질에는 축구 영웅이 많지만, 펠레를 최고의 선수라고 인정한다.

지젤 번천
1980년-
모델. 열세 살에 모델 대회에서 우승한 번천은 브라질을 대표하는 유명한 얼굴이 되었다.

마르타 비에이라 다 실바
1986년-
축구 선수. 5년 연속 FIFA 올해의 선수로 뽑혔다.

아마존강 돌고래
이 분홍빛 돌고래는 돌고래 종에서 두뇌가 가장 크다!

강물의 만남, 마나우스
모래색 솔리모스강과 검은색 네그루강이 이곳에서 하나로 만난다. 하지만 물의 밀도가 달라 강줄기는 섞이지 않고 6km를 각기 다른 색으로 흐른다!

아마존 열대 우림
아마존 열대 우림은 550만 Km²에 이를 정도로, 세계에서 가장 크다.

판타날
지구상에서 가장 큰 습지로, 이곳에는 카이만(열대 악어)이 엄청 많다. 1000만 마리 이상이 살고 있다고 한다!

태평양

페루

볼리비아

보니토 지역
이 열대 지역에서 스노클링, 동굴 탐험, 수영을 즐길 수 있다. 여행 중에 마코앵무새, 원숭이, 카피바라, 습지사슴을 찾아보자!

파라과이

이구아수 폭포
브라질과 아르헨티나 국경에 위치한 폭포. 폭이 3km에 달하며 275개의 폭포로 이루어져 있다!

상 미구엘 다스 미숑이스
과라니족의 예수회 선교단 시설. 한때 예수회 선교사들이 이곳 원주민들을 개종하려고 했다. 지금은 폐허가 되었다.

우루과이

아르헨티나

자연이 만들어 낸 최고의 전시장에 오신 것을 환영합니다!

야생 동물에서 거리의 흥겨운 파티에 이르기까지, 브라질에는 없는 게 없어요! 입이 떡 벌어질 정도로 아름다운 이 땅에는 세계에서 가장 큰 열대 우림과 두 번째로 큰 강(둘 다 아마존이라고 부름)이 있습니다. 브라질에 가면 15만 종 이상의 동식물을 볼 수 있어요. 재규어, 퓨마, 나무늘보, 아르마딜로, 테이퍼(코가 뾰족한 돼지 비슷하게 생긴 동물), 큰부리새, 75종 이상의 원숭이는 브라질에서 볼 수 있는 멋진 야생 동물 중 일부에 불과하지요. 브라질에 열대 우림과 강만 있는 건 아니에요. 폭포, 습지대, 산맥, 사구, 해변, 푸른 석호도 있어요.
브라질은 놀라운 자연뿐만 아니라 '리우 카니발'이라 부르는 대규모 길거리 파티도 유명합니다. 카니발에서는 화려한 의상을 입고 춤추는 사람들이 정교하게 장식한 수레에 올라타고 도시를 행진하는 모습을 볼 수 있어요. 또한 리우데자네이루의 코파카바나 같은 멋진 해변으로 몰려드는 군중이나 축구 경기에서 열광하는 사람들도 쉽게 볼 수 있어요.

대서양

렌소이스 마라넨지스 국립 공원
모래 언덕으로 뒤덮인 사막. 이 공원에는 해마다 1200mm의 비가 내려 거대한 푸른 석호가 생겨난다.

페르난두지 노로냐 군도
이 화산 군도는 열대어, 바다거북, 돌고래, 가오리와 암초 상어가 서식하는 해양 공원으로 보호받고 있다.

주요 사항		질서와 진보	
수도 브라질리아	**화폐** 레알(헤알)	**국가 코드** BR	
대도시 상파울루 리우데자네이루 브라질리아 살바도르	**이름의 유래** 브라질우드	**공식 언어** 포르투갈어	
인구 2억 1000만 명 (2021, 외교부)	**꽃** 황금트럼펫나무	**새** 붉은배개똥지빠귀	

포르탈레자

아술 동굴 호수
이 바위 동굴의 파란 물에 햇빛이 비치면 헤엄치는 사람이 공중에 떠 있는 것처럼 보인다.

브라질리아 대성당
원형 평면도, 벽 대신 스테인드글라스, 흰색 콘크리트 기둥이 있는 독특한 왕관 모양의 성당.

포르투 지 가리냐스
청록색 바다, 백사장 및 해양 생물로 가득 찬 암초 수영장으로, 10년 동안 브라질 최고의 해변으로 손꼽혔다.

타르실라 두 아마랄
1886-1973년
화가. 커피 농장 마을에서 태어난 타르실라는 브라질을 대표하는 모더니즘 화가가 되었다.

살바도르

펠로리뉴 역사 지구
살바도르의 가장 오래된 지역. 화려하게 색칠한 식민지 시대 건물과 자갈길이 즐비한데, 한때 노예를 사고팔던 시장이었다.

브라질리아

브루마지뉴 이뇨칭 미술관
150ha의 아름다운 식물원에는 500점의 작품을 자랑하는 현대적인 야외 미술관이 있다.

오루프레투
식민지 때 주민들은 인근 언덕에서 채굴한 금과 보석으로 아름다운 건물을 지을 수 있었다.

오스카르 니에메예르
1907-2012년
흰 조각품처럼 보이는 콘크리트 건물을 디자인한 모더니스트 건축가로, 대통령 관저·국회 의사당·최고 재판소 등 수도의 주요 건축물을 설계했다.

리우데자네이루

니테로이 현대 미술관
박물관일까, 우주선일까? 오스카르 니에메예르가 디자인한 이 건물은, 절벽에 자리 잡고 있어서 리우데자네이루의 탁 트인 전망을 한 눈에 감상할 수 있다.

상파울루

구원의 예수상
리우데자네이루의 상징. 팔을 쭉 뻗은 38m 높이의 석상이 리우데자네이루를 내려다보고 있다.

슈거로프산
이 거대한 암석은 해발 400m 높이에 있다. 케이블카를 타고 정상에 오를 수 있다.

아파라도스 데 세라 국립 공원
브라질에서 가장 험준한 협곡이 있다. 정상에서 협곡 바닥까지 700m에 이르는 가파른 폭포가 장관이다.

브라질상파울루미술관
이 갤러리에는 상파울루 번화가에 세운 거대한 레고 작품과 같은 1만 점 이상의 예술 작품이 전시되어 있다.

코파카바나 해변
일광욕, 배구 선수들, 모래 조각품이 있는 이 4km 해변은 카니발 기간 동안에 세계에서 가장 큰 파티가 열린다.

자르딤 보타니코(식물원)
식물원에는 600종 이상의 이국적인 난초를 포함해 8000가지의 다양한 식물이 있다!

리베르다지
일본인이 많이 살아서 상파울루가 아니라 도쿄에 온 기분이 든다.

상파울루 축구 박물관
사진, 비디오, 양방향 소통 전시물을 보면 '아름다운 게임' 축구에 대한 브라질 사람들의 애정이 느껴진다.

페루

에콰도르

쿠엘랍 차차포야스 문화 시절, 6세기에 30만 명을 수용하기 위해 성벽으로 둘러싸인 정착지를 건설했다.

곡타 폭포 페루 정글 속 2단 폭포는 800m 아래로 물이 떨어진다. 폭포 소리 너머 원숭이들의 울음소리가 들리는가?

피우라

모치카 왕의 무덤 시판에 있으며 고고학자들이 이 피라미드 안에서 금, 보석, 귀중한 유물과 함께 모치카 통치자의 미라 유물도 찾아냈다.

치클라요

태양의 신전, 달의 신전 모치카 문화 속에서 태양의 신전은 군사 및 행정적인 목적으로, 달의 신전은 의식을 치르기 위해 사용했다.

라구나 데 라스 모미아스의 차차포야스 왕의 무덤 가파른 암벽에 수백 구의 미라가 묻혀 있다. 일부는 박물관으로 옮겨졌지만 여전히 미라가 남아 있다.

트루히요

코르디예라 블랑카의 69호수 우아스카란산 국립 공원에 있는 약 300개의 호수 중 하나. 빙하 호수로, 에메랄드빛 풍경을 자랑한다.

마카후와시 해발 4000m에 우뚝 솟은 돌 산맥. 바위에 새겨진 수백 개의 얼굴로 이루어진 것처럼 보인다.

차빈 유적지 고대 신전에 서로 이어진 어두운 통로는 어떤 소리든 신의 음성처럼 들리게 만든다.

리마

역사적 순간들

- **기원전 8000년**: 페루의 앙카시 지역에서 사람들이 농사를 지으며 산 것으로 추정됨.
- **기원전 900-기원전 200년**: 차빈 문화가 꽃핌. 사람들이 차빈 데 우안타르에 사원을 건설함.
- **기원전 200-서기 600년**: 신비한 나스카 문양을 남긴 나스카 문화가 발생함.
- **기원전 100년-서기 700년**: 모치카 문화가 융성함.
- **서기 1200년**: 잉카족은 망코 카팍의 지도 아래 쿠스코 지역의 소규모 부족들을 받아들이기 시작함.
- **1460년**: 아홉 번째 잉카 왕, 피차쿠텍이 웅장한 마추픽추를 건설함.
- **1533년**: 잉카 제국에서 내전이 일어나 문명이 파괴됨.
- **1534-1543년**: 스페인 정복자들이 쿠스코를 침공함. 리마는 식민지 정부의 첫 번째 수도가 됨.
- **1810-1824년**: 스페인과 독립 전쟁을 벌여 아야쿠초 전투에서 승리를 거둠.
- **1879년**: 칠레가 페루와 볼리비아를 상대로 전쟁을 선포함.
- **1948-2000년**: 군사 쿠데타와 자유선거를 경험함.
- **1998년**: 에콰도르와 평화 조약을 체결해 양국 간의 오랜 분쟁을 끝냄.
- **2007년**: 규모 7.9의 지진이 피스코 지방을 강타해 도시 건물의 85%가 파괴됨.
- **2010년**: '마리오 바르가스 요사'가 노벨 문학상을 받음.

리마 분수쇼 거대한 분수 13개를 둘러싸고 구불구불한 길이 나 있는 8헥타르의 공원. 밤이 되면 만화경처럼 알록달록 화려하게 빛난다.

바예스타섬 조류 관찰자의 천국이다. 펠리컨, 펭귄, 가마우지, 제비갈매기 등 수많은 새가 이곳에 산다.

파차쿠텍 잉카 유판키
1418년경-1471년
강력한 잉카 통치자는 쿠스코 왕국을 확장하고 마추픽추를 세웠다.

카오의 여인
420년경-450년
1700년 전에 미라가 되었다. 몸은 문신으로 덮여 있고 금관을 쓰고 있다. 고고학자들은 모치카 문화가 꽃피던 시대의 사제였을 것으로 추정한다.

우아카 푸크야나 잉카의 통치 이전, 토착 리마 문화는 점토로 피라미드를 건설했다.

콘벤토 지하 묘지 수도원 바닥에는 7만 명의 뼈가 있다! 뼈는 모두 일정한 모양으로 배치되어 있다.

와카치나 할리우드 영화의 세트가 아니다. 초록빛 석호, 야자수, 모래 언덕이 있는 진짜 사막의 오아시스다.

나스카 문양 나스카 사람들이 왜 이 거대한 문양, 패턴, 동물 그림을 땅에 새겼는지는 여전히 수수께끼로 남아 있다. 공중에서 잘 보인다.

고대 문화와 경이로운 자연의 땅에 오신 것을 환영합니다!

페루의 풍경은 상상을 초월합니다. 이 나라는 세계에서 가장 큰 열대 우림, 두 번째로 높은 산맥, 고대 문명, 산꼭대기 신전, 거대한 협곡, 사막 오아시스, 세계에서 가장 높은 곳에 있는, 배가 다닐 수 있는 호수가 있습니다. 그 뿐만 아니라 수천 년의 역사를 자랑하는 땅에 그어 놓은 신비한 문양을 자랑합니다. 하늘에서 봐야 제대로 감상할 수 있어요.

다채롭고 강력한 잉카 문화는 수백 년 동안 페루를 지배했는데, 그 증거로 수많은 고대 유적을 남겼습니다. 하지만 잉카 문화에 앞서 죽은 자를 피라미드에 묻은 모치카 문화 같은 토착 문화도 있었습니다. 스페인 정복자들이 교회를 짓고 스페인어를 썼어요. 페루의 도시에는 이러한 고대 문화와 식민지 시대의 유물이 많이 남아 있습니다. 신전의 유적지에 지은 성당도 확인할 수 있을 거예요.

남미에서 세 번째로 큰 국가에서 멋진 풍경, 매혹적인 고대 문화, 선사 시대 유적지, 특이한 야생 동물과 독특한 요리를 만날 준비가 됐나요? 단, 조심할 게 있습니다. 이 나라에서는 기니피그를 즐겨 먹습니다. 그러니, 먹기 전에 꼭 확인하는 것이 좋아요.

마리오 바르가스 요사
1936년-
페루에서 가장 유명한 작가. 2010년에 노벨 문학상을 받았다. 또한 정치인, 언론인, 교수로도 활약했다.

이키토스

파카야 사미리아 국립 보호 구역
페루 바다소를 볼 수 있다면, 강에 몸을 담근 일이 진정 마법과도 같은 경험이 될 것이다.

도리스 깁슨 파라 델 리에고
1910-2008년
여성은 그저 가정에서 살림을 해야 한다고 생각하던 시절, 잡지를 창간해 성공을 거두었다.

브라질

마추픽추
500년 전에 안데스산맥 높은 곳에 지어진 이 잉카 성채는 세계에서 가장 유명한 고고학 유적지로 평가 받는다.

라몬 카스티야
1797-1867년
노예 제도를 폐지한 페루 대통령. 또한 학교를 짓고 교통을 개선하기 위해 노력했다.

피삭 시장
이 분주한 공예품 시장에 가면 수제 직물, 보석류, 장난감을 살 수 있고 구운 '꾸이'(기니피그 요리!) 같은 현지 별미를 맛볼 수 있다.

주요 사항	단합을 위해 확고하고 행복하게	
수도 리마	**화폐** 솔	**국가 코드** PE
대도시 리마 아레키파 치클라요 피우라 이키토스	**이름의 유래** 지역의 지도자, 비루	**공식 언어** 스페인어
인구 3191만 명 (2019, 외교부)	**꽃** 칸투타	**새** 안데스바위새

오얀타이탐보
500년 된 잉카 유적이 계곡 마을을 둘러싸고 있다.

쿠스코

콜카 협곡
협곡은 미국의 그랜드 캐니언보다 2배나 깊다. 거대한 안데스콘도르가 상승 기류를 따라 하늘 높이 날아오르는 모습을 볼 수 있다.

볼리비아

태양의 신전과 산토도밍고 성당
태양의 신전은 잉카인들이 태양신에게 바친 화려한 장소였다. 하지만 스페인 정복자들이 파괴하고 그 폐허 위에 산토도밍고 성당을 세웠다.

아레키파

시유스타니 유적지
이 원통형 구조물은 망루처럼 보이지만, 잉카 문명 이전 시대 무덤이다.

티티카카 호수
잉카인들은 이 호수가 태양의 발상지라고 믿었다. 그래서 강둑 주변으로 고대 유적이 많이 남아 있다.

아르마스 광장
도시의 중앙 광장에는 레스토랑, 커피숍, 술집이 즐비하다. 광장 한가운데에 잉카 통치자의 거대한 동상이 있다.

태양절 축제
해마다 동지가 되면 떠오르는 태양에 감사하며 다채로운 잉카 축제를 연다. 삭사이와만의 사원 폐허에 가면 볼 수 있다.

칠레

역사적 순간들

기원전 1만 4000년 : 현재 칠레 지역에 유목민 부족이 살았음.

기원전 8000–기원전 1000년 : 친초로 부족이 농사와 낚시를 시작하고 문명을 이룸.

서기 200년 : 마푸체 사람들이 주요 부족으로 등장함.

1475년경 : 잉카족이 칠레 북부를 침공함. 이후 남쪽으로 세력을 넓히려 했으나 마푸체족이 마울레 전투에서 가로막음.

1520년 : 포르투갈 탐험가 마젤란이 남쪽 끝을 항해하다 유럽인 최초로 칠레에 상륙함.

1540–1541년 : 페드로 데 발디비아가 칠레를 페루의 영토라고 주장함. 발디비아는 칠레의 총독이 되어 산티아고를 세움.

1807–1818년 : 스페인 군대와 칠레 독립군의 싸움 끝에 칠레는 스페인으로부터 해방됨.

1850년대 : 남부의 마푸체족이 반란을 일으켰으나 실패함.

1949년 : 여성에게 투표권이 부여됨(남성에게는 24년 전에 투표권이 부여됨).

1973년 : 아우구스토 피노체트 장군이 쿠데타를 일으켜 정부를 전복시킴. 피노체트의 잔인한 독재 정부 시절 반대자들은 박해 받고 죽임을 당함.

2002–2004년 : 유럽 연합(EU), 미국 및 한국과 무역 협정을 체결함.

2010년 : 광산 붕괴 사고로 33명의 광부들이 69일 동안 갇혀 있다 모두 구출됨.

2014–2018년 : 2006년에 칠레 최초의 여성 대통령에 당선되었던 미첼 바첼레트가 다시 대통령에 오름.

주요 사항	이성 또는 힘으로	
수도 산티아고	**화폐** 칠레 페소	**국가 코드** CL
대도시 산티아고 발파라이소 콘셉시온 푸엔테알토 안토파가스타	**이름의 유래** 마푸체 원주민 단어 칠리(chilli.). 뜻은 '땅이 끝나는 곳' 또는 '지구의 가장 깊숙한 곳'	**공식 언어** 칠레 스페인어
	꽃 칠레 동백꽃 (라파제리아)	**새** 안데스콘도르
인구 1945만 명 (2020, 외교부)		

라파 누이(이스터섬)
폴리네시아에 위치한 칠레는 1888년에 이 섬의 소유권을 주장했다. 이 섬에서 커다란 머리의 거대한 석상 '모아이'가 900개 넘게 발견되었다.

빙하와 간헐천의 땅에 대해 알아보자!

남아메리카 대륙의 서해안을 따라 길이가 4270km이지만, 가로로는 가장 넓은 지점이 350km에 불과해서 칠레는 지구상에서 가장 좁은 나라입니다. 이런 날씬한 모양에도 불구하고 놀라운 풍경, 문화 도시, 매혹적인 역사, 경이로운 자연을 잘 보여 줍니다.

칠레의 최남단은 남극으로 가는 출발점이며 북쪽의 아타카마 사막(세계에서 가장 건조한 곳)에 있는 동양 달과 비슷한 풍경을 볼 수 있어요. 사막 모래, 활화산, 간헐천, 설원, 해안 동굴, 빙하 등 칠레는 그 안에 아름다움의 세계를 가득 품고 있습니다.

마푸체 원주민은 2000년 이상 칠레 남부에 거주했으며 문화, 언어, 영토를 잃지 않기 위해 열심히 싸웠습니다. 오늘날 칠레 인구의 10% 가까이 됩니다. 칠레는 16세기에 스페인에 정복당해 1818년 독립을 선언할 때까지 지배를 받았어요. 정복과 내전에도 불구하고 칠레 사람들은 자신의 나라를 무척 자랑스럽게 여깁니다. 아름다운 칠레로 떠나 봅시다.

칠레

파블로 네루다
1904-1973년
네루다 아버지는 네루다가 수학을 공부해 교사가 되기를 원했다. 하지만 네루다는 시를 쓰기 시작했고, 1971년에 노벨 문학상을 받았다.

로돌포 아만도 필리피
1808-1904년
고생물학자, 식물학자, 동물학자. 새로운 남미 도마뱀 3종을 연구했다.

충가라 호수, 라우카 국립 공원
맑고 청명한 날이면, 눈 덮인 파리나코타 화산이 호수에 비친다. 호숫가에서 한가로이 풀을 뜯는 라마와 알파카를 볼 수 있다.

달의 계곡
비가 내리지 않는 아타카마 사막의 일부는 달처럼 보이는 풍경을 자아낸다.

라티오 간헐천
발을 조심할 것! 이 지열 지대에는 증기와 뜨거운 물을 뿜어 내는 간헐천이 80개도 넘게 있다.

움베르스톤과 산타 라우라 초석 작업장
화약용 합성 질산염이 발견된 뒤, 이 질산나트륨 광산촌은 유령 마을로 변했다.

안토파가스타

아르헨티나

사막의 손
아타카마 사막에는 모래에서 솟아오르는 거대한 돌 손까지 있다.

오호스델살라도산
해발 6893m, 세계 최고봉 활화산.

세계에서 가장 큰 수영장
이 8ha 규모의 수영장을 만드는 데 10억 달러가 넘게 들어갔고, 연간 유지 비용으로 200만 달러가 든다.

엘키 밸리
고도가 높아 구름 한 점 없는 밤이면 지구에서 별을 바라볼 수 있는 최고의 장소다.

크리스토발 언덕
칠레 수도에서 최고의 전망을 보려면 크리스토발 언덕 정상까지 하이킹을 한 다음 케이블카를 타고 내려오자.

퀸타 노르말 공원
이 공원에 가서 페들 보트를 타 보자. 가장 소름 끼치는 광경은 무너져 가는 170년 된 온실이다(혹시 이곳은 유령의 집일까?).

로빈슨 크루소 섬
소총, 칼, 성경, 도구 몇 개만 가지고 4년 4개월 동안 이 섬에서 혼자 살았던 한 청년의 실화가 유명한 책에 영감을 주었다.

발파라이소
산티아고
푸엔테알토

기억과 인권 박물관
피노체트 독재의 암흑기에 실종된 사람들을 추모하기 위해 지었다.

아라우카니아
음식, 음악, 정교한 보석 제작 기술 등 마푸체 사람들의 고대 문화를 엿볼 수 있는 최고의 장소다.

빌라리카 화산
푸콘에 있는 이 활화산에서 연기가 희미하게 피어오른다. 멈추지 않는 화산으로 지구상에서 유일하게 접근 가능한 화산 동굴로 모험을 떠나 보자.

콘셉시온

팡기푸이의 헤오메트리카 온천
울창한 숲 깊은 곳에 천연 온천이 숨어 있다. 17개 수영장은 각각 붉은 나무가 깔린 산책로로 연결된다.

푸말린 공원
한 미국인 억만장자가 빙하, 화산, 열대 우림, 호수, 강을 보존하기 위해 1991년에 땅을 사들였다. 이곳이 현재 푸말린 공원이 되었다.

가브리엘라 미스트랄
1889-1957년
라틴아메리카인 최초로 1945년에 노벨 문학상을 받았다.

칠레 호수 지구
국립 공원, 숲이 우거진 보호 구역, 호수로 가득하다. 활화산 경사면에서 스키를 탈 수도 있다.

칠로에섬
칠레 연안 섬 중 가장 크다. 세계에서 가장 작은 사슴 종이 산다.

쿠에울라트 빙하
절벽 끝에 아슬아슬하게 자리 잡고 있다.

까레나 호수 석회 동굴
이 대리석 반도에 파도가 몰아쳐 동굴 벽에 소용돌이 모양의 구멍이 뚫렸다. 맑은 날에는 파란 바닷물이 동굴을 환하게 밝혀 준다.

대서양

마리오 하무이
1960년-
초신성을 연구하는 천문학자. 마리오의 이름을 딴 소행성도 있다.

친초로 미라
기원전 7020-기원전 5050년
이집트 미라는 모두의 관심을 끈다. 하지만 최소 2000년 이상 된 가장 오래된 '친초로 미라'를 아는 사람은 많지 않다.

그레이 빙하, 토레스 델 파이네 국립 공원
남부 파타고니아 빙원의 일부. 이 빙하는 폭 6km, 높이 30m에 이른다.

펭귄의 섬
마젤란 해협 막달레나섬에는 인간은 살지 않지만 펭귄 수천 마리가 산다.

티에라 델 푸에고 국립 공원
남아메리카 남쪽 끝에 있는 섬인데, 칠레와 아르헨티나가 서로 소유권을 주장하고 있다. 모두 남극 대륙을 들르는 기지로 사용하려고 한다.

에보 모랄레스
1959년-
원주민 출신으로 최초로 대통령을 역임했다.

카르멘 로사
1970년-
원주민 여성 최초로 레슬링 재단을 운영했다. 전통 의상을 입고 싸우며, 고향 라파스에서는 '영원한 챔피언'으로 명성이 자자하다.

마디디 국립 공원
아마존강 유역에 있는 공원. 재규어, 오실롯(고양잇과 포유류), 안경곰, 왕수달, 분홍돌고래 등이 산다.

아니마스 계곡
우뚝 솟은 진흙 바위 첨탑은 무척 이색적이다. 이곳 지역 주민들은 이 첨탑을 하늘에 도달하는 사람들의 영혼이 굳어진 것이라고 믿었다.

케이블카
도시에는 대체로 기차, 트램, 버스를 교통수단으로 이용하지만 볼리비아의 수도 라파스에는 케이블카가 있다.

달의 계곡
달의 계곡은 진흙으로 이뤄진 지층이 오랫동안 침식되어 생긴 곳이다.

페루

아파체타 추추라 패스
고대 잉카 제국의 수송로이자 볼리비아에서 가장 인기 있는 하이킹 코스 '엘 초로 트랙'의 가장 높은 지점이다.

볼리비아 죽음의 길
이 도로에 왜 이런 이름이 붙었는지 굳이 확인해 볼 필요가 없다. 도로의 한쪽은 단단한 바위이고, 다른 한쪽은 600m의 깎아지른 낭떠러지다.

마녀 시장
기이한 시장 골목에는 주문을 걸고 영혼을 소환하는 물약, 부적, 제조법이 줄지어 있다.

태양의 섬
고대 잉카 사람들은 이 섬에서 태양이 태어났다고 믿었다. 세계에서 가장 높은 호수 위로 태양이 떠오르는 모습을 보면 그 이유를 쉽게 알 수 있을 것이다.

코파카바나
붉은 지붕의 코파카바나는 티티카카 호수 기슭에 자리 잡고 있다. 잉카 사람들이 근처 언덕에 전망대를 세울 정도로 정말 아름다운 곳이다.

노엘 캠프 메르카도 국립 공원
이 지역을 보호하기 위해 처음으로 캠페인을 시작한 생물학자의 이름을 따서 이름을 붙였다. 아마존 열대 우림, 메마른 숲, 사바나가 있다.

엘알토 ★ 라파스

티와나쿠
고대 문명 유적지. 7만 명 정도가 거주하던 고대 문명의 수도였다.

구엠 바이오 센터
열대 지방은 세계에서 가장 큰 나비 보호 구역으로 아주 완벽하다.

노엘 캠프 메르카도
1924-1986년
선구적인 생물학자이자 환경 운동가. 마약 밀매업자들에게 살해당했다. '노엘 캠프 메르카도 국립 공원'은 그의 이름을 따서 지었다.

코차밤바 ★

오루로 ★

산타 크루스 데 라 시에라 ★

포토시
1545년경, 은이 발견되고 서구 세계에서 가장 큰 도시가 되었다.

팜파스 델 야쿠마
이 공원에 가면 아나콘다, 카이만, 카피바라 등 수많은 동물을 볼 수 있다.

리디아 구에일러 테자다
1921-2011년
볼리비아 최초의 여성 대통령. 아메리카 대륙에서는 두 번째 여성 대통령이다.

사자마 국립 공원
화산, 온천, 세계에서 가장 높은 숲이 있다. 땅에 새겨진 1만 6000km의 신비한 선은 아마도 고대 순례길이었던 것 같다.

수크레 ★

수크레
수크레는 프랑스어로 '설탕'이라는 뜻. 볼리비아의 수도 수크레는 '화이트 시티'라고도 부른다.

우유니 소금 사막
세계에서 가장 큰 소금 평원. 거대한 호수가 말라 눈부신 풍경을 자아낸다.

에디온다(헤디온다) 호수
'악취 나는 호수'라는 뜻이지만, 이곳을 이주의 중간 기착지로 삼는 플라밍고는 신경 쓰지 않는 것 같다.

기차 묘지
기차가 더 이상 움직일 수 없으면 어떻게 될까? 모두 여기에 오는 것 같다.

아르투르 포스난스키
1873-1946년
고고학자. 오스트리아에서 태어났지만 고고학적 노력을 인정받아 볼리비아 시민이 되었다. 볼리비아에 처음으로 자동차를 소개했다!

아르볼 델 피에드라
'돌나무'라는 뜻. 이 기괴한 지형은 수세기에 걸쳐 바위가 사막의 매서운 모래바람에 깎여 생겨났다.

리코산
이곳 광산의 광부들은 은을 채취하기 위해 열악한 조건에서 정말 힘들게 일한다. 그래서 이곳은 '사람을 잡아먹는 산'으로도 유명하다.

살바도르 달리 사막
살바도르 달리는 '초현실주의'라는 그림 스타일로 유명하다. 이 사막의 기괴한 풍경은 살바도르의 이름을 따서 붙일 만큼 그 작품과 비교된다.

솔 데 마냐나
'아침의 태양'이라는 뜻. 연한 청록색 웅덩이가 있는 이 다채로운 간헐천 들판에서 뿜어져 나오는 거품과 증기를 감상해 보자.

아르헨티나

사막에서 열대 우림까지, 그리고 그 사이의 모든 것

강력한 잉카 문명의 일부였던 볼리비아는 16세기에 스페인 정복자들에게 패배했습니다. 이들은 페루 북부에서 스페인의 지배를 받으며 살다가 1825년에 독립을 쟁취했습니다. 볼리비아는 혁명, 봉기, 폭동 등 정치적으로 불안정한 시기를 거쳤어요. 하지만 이 모든 과정을 거치며 볼리비아의 원주민 역사는 꿋꿋하게 살아남았어요.

땅에 묻힌 탑에서 도시 폐허와 수백 년 된 순례길에 이르기까지 전국에 걸쳐 고대 문명의 흔적을 찾아볼 수 있어요. 볼리비아 사람들은 각기 다른 35개 이상의 언어를 사용하며 자신들의 유산을 자랑스럽게 여깁니다. 볼리비아의 인류 역사와 인간이 만든 광경은 놀랍습니다. 하지만 자연의 경이로움이야말로 볼리비아에 꼭 가 봐야 하는 이유라고 할 수 있어요.

볼리비아의 경이로운 자연 중에서 세상 가장 높은 곳에 위치한 티티카카 호수, 가장 큰 소금 호수는 꼭 가 봐야 할 곳입니다. 활화산, 간헐천 평원, 눈 덮인 산, 은이 풍부하게 매장된 산, 재규어와 오실롯으로 가득한 정글, 기이한 암석이 있는 사막 모래도 빼놓을 수 없겠지요. 흰색으로 칠한 건물, 매혹적인 시장, 분주히 움직이는 케이블카가 있는 도시도 탐험해 보세요. 남아메리카의 보석, 볼리비아에 대해 알아봅시다.

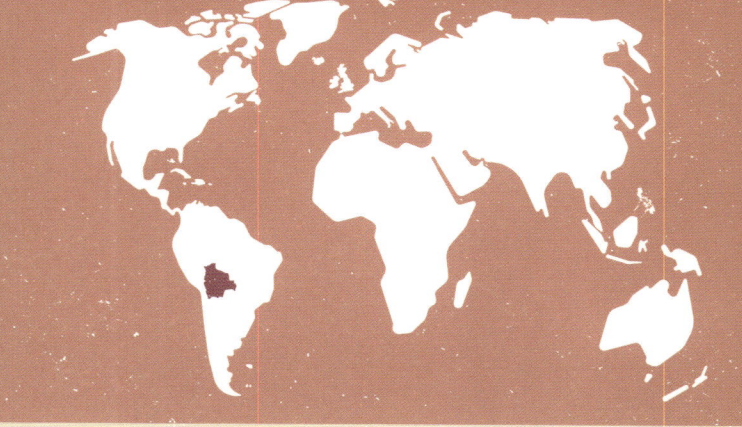

역사적 순간들

1세기: 아이마라 사람들이 티와나쿠 문명을 세우고 도시를 건설함.

1400년대: 잉카 사람들이 제국을 확장해 볼리비아 지역을 다스림.

1538년: 스페인 군대가 볼리비아 지역을 정복하고 북부 페루라고 부름.

1545년: 포토시의 세로리코에서 은이 발견됨.

1824-1825년: 베네수엘라 자유 투사 시몬 볼리바르가 볼리비아를 페루에서 해방시키고 볼리비아 초대 대통령이 됨.

1879-84년: 볼리비아는 칠레에 영토를 빼앗기고 내륙 국가가 됨.

1932년: 볼리비아와 파라과이는 석유 매장량이 풍부한 지역을 놓고 전쟁을 벌임. 양측 모두 많은 목숨을 잃었고, 볼리비아는 전쟁에 패함.

1952년: 볼리비아 혁명이 일어남. 백인 지배 계급에서 원주민 공동체로 권력이 이동함.

1960-1970년대: 볼리비아는 일련의 군사 쿠데타로 고통 받음. 수십 년 동안 부패와 인권 침해가 발생함.

1990년: 400만 에이커의 열대 우림이 원주민에게 할당됨.

2006년: 에보 모랄레스가 최초의 볼리비아 원주민 대통령으로 선출됨.

2019년: 에보 모랄레스가 선거 조작 혐의로 사임함. 자니네 아녜스가 스스로 대통령을 선언함.

주요 사항	통합이 힘을 만든다	
수도 수크레(사법), 라파스(행정)	**화폐** 볼리비아노	**국가 코드** BO
대도시 산타 크루스 데 라 시에라 엘알토 라파스 코차밤바 오루로	**이름의 유래** 시몬 볼리바르(스페인으로부터 독립 전쟁을 이끈 베네수엘라 지도자)	**공식 언어** 스페인어, 원주민 언어 36가지
	꽃 칸투타	**새** 안데스콘도르
인구 1172만 명 (2020, 외교부)		

파라과이

볼리비아

역사적 순간들

기원전 9790년 : 보고타 북쪽의 '티비토'에 콜롬비아 최초로 인류가 살았다고 알려짐.

서기 1525-1538년 : '산타 마르타'에 최초의 스페인 정착촌이 생김. 스페인 정복자 곤살로 히메네스 데 케사다가 안데스산맥에서 에메랄드와 금을 발견함.

1700년대 : 스페인은 콜롬비아, 베네수엘라, 에콰도르, 파나마를 합병해 거대한 식민지를 '뉴 그라나다의 부왕령'이라고 함.

1819년 : 콜롬비아가 스페인에서 독립하고 시몬 볼리바르가 초대 대통령이 됨.

1903년 : 파나마가 미국의 지원을 받아 콜롬비아에서 분리되고, 미국이 파나마 운하를 차지함.

1948-1958년 : 자유주의자와 보수주의자 사이에 내전이 발발함. 25만 명이 넘는 사람들이 목숨을 잃음.

1984년 : 강력한 마약 카르텔(연합)과 정부 간에 폭력 사태가 발생함.

2000년 : 콜롬비아는 10억 달러 이상을 지원 받아 마약 밀매와 마약 조직 소탕 작전을 벌임.

2007년 : 콜롬비아에서 가장 높은 '네바도 델 후일라 화산'이 500년 만에 폭발함.

2012년 : 마약 거래로 막대한 수입을 올리는 반군 지도자들과 정부 사이에 평화 협상을 시작함.

2014년 : 콜롬비아가 역사상 최초로 FIFA 월드컵 8강에 진출함.

2016년 : 정부는 반군과의 역사적인 평화 협정에 서명함. 50년 이상 이어져 온 마약 관련 폭력을 종식시킴.

아르비 공원
콜롬비아에서 두 번째로 큰 도시 메데인에 있는 공원. 도심 속 이 거대한 생태 보호 구역에서 사람들을 피해 숲속을 거닐 수 있다.

꽃 축제
매년 퍼레이드, 미인 대회, 음악 콘서트와 함께 꽃 축제가 열린다.

보테로 광장
페르난도 보테로는 콜롬비아에서 유명한 조각가다. 멋진 작품으로 이 공원을 가득 채웠다.

산후안곶
이 열대 해변을 보려면 버스를 타고 가서 90분을 걸어가야 한다.

바랑키야

카르타헤나

과테페의 바위
안티오키아에 있는 이 바위는 땅에서 220m 솟아 있다. 올라가려면 5일이 걸렸다고 한다. 지금은 십자형 산책로가 있다.

마리아 카노
1887-1967년
콜롬비아 최초의 여성 정치 지도자. 기본 시민권과 노동자 권리를 위해 싸웠다. 또한 존경 받는 작가이자 시인이기도 했다.

라 쿠에바 델 에스플렌도(찬란한 동굴)
산에 있는 이 동굴 내부로 들어가면 동굴 지붕의 10m 너비 구멍에서 흘러내리는 계단식 폭포를 감상할 수 있다.

메데진

샤키라
1977년-
가수 겸 작곡가. 전 세계적으로 1억 4000만 장 이상의 앨범을 판매했다. 400개가 넘는 음악 관련 상도 받았다.

코코라 계곡
세계에서 가장 키 큰 야자수가 자란다.

타타코아 사막
타타코아에는 붉은 모래 사막의 들쭉날쭉한 봉우리와 회색 모래 사막의 달빛 풍경이라는 두 가지 대단한 풍경이 있다.

칼리

카를로스 발데라마
1961년-
13년 동안 콜롬비아 축구 국가 대표 팀에서 뛰었다. 국제 경기에 111번 출전했다.

산 아구스틴 고고학 공원
이 공원에는 여러 신들과 신화 속 동물의 동상이 있다. 가장 큰 종교적 기념물을 갖추고 있다.

카조나캐니언, 라스달리아스 자연 보호 구역
여기 좁은 협곡에는 열대 우림이 양쪽에 늘어서 있다.

콜롬비아

다채로운 도시와 경이로운 자연

남아메리카 고지대에 자리 잡은 콜롬비아는 아메리카에 식민지 시대를 불러온 이탈리아 탐험가 크리스토퍼 콜럼버스의 이름을 따서 지었어요. 하지만 스페인 식민지 '뉴 그라나다' 이전에는 킴바야, 치브차, 칼리나 고대 문명이 꽃핀 곳이기도 합니다. 이러한 문명의 증거는 전국에 걸쳐 있는 종교적 기념물과 도시 유적에서 지금도 확인할 수 있어요.

콜롬비아의 인류 역사는 매혹적입니다. 하지만 이 나라의 멋진 풍경을 통해 가장 흥미로운 이야기를 전한다고 말할 수 있을 거예요. 콜롬비아에는 카리브해와 태평양을 따라 해안선이 이어져 있으며, 아름다운 해변을 자랑하지요.

해안을 벗어나면 열대 우림에서 눈 덮인 산맥에 이르기까지 다채로운 풍경이 펼쳐집니다. 거대한 바위(지구에서 가장 오래된 것으로 추정됨), 고대 협곡, 무지갯빛 강, 하늘 높이 뻗은 야자수, 지하 동굴로 떨어지는 폭포를 만날 수 있어요. 이런 지형과 더불어, 아주 자그마한 독화살개구리와 위엄 있는 플라밍고 등 놀라운 야생 동물도 볼 수 있습니다.

콜롬비아에는 정말 모든 것이 다 있습니다!

타로아 모래 언덕
남아메리카 대륙 북쪽 끝 라과히라에 가면 가파른 모래 언덕이 카리브해 앞으로 펼쳐진다.

플라밍고 보호 구역
라과히라에 있는 40년 이상 야생 동물 보호 구역이었다. 플라밍고는 이곳에서 먹이를 먹고 휴식을 취한다.

타이로나 부족의 잃어버린 도시
산꼭대기에는 타이로나 부족의 1000년 전 도시 유적이 있다. 폐허가 되었던 이곳을 1972년 사냥꾼들이 발견했다.

초코루 독화살개구리
열대 우림 깊숙한 곳에 가면 이 화려하고 귀여운 개구리를 볼 수 있다. 눈으로만 보고 절대 만지지 말 것! 피부에 독이 너무 많아 목숨을 잃을 수도 있다.

치카모차 협곡
3000만 년 전에 형성된 이 협곡은 세계에서 두 번째로 크다. 산탄데르에 가면 볼 수 있다.

라스 가차스
라스 가차스는 '죽'이라는 뜻이다. 이 붉은 돌 강바닥을 따라 맑은 물이 흐르며 수십 개의 원형 웅덩이를 가득 채운다. 산탄데르에 가면 볼 수 있다.

★ 보고타

오리노코강의 (마이푸레스) 급류
오리노코강은 아프리카 대륙과 아메리카 대륙이 갈라지기 전부터 흘러내렸다.

마베쿠레 바위산
세 개의 바위산은 아주 오래되었다. 원주민 부족은 이곳을 '신들의 집'이라고 믿었다.

라구나 레그르
과비아레의 고요하고 맑은 날, 이 정글 호수에는 하늘과 주변 환경이 수정처럼 맑게 비친다.

누에보 톨리마
수천 년 전에 생긴 이 암벽화는 원주민들이 그렸다. 과비아레에 있다.

카뇨 크리스탈레스
'수정의 은하'라는 뜻으로 '오색 강'이라는 별명이 있다. 일 년 중 특정한 때에 물속에 식물이 자라는데, 이 때문에 강이 선홍색으로 물든다.

볼리바르 광장
도시 한가운데 있는 이 광장은 서커스장과 투우장으로 사용되었다.

황금 박물관
보고타의 황금 박물관 안에는 콜롬비아 원주민 문화를 잘 보여 주는 황금 공예 수집품이 있다.

몬세라테
콜롬비아의 수도 위에 우뚝 솟은 흰색 성당이 있다.

브라질

주요 사항 — 자유와 질서

수도 보고타	**화폐** 콜롬비아 페소	**국가 코드** CO
대도시 보고타 메데진 칼리 바랑키야 카르타헤나	**이름의 유래** 탐험가 크리스토퍼 콜럼버스	**공식 언어** 스페인어, 영어
인구 5037만 명 (2020, 외교부)	**꽃** 크리스마스난	**새** 안데스콘도르

가브리엘 가르시아 마르케스
1927-2014년
콜롬비아의 가장 유명한 작가이자 저널리스트. 그는 1982년 노벨상을 수상했으며, 마술적 사실주의로 잘 알려져 있다.

아드리아나 오캄포
1955년-
행성 지질학자와 미국 항공우주국(NASA)의 매니저. 오캄포는 소행성 충돌에 대해 연구하고 있다.

오스트레일리아 & 뉴질랜드

남반구의 대륙에 오신 것을 환영합니다!

호주라고도 하는 오스트레일리아는 커다란 섬나라입니다. 하지만 이곳이 지구상에서 가장 작은 대륙이라는 사실을 알고 있나요? 이곳에는 오랫동안 원주민들이 이어온 문화가 있습니다. 고대 암벽화에서 그 이야기를 엿볼 수 있지요. 뉴질랜드 마오리 부족의 역사는 웰링턴의 '테 파파 통가레와' 박물관에서 자랑스럽게 살아납니다.

오스트레일리아와 뉴질랜드에는 박물관, 눈에 띄는 건물, 아름다운 공원 등 볼거리가 아주 많아요. 더불어 '키위키위' 하며 우는 새 키위와 캥거루 같은 독특한 야생 동물도 살고 있습니다. 특별한 향야, 해변과 산맥, 사막과 빙하, 열대 우림과 습지에 이르기까지 없는 게 없답니다!

넬리 멜바
1861-1931년
20세기 초, 최고의 소프라노였다.

에디스 코완
1861-1932년
여성과 아동의 권리를 위해 싸운 운동가. 오스트레일리아 여성 최초로 국회의원이 되었다.

앨버트 나마트지라
1902-1959년
원주민의 권리를 위해 싸운 활동가이자 예술가. 원주민 최초로 오스트레일리아 시민권을 받았다.

카카두 국립 공원
드넓은 공원에 1만 마리 이상의 악어가 살고 있다. 또한 이곳에는 고대 암벽화도 있다!

공룡 발자국
오스트레일리아 서부 해안은 백사장으로 유명하지만 1억 3000만 년 된 공룡 발자국 화석도 꼭 봐야 한다.

데인트리 국립 공원
이 열대 우림은 매우 후텁지근하다. 하지만 데인트리강에 풍덩 뛰어들어 헤엄치고 싶더라도 꼭 참아야 한다. 악어가 가득하니까.

그레이트 배리어 리프
세계 최대의 산호초. 이 놀라운 산호초는 크기가 이탈리아와 거의 같다고 한다! 이 드넓은 공간에 1500종의 물고기도 산다!

울루루
오스트레일리아 중심부에 있는 거대한 바위. 6억 년이나 되었기에, 원주민들은 신성한 장소로 여긴다.

캥거루섬
오스트레일리아 남부의 이 섬은 야생 동물 보호에 앞장서고 있다. 이곳에서 여러분은 웜뱃, 코알라, 캥거루, 포섬(주머니쥐), 바다사자, 펭귄을 볼 수 있다.

멜버른
오스트레일리아에서 두 번째로 큰 도시. 세계적으로 유명한 멜버른 크리켓 그라운드(MCG)가 있다. 10만 명 이상을 수용할 수 있다고 한다!

오스트레일리아
브리즈번
시드니
캔버라
멜버른

웰링턴
뉴질랜드의 수도. 이곳에 있는 '테 파파 통가레와' 박물관에 가면 뉴질랜드의 풍부한 역사를 제대로 알 수 있다.

태즈메이니아 데블 (주머니곰)
이 털북숭이 동물은 세계에서 가장 큰 육식성 유대류로, 강력한 턱으로 엄청나게 물어뜯는다.

그레이트 오션로드
오스트레일리아 남동부의 이 해안 도로를 달리다 보면 바다에서 솟아오르는 듯한 아찔한 암석을 볼 수 있다.

프란츠 요제프 빙하
뉴질랜드에 있는 이 빙하의 가파른 꼭대기에는 아름다운 얼음 동굴과 크레바스가 있다.

밀포드 사운드
뉴질랜드에서 가장 유명한 관광지. 초기 유럽인들은 이곳을 '소리'라는 뜻의 사운드로 잘못 불렀다. 사실 이것은 '피오르'이다. 이 산은 빙하 때문에 갈라졌다.

주요 사항	오스트레일리아 : 오스트레일리아여 전진하라 뉴질랜드 : 앞으로	
수도 오스트레일리아 : 캔버라 뉴질랜드 : 웰링턴	**화폐** 오스트레일리아 : 달러 뉴질랜드 : 달러	**국가 코드** 오스트레일리아 : AU 뉴질랜드 : NZ
대도시 오스트레일리아 : 시드니, 멜버른, 뉴질랜드 : 오클랜드, 크라이스트처치	**이름의 유래** 오스트레일리아 : 라틴어 테라 오스트랄리스 뉴질랜드 : 네덜란드의 젤란트 지방 네덜란드인들은 이곳을 '새로운 젤란트'라고 불렀음	**인구** 오스트레일리아 : 약 2564만 명 (2021, 외교부) 뉴질랜드: 약 470만 명 (2018, 외교부)
공식 언어 오스트레일리아 : 영어 뉴질랜드 : 영어, 마오리어	**꽃** 오스트레일리아 : 골든와틀 뉴질랜드 : 실버펀	**새** 오스트레일리아 : 에뮤 뉴질랜드 : 키위새

시드니 오페라 하우스
시드니 항구 끝자락에 위치한 오페라 하우스는 마치 항해할 수 있는 것처럼 보인다!

저신다 아던
1980년-
정치인. 2017년에 뉴질랜드 총리가 되었다. 당시 역대 최연소였다.

블루 마운틴
유칼립투스 물방울과 수증기 때문에 이 산에서는 파란 안개가 피어오른다.

본디 해변
오스트레일리아는 아름다운 해변으로 유명하지만 그중에서도 도시 동쪽의 이 모래사장이 가장 유명하다.

피지

원 트리 힐
오클랜드시가 내려다보이는 이 원뿔형 고대 화산은 한때 5000명 이상의 마오리 부족의 고향이기도 했다.

스카이 타워
뉴질랜드에서 가장 큰 도시를 한 눈에 내려다보려면, 328m 높이의 스카이 타워 꼭대기로 올라가자.

에드먼드 힐러리
1919-2008년
1953년, 네팔 산악인 텐징 노르가이와 함께 처음으로 에베레스트산 정상에 올랐다.

피하 해변
험준한 절벽으로 유명한 이 거친 해변의 검은 모래밭에 발가락을 담가 보자.

테 푸카테아 만, 아벨 타스만 국립 공원
모래 해변의 산책로를 따라 걷다 보면 고대 마오리 부족의 요새가 나온다.

오클랜드

통가리로 국립 공원
마오리 부족은 이 화산 산맥을 사나운 전사라고 믿었다.

로토루아
썩은 달걀 냄새가 아니다. 마을 주변의 진흙탕에서 나오는 유황 가스 냄새다.

뉴질랜드

웰링턴

와이토모 동굴
동굴은 산소와 반딧불이 수천 마리 사이의 화학 반응으로 파랗게 빛난다.

크라이스트처치

퀸스타운
스키나 스노보드를 좋아한다면 퀸스타운만한 곳이 없다.

카이코우라
이 남섬 근처에서 돌고래와 함께 헤엄치며 물속 친구를 사귀어 보자. 아니면 몸을 말리고 향유고래를 살펴보자.

역사적 순간들

[오스트레일리아]

사람들이 오스트레일리아에 도착. 세계에서 가장 오래 살아남은 문화를 이어옴.

1400-1500년: 원주민들이 외부 세계와 처음으로 접촉함. 인도네시아 사람들과 무역을 함.

1768-1788년: 제임스 쿡 선장이 오스트레일리아를 발견했다고 주장함. 식민화가 시작됨.

1851년: 빅토리아에서 금이 발견됨. 이주민 수천 명이 몰려들어 도시 번성함.

1901년: 오스트레일리아가 연방으로 선포됨. 의회가 구성되고 초대 총리가 투표로 선출됨.

2000년: 시드니 올림픽이 개최됨. 육상 경기에 출전한 캐시 프리먼이 오스트레일리아 원주민 최초로 개인 금메달을 획득함.

[뉴질랜드]

1200-1300년: 폴리네시아 사람들이 뉴질랜드에 정착해 살기 시작함. 이들은 마오리 부족으로 알려짐.

1642년: 네덜란드 탐험가 아벌 타스만이 유럽인 최초로 뉴질랜드를 발견함. 네덜란드 지도 제작자가 해안선을 기록함.

1700-1800년: 제임스 쿡 선장이 유럽인 최초로 뉴질랜드를 일주함. 다른 탐험가, 선교사, 상인들이 그 뒤를 이음.

1840년: 마오리 족장들이 영국과 '와이탕이 조약'에 서명함. 이로써 뉴질랜드는 대영 제국의 일부가 되고 마오리 사람들은 영국인들과 동등한 권리를 받음.

1893년: 세계 최초로 여성에게 투표권을 부여함.

1947년: 뉴질랜드가 영국으로부터 독립을 선언함.

2011년: 지진이 크라이스트처치를 강타해 도시 대부분이 파괴되고 1840명이 목숨을 잃음.

2015년: 뉴질랜드 국가 대표팀이 럭비 월드컵에서 최초로 두 번 연속 우승을 차지함.

알아맞혀 보고, 찾아보고!

아래 그림을 보고 어느 나라에서 본 건지 기억해 보세요.
만약 기억이 안 난다면 다시 본문으로 돌아가서 찾아보세요!

	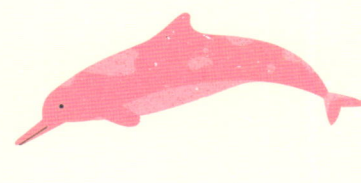			
토끼풀	아마존강 돌고래	카포바 동굴	가면	달리아

후투티	푸꾸옥섬	코끼리	평화	절벽 다이빙

델프트	공룡 발자국	타파스	유칼립투스	개구리
		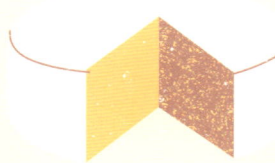		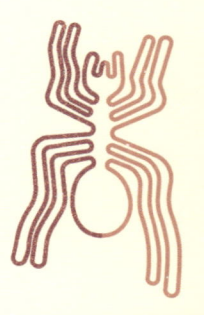
빵 박물관	오래된 오두막	카망베르	온천	나스카 문양

 벚꽃
 과일
 난초
 유에프오
 올리브유

 달팽이
 땅의 요정
 요정 학교
 모자이크
 여우원숭이

 사파리 워크
 모아이
 가죽 염색 공장
 선글라스
 해적

 놀이똥산
 기차
 피자
 거꾸로 된 집
 거대한 두상

 핑크 해변
 풍차
 우르미아 호수
 손목
 사파이어

 수박
 로봇
 팔라펠
 초콜릿 냄비
 대나무

용어 해설

가뭄
비가 오지 않는 긴 시간, 물 부족을 만듦.

가축화하다
인간과 함께 살 수 있도록 동물을 거둠.

강당
관객이 공연을 관람할 수 있는 공간.

건축
건물을 설계하고 만드는 일.

게릴라
군대가 아니라 느슨하게 조직된 집단과 싸우는 군인.

게토
유대인들이 모여 살도록 법으로 규정해 놓은 지역.

고원
고지대에 있는 벌판.

공화국
주권이 국민에게 있는 나라.

관료
정부 부서에서 일하는 사람.

구석기 시대
석기 시대 초기.

군도
많은 섬.

군주제
왕이나 왕비가 통치하는 사회.

귀족
사회의 상류층.

그로토
작은 동굴.

기근
음식이 아주 부족함.

기모노
일본 전통 옷.

내란
같은 나라 사람들 사이에 전쟁이 벌어짐.

논
쌀을 재배하는 땅.

농업
땅을 일궈 농작물을 가꾸는 일.

눈사태
산비탈에서 떨어지는 엄청난 양의 눈과 얼음.

대규모 농장
설탕, 커피, 목화 등을 대규모로 재배하는 농업 방식.

대량 학살
많은 사람을 살해한 사건.

대수학
숫자를 대표하는 일반 문자를 사용한 수의 관계, 계산 법칙 따위를 연구하는 학문.

독재
한 사회가 완전한 권력을 가진 한 사람에게 지배를 당함.

르네상스
14세기부터 17세기까지의 기간 동안 유럽의 예술, 과학 및 정치가 중요한 진전을 이룬 시기.

마그마
지구 표면 아래 흐르는 뜨겁고, 반액체로 된 물질.

만
대양의 넓은 지역은 부분적으로 육지로 둘러싸임.

메트로폴리스
거대한 도시.

모더니즘
20세기 초에 전통적인 방법을 외면했던 예술 운동.

모자이크
작은 유리 조각이나 돌 조각으로 만든 예술 작품.

몬순
아시아 일부 지역에서는 강우량이 많은 계절.

묘소
무덤이나 무덤이 있는 곳.

무당
특별한 힘과 영혼에 대한 지식을 가지고 있다고 생각되는 사람.

미너렛
이슬람 사원인 모스크 외곽에 있는 첨탑.

민주주의
국민이 가진 권력을 스스로 행사하는 제도.

바바리안
고대 세계에서는 미개한 사람.

바실리카
크고 화려한 교회 스타일.

반도
본토에서 바다나 호수로 튀어나온 지형.

발굴
묻혀 있는 것을 찾아 파내는 일.

봉건주의
권력을 가진 사람이 피권력자를 다스리는 방식.

부속 건물
더 큰 건물에 붙어 있는 작은 건물.

분기공
가스가 빠져나가는 화산 근처에 구멍이 뚫림.

분리
한 무리의 사람들을 다른 무리로부터 멀리하는 것.

블록
특수 이익을 목적으로 모인 집합체.

빙하
아주 천천히 움직이는 얼음의 강.

사무라이
중세 일본 전사 계급.

사바나
뜨거운 지역에 평평하고 풀이 무성한 평야.

사업가
사업을 하는 사람.

삼각주
모래와 진흙이 쌓이면서 생긴 강 하구에 있는 지형.

삼림 벌채
나무를 베는 것.

생물 다양성
주어진 지역의 식물과 동물의 다양성.

생물권
생물이 서식하는 범위.

생물학자
살아있는 것을 연구하는 사람.

석호
바다에서 분리된 호수.

선사 시대
기록되기 전의 시대.

성경
종교 교리를 기록한 경전.

소아과 의사
아이들의 병을 진료하고 치료하는 의사.

소프라노
가장 높은 음을 부르는 가수.

수도원
수도사들이 사는 곳.

수로
물을 운반하는데 사용되는 크고 인공적인 통로.

수문
물의 흐름을 조절하는 데 사용되는 문.

순례자
성지를 찾아다니는 사람.

스모
일본에서 하는 레슬링의 형태.

식물학
식물을 연구하는 학문.

식민지
다른 나라에 예속되어
주권을 잃은 나라.

신경학자
신경과 신경계를 연구하는 사람.

신석기 시대
인류가 농사와 목축을
시작한 석기 시대 말기.

십자군 원정
중세 유럽에서 크리스트교도가
예루살렘을 되찾기 위해 일으킨 전쟁.

아방가르드
주류에 반하는 예술.

알고리즘
계산과 문제 해결에 따르는
규칙이나 과정.

알코브
벽에 설치된 방의 일부.

알파인
높은 산악 지역과 관련이 있음.

에파르트헤이트
인종적 노선을 따라 사람들을
분리하는 시스템.

엑스레이
고체 물체의 이미지를 통과하게
만든 보이지 않는 에너지의 물결.

영연방
영국을 중심으로 결합한 연합체.

오벨리스크
뾰족한 윗부분이 있는 크고 좁은 입석.

와트
동남아시아에 있는 불교
수도원이나 사원.

왕조
각각 이전 것으로부터 권력을
물려받은 일련의 통치자들.

외계인
지구에선 온 것이 아님.

우주 비행사
우주선에서 일하는 사람.

원자
모든 것을 구성하는 작은 입자.

원형 극장
고대 세계에서는 크고 야외적인 극장.

유목민
목축을 업으로 하며 사는 민족.

유물
옛사람이 남긴 물건.

유전학자
유전자를 연구하는 사람. 유전자는
각각의 생물을 독특하게 만드는 것.

의회
법을 만들고 일반 대중을 대표하는 곳.

작곡가
음악을 쓰고 만드는 사람.

재배하다
농작물을 키우는 것.

재활
아프거나 다친 사람이나 동물을
건강한 상태로 복원하는 것.

점성술
별과 행성이 일상생활에
미치는 영향에 대한 연구.

정자
공원이나 정원에 있는 큰 개방된 건물.

중세의
중세 시대. 대략 400-1400년경.

지도 제작
지도의 연구와 제작.

지열
지구 깊은 곳에서 오는 열.

지형
땅의 모양이나 형세.

천문대
망원경이 하늘을 연구하기
위해 설치한 건물.

천문학
별, 행성, 우주에 대한 연구.

철학
지식, 현실, 존재에 대한 연구.

첨탑
요새나 성에 붙어 있는 작은 탑.

초음속
소리의 속도보다 빠름.

카르스트
들쭉날쭉한 바위, 동굴, 싱크홀의 풍경.

카타콤
많은 무덤이 있는 지하 묘지.

칼데라
화산의 무너진 곳에 형성된 분화구.

콩키스타도르
'정복자'를 뜻하는 스페인어.

크레바스
땅이나 얼음의 깊은 균열.

탑
절이나 힌두교 사원에서 볼 수 있는
여러 층으로 쌓은 뾰족한 건축물.

테러
정치적 목적을 달성하기 위해
폭력과 두려움을 사용하는 것.

토착
대대로 그 땅에 사는 것.

파라오
고대 이집트를 다스린 왕.

프레스코
벽이나 천장에 그려진 그림.

피라미드
고대 이집트에서 통치자를 묻은 무덤.

피오르
높은 절벽 사이로 바다가 한 번 들어옴.

하구
바다로 통하는 어귀.

항공학
항공에 관련된 연구를 하는 학문.

해상
보트, 선적 또는 바다 위.

해협
육지 사이에 낀 좁고 긴 바다.

헌법
국가가 어떻게 통치되어야
하는지에 대한 일련의 규칙.

혁명가
정부의 급격한 변화를
지지하거나 가져오는 사람.

혐오스러운
미워하고 싫어하는 감정.

협곡
가파른 절벽 사이의 좁은 골짜기.

화물선
물건을 운반하는 배.

환경주의
자연계가 보호되어야 한다고 믿고
그렇게 하기 위해 취한 행동들.

색인

가나가와 44
가르교 5
가마쿠라 대불 44
가브리엘 가르시아 마르케스 101
가브리엘라 미스트랄 97
가와산 폭포 61
가우초 90
가자 지구 49
가죽 염색 공장 69
간헐천 계곡 13
갈 가도트 49
갈리아 지역 4
갈릴레이 11
개선문 5
게르성 25
고다포스 폭포 27
고대 카노 성벽 73
고롱고사 국립 공원 79
고르디옴 고고학 공원 24
고르카 왕궁 47
고마테스와라 신상 34
고아섬 79
고트프리트 켈러 28
곡타 폭포 94
골레스탄 궁전 51
공룡 발자국 102
공자 41
과나하카비베스 국립 공원 88
과비아레 101
과치몬테스 84
괴레메 야외 박물관 33
괴뢰메 계곡 33
교토 기온 거리 44
구겐하임 미술관 15
구아마 89
구엘 공원 15
구엠 바이오 센터 98
구원의 예술상 93
구텐베르크 박물관 8
국립 미술관 18
국립 인류학 박물관 84
국제사법재판소 18
그라우스산 82
그랜드 바자르 32, 51
그랜드 캐니언 86
그레이 빙하 97
그레이트 리프트 밸리 76
그레이트 배리어 리프 102
그레이트 오션로드 102
그레타 툰베리 31
그뤼에르 치즈 공장 28
그리스 16
금각사 44
금문교 86
기린 호텔 77
기슈와티무쿠라 국립 공원 80
기억과 인권 박물관 97
기오르고스 카라구니스 17
기제의 대피라미드 66
기차 묘지 98
길리 제도 42

김구 59
까레나 호수 석회 동굴 97
까엡 62
까이랑 수상 시장 36
깐짜나부리 38
꽃 축제 100
꽃시계 28
꽃의 계곡 34

나나 무스쿠리 17
나르성 21
나린성 51
나바지오 해변 16
나비 계곡 32
나비 공원 56
나세르 호수 66
나스카 문양 94
나이로비 사파리 워크 77
나이바샤 호수 76
나이사 국립 보호 구역 79
나이아가라 폭포 83
나이지리아 72
나일강 삼각주 66
나쿠루 호수 국립 공원 76
나폴리 11
낙산사 58
남극 90, 96
남아프리카공화국 64
냐움바 온천 80
네덜란드 18-19, 43, 56-57, 64-65, 74, 92, 103
네스호 7
네온사인 박물관 86
네치사르 국립 공원 70
네팔 46
넬리 멜바 102
넬슨 만델라 64
넴루트 산 33
노엘 캠프 메르카도 국립 공원 98
노이슈반슈타인성 9
노지베 해변 75
놀이똥산 58
뉴욕 87
뉴질랜드 46, 102-103
늉웨 국립 공원 80
느보산 52
니다로스 대성당 30
니아 동굴 57
니코스 카바디아스 17
니테로이 현대 미술관 93
닉쉐 로스탐 무덤 50
닐 암스트롱 87

다나 자연 보호 구역 52
다나킬 사막 지대 70
다뉴브 강가의 신발들 24
다데스 계곡 69
다마반드산 50
다야 요새 55
다우가프필스 요새 21
다윗왕의 무덤 49
다토 가틀항예 64
달랏 시장 36
달리 극장 박물관 15
달얀 진흙 목욕 32
달의 계곡 97
더르바르 광장 47

데비 폭포 46
데스 밸리 86
데이비드 루디샤 77
데인트리 국립 공원 102
데티포스 폭포 27
덴마크 30-31
델타 웍스 18
델프트 18
델피의 신탁 16
도라산 전망대 58
도리스 깁슨 파라 델 리에고 95
도스 오호스 세노테 85
도요토미 히데요시 45
도쿄 44-45
도쿄 타워 45
돌로미테산맥 11
돌핀 리프 49
동대문 시장 58
동아프리카 지구대 70
두나예츠강 협곡 23
둔황 천불동 40
드랑스네스 온천 26
드렌터 19
드루스킨넨커이 21
드링걸로츠 18
디에고 마라도나 91
디즈니랜드 86
딩크네쉬 71

라 레콜레타 공동묘지 90
라 콘차 해변 15
라과히라 101
라구나 데 라스 모미아스 94
라구나 델 디아만테 90
라나발로나 1세 74
라노마파나 온천 75
라니 마할 46
라니아 왕비 52
라덴 아젱 카르티니 43
라마 5세 38
라몬 자연 보호 구역 49
라바트 69
라방키즈 레스토랑 83
라벤나 모자이크 11
라부안 쩌르민 호수 42
라스코 동굴 5
라우카 국립 공원 97
라이헨바흐 폭포 29
라인 협곡 9
라일레 해변 38
라자 암팟 43
라크베레성 21
라키산 27
라트라비아르그 26
라트비아 20
라파 누이 96
라파엘 나달 15
라플란드 31
라헤마 국립 공원 21
란세오메데스 국립 역사 지구 83
란탐보르 국립 공원 34
랄리벨라 70
람블라 거리 15
랏차녹 인타논 39
랑고쉬 24
랑카위 스카이 브리지 56
랑탕 국립 공원 47

러산 대불 41
러시모어산 86
러시아 12
런던 6-7
런던 탑 7
레겐스부르크 구시가지 9
레그지라 해변 68
레닌의 무덤 13
레오나르도 다빈치 11
레이나벨 레예스 60
레이다렌디 용암 동굴 26
레이캬비크 정착 전시회 26
레이캬비크의 오로라 26
레이프 에릭손 27
레키 보존 센터 72
레흐 바웬사 23
렌소이스 마라녠지스 국립 공원 93
로돌포 아만도 필리피 97
로라 시코드 82
로마 10-11
로마 원형 극장 52
로만 바스 7
로베르타 본다 82
로베르토 델 로사리오 61
로벤섬 64
로슈 하니크라 동굴 49
로저 페더러 28
로토루아 103
록펠러 박물관 49
롬복 42
롯데월드타워 58
롯피어 엘 나디 67
루브르 박물관 5
루비크 에르뇌 24
루스케알라산 공원 12
루앙 대성당 5
루이 리엘 83
루체른 호수 29
루카스 온천 25
루트 사막 51
루트비히 판 베토벤 9
루혼도 호수 81
룬달레 궁전 21
룸비니 46
르 코르뷔지에 28
르완다 80
리가 21
리디아 구에일러 테하다 98
리마 분수쇼 94
리베르다지 93
리오넬 메시 91
리옹 5
리처드 투레레 77
리코산 98
리타 망게쉬카르 34
리투아니아 20
리틀 페트라 52
린더호프 궁전 9
린드홀름 호제 박물관 30
린트 슈프륀글리 초콜릿 공장 29
릴라퓨레드 동굴 25

마나우스 92
마날 알 샤리프 54
마녀 시장 98
마니이케니 79
마닐라 60-61

마다가스카르 74
마다가스카르 슬림 75
마다바 지도 52
마두로담 18
마드레 비에하 89
마드리드 왕궁 14
마디디 국립 공원 98
마라파 협곡 77
마란가타나 응웬야 79
마로모코트로산 75
마르군 폭포 50
마르세유 구 항구 5
마르켄 18
마르타 비에이라 다 실바 92
마르티나 힝기스 29
마리 퀴리 22
마리아 카노 100
마리아 텔케스 25
마리오 바르가스 요사 95
마리오 하무이 97
마부 숲 79
마사다 국립 공원 49
마사이 문화유산 센터 76
마수리안 호수 지구 23
마오쩌둥 40
마욘 화산 61
마운틴고릴라 81
마윈 41
마이야 플리세츠카야 12
마이크로 원더 박물관 24
마인 온천 52
마젤란의 십자가 61
마카후와시 94
마쿠티 등대 79
마탄사스 88
마테라 11
마테호른 글래시어 파라다이스 28
마하트마 간디 35
마하팔리 사람들의 무덤 75
만리장성 41
만푸푸뇨르 석상 12
말레이시아 57
말레콘 88
말린디 77
말바 90
말보르크성 22
마추픽추 95
매니 파퀴아오 61
매니토바 83
매싸리앙 38
매홍쏜 38
메넬리크 2세 70
메르카토 70
메리엠 차디드 69
메사버드 국립 공원 86
메콩 삼각주 36
메테오라 16
멕시코 85
멜리사니 동굴 16
멜버른 102
모나스 국립 기념탑 42
모나스티라키 벼룩시장 16
모렐리아 84
모로성 88
모로코 68
모르스키예 오코 호수 22
모세 52

모자이크 11, 15, 51-52, 68-69
모치카 왕의 무덤 94
모허 절벽 6
몬세라테 101
몬테 비앙코 11
몬테수마 85
몸바사 해양 공원 77
몽블랑산 5
몽생미셸섬 5
무르만스크 12
무스타파 케말 아타튀르크 32
무쌍즈 동굴 80
무이네 모래 언덕 36
무카이 치아키 45
무터 박물관 87
물라포수르 폭포 30
물뿌리개 박물관 8
뮤지엄 김치간 58
믈라카 56
미겔 이달고 84
미국 87
미니 이스라엘 박물관 49
미디 운하 5
미야자키 하야오 45
미우치아 프라다 11
미키네스섬의 퍼핀 30
밀랍 인형 박물관 9
밀레니엄 파크 73
밀포드 사운드 102

바닭 술트 51
바덴제이해협 19
바라나시 34
바라데로 해변 88
바라코아 89
바라쿠다 호수 60
바르보라 라드빌라이테 21
바르셀로나 보케리아 시장 15
바벨성 23
바비칸 23
바빌레 코끼리 보호 구역 70
바스타이 9
바실리 칸딘스키 12
바예스타섬 94
바오바브나무 65
바오바브나무의 거리 74
바위 돔 사원 49
바이다후냐드성 25
바이온 사원 62
바이칼호 13
바이킹 세계 박물관 26
바코 국립 공원 57
바코나오 자연 공원 89
바탐방 62
바투 동굴 56
바투 페링기 56
바히아 궁전 68
박물관 섬 9
박완서 59
박타푸르 47
반 고흐 박물관 18
반나리 산 63
반테이 츠마르 62
발렌티노 로시 11
방콕 왕궁 38
백악관 87
밴프 국립 공원 82

뱅게라섬 79
버자스카강 29
버즈 알 아랍 55
버즈 칼리파 55
버킹엄 궁전 7
베네치아 11
베르겐 한자동맹 부두 30
베르동 협곡 5
베르사유 궁전 5
베키오 다리 10
베트남 37
베네비스산 7
벤츠필스의 소 퍼레이드 20
벤타 래피드 20
벤탄 시장 36
벨라 루고시 25
벨루하산 13
벨리퉁 카올린 호수 42
벨린조나의 3개 성 29
병마용 41
보남박 벽화 85
보노 7
보니토 지역 92
보드나트 스투파 47
보드룸성 32
보라카이 60
보르헤스 기념 미로 90
보마스 오브 케냐 77
보울더스 해변 64
보코힐 스테이션 62
보클뤼즈 샘 5
보테로 광장 100
본디 해변 103
볼로냐 11
볼로니아 해변 15
볼리바르 광장 101
볼리비아 99
볼리비아 죽음의 길 98
부다성 24
부다페스트 24-25
부다페스트 어린이 기차 24
부레라 호수 81
부킷 빈탕 56
북경 오리 41
붉은 광장 13
붉은 수염 에리크 27
뷔크 국립 공원 25
브라질리아 대성당 93
브라질상파울루미술관 93
브란덴부르크 문 9
브레이다메르쿠르요쿨 27
브로츠와프 22
브루마지뉴 93
블라디보스토크 13
블라이드 리버 캐니언 65
블루 라군 27
블루 마운틴 103
블루 수크 55
비간 60
비날레스 계곡 국립 공원 88
비넨호프 18
비셰그라드 궁전 24
비소케산 80
비스쿠핀 유적지 22
비아워비에자 숲 23
비엘리치카 소금 광산 23
비요크 27

비욘 보리 31
비운 사이시암 팡 보호 구역 63
비투스 베링 31
빅토르 위고 5
빅투알리엔 시장 9
빈센트 반 고흐 19
빌뉴스 21
빌럼 알렉산더르 19
빌룬드 30
빌리안디 21
빠라타왈라들의 골목 34
빵 박물관 9

사가다 60
사그라다 파밀리아 15
사라 베르나르 5
사라 아타르 54
사라왁 민속촌 57
사랑의 다리 9
사르데냐의 누라게 11
사막의 손 97
사비뇨산 81
사비하 괵첸 33
사아레마섬 20
사우디아라비아 54
사자마 국립 공원 98
사치 텐둘카르 35
사카라 66
사크레 쾨르 대성당 5
사투르노 동굴 88
사파족 36
사파타반도 88
사프란볼루 32
사하라 사막 68-69
사해 전망대 52
산 미겔 시장 14
산 아구스틴 고고학 공원 100
산둑 루이 46
산이그나시오 연안 석호 84
산타 마리아 델 피오레 대성당 10
산타 클라라 88
산탄데르 101
산토도밍고 성당 95
산티아고 순례길 15
산티아고 요새 60
산티아고데쿠바 모로 요새 89
산후안곶 100
살라워터크 저우데 71
살리나스 그란데스 90
살바도르 93
살바도르 달리 사막 98
삼보르 프레이 쿡 사원 62
삼부루 국립 보호 구역 77
삿포로 눈 축제 44
상 미구엘 다스 미송이스 92
상수시 궁전 9
상티스피리투스 88
상파울루 축구 박물관 93
상하이 40
샤르가오 61
샤를 드골 5
샤를리즈 테론 65
샤오룽바오 41
샤카라 100
샨티 스투파 46
샹보르성 5
샹파뉴 5

서머싯 6
서울 58-59
서호 41
석가모니 47
석판 예배당 70
선덕여왕 59
성이슈트반 대성당 25
세레나 윌리엄스 86
세비야 15
세인트 루시아 삼각주 65
세인트 카타리나 수도원 66
세인트버나드 박물관 28
세체니 온천 25
세커거위아 87
세필록 오랑우탄 센터 57
센차이 38
센텐드레 민속촌 24
센트럴파크 87
센트로 히스토리코 84
셀하 테마파크 85
셔우드 숲 7
셰이크 자이드 그랜드 모스크 55
소나무 숲 73
소치 12
소치밀코 운하 84
소프 오마르 동굴 70
소풍 동굴 38
솔 데 마냐나 98
쇠르보그스바튼 호수 30
쇼박성 52
수라메 문화 경관 73
수멜라 수도원 33
수상 시장 38
수실라 카르키 46
수에즈 운하 66
수원 화성 58
수족관 79
수중 전망대 공원 49
수즈달 12
수카르노 42
수코타이 역사 공원 38
수크레 98
쉐프샤우엔 메디나 69
쉬농소성 5
슈거로프산 93
슈메그성 24
슈슈타르 관개 시설 50
슈테피 그라프 8
슈토스반 푸니쿨라 29
스노도니아 7
스리 물랴니 인드라와티 43
스미소니언 87
스바르티 폭포 27
스와얌부나트 사원 47
스워빈스키 국립 공원 22
스위스 29
스카겐 30
스카이 타워 103
스칸디나비아 30
스칸센 박물관 31
스탈린그라드 전쟁터 12
스톡홀름 31
스톤헨지 7
스트로쿠르 26
스페인 14-15, 19, 60-61, 68, 85, 89, 91, 94-96, 99-100
스페인 왕의 오솔길 15

스포르체스코성 11
스포티드 호수 82
스피티 계곡 34
스핑크스 66-67
시갈리트 란도 49
시그투나 31
시나이산 66
시드니 오페라 하우스 103
시미엔 국립 공원 70
시밀란 군도 38
시베리아 횡단 철도 13
시에나 캄포 광장 11
시에라 마에스트라산맥 89
시옹성 28
시우스타니 유적지 95
시청 광장 20
시클로 36
시키호르 61
시파단섬 57
신장 국제 그랜드 바자르 40
십자가 언덕 21
씨엘 59

아그네스 모니카 43
아그네스 비나과호 81
아그라 요새 34
아나톨리 솔로비예프 21
아니 유적 33
아니마스 계곡 98
아다 요나스 48
아드리아나 오캄포 101
아라시야마 대나무 숲 44
아라우카니아 97
아랍에미리트 54
아르마스 광장 95
아르볼 델 피에드라 98
아르비 공원 100
아르투르 포스난스키 98
아르헨티나 90, 91, 92, 97
아마존 열대 우림 92
아마존강 돌고래 92
아멜리아 에어하트 86
아미라 알 타윌 54
아미르 차크마크 광장 51
아벌 타스만 19
아벌 타스만 국립 공원 103
아베 호수 70
아부나 예마타 구 70
아부심벨 신전 66
아부자 국립 모스크 73
아부자 예술 공예 마을 73
아브닷 49
아비도스 신전 66
아비야네 50
아산 초크 47
아서트 시트 7
아술 동굴 호수 93
아스완 댐 66
아스펜도스 32
아시아식 폭포 61
아쓰다 신궁 44
아야 소피아 대성당 32
아와시 국립 공원 70
아우슈비츠 강제 수용소 22
아욱슈타이티야 국립 공원 21
아이거 봉우리 29
아이슬란드 26

아이슬란드 고래 26	에바 페론 91	와지엔키 공원 23	이집트 박물관 11, 66	차빈 유적지 94
아이슬란드 국립 박물관 26	에베레스트산 47	와카치나 94	이푸가오 계단식 논 60	차이마 라시니 68
아이슬란드 요정 학교 26	에보 모랄레스 98	왓 포 사원 38	이헤마 호수 81	차탈 회위크 33
아자디 타워 51	에스야산 26	왓 프라싱 38	인도 35	찰스 다윈 6
아제르리도성 5	에스코우성 30	왕가리 마타이 77	인도네시아 43	창덕궁 58
아즐룬성 52	에스토니아 20	왕의 대로 52	인디라 간디 35	천단공원 41
아치 풀 49	에와소니로강 76	왕페이 40	일곱 수면자들의 동굴 52	천제연 폭포 58
아침고요 수목원 58	에이셜메이르호 마을 18	요나스 바사나비추스 20	일라카카 사파이어 광산 74	첨성대 58
아콩카과산 90	에페수스 32	요르단 53	일론 머스크 64	첩탑 6
아크로티리 유적지 16	에펠 탑 5	요르단강 52	일본 45	청두 판다 사육 센터 41
아크로폴리스 박물관 16	에프텔링 18	요세미티 계곡 86	임실치즈테마파크 58	체 게바라 91
아키구알라스토 주립 공원 90	에피다우로스 고대 극장 16	요탐 오토렝기 49	잉골푸르 아르날손 27	체시스성 21
아테네 16-17	에피오피아 71	요한나 시귀르다르도티르 26	잉락 친나왓 39	체크 포인트 찰리 9
아파라도스 데 세라 국립 공원 93	엔토토산 70	용 모양 에스컬레이터 41		초가잔빌 지구라트 50
아파체타 추추라 패스 98	엘레나 코르나로 11	우드 헤븐 18	자금성 41	초콜릿 냄비 28
아헨 대성당 9	엘리자베스 1세 6	우라만 마을 50	자르딤 보타니코 93	초콜릿 언덕 61
아흐람 55	엘사 아빌라 84	우르미아 호수 50	자르카 52	충가라 호수 97
아흐마드 아부가우시 52	엘츠성 8	우리카 계곡 69	자마엘프나 광장 68	취리히 식물원 29
안나 마리아 반 슈르만 19	엘키 밸리 97	우붓 원숭이 숲 42	자막 기미레 46	츠키지 어시장 45
안나푸르나 46	엠파이어 스테이트 빌딩 87	우수리만 13	자메 모스크 51	치마만다 응고지 아디치에 72
안네 프랑크 9	여왕의 궁전 75	우에노 공원 45	자바 원인 42	치앙라이 38
안네 프랑크의 집 18	연꽃 사원 34	우엔티틀란 협곡 84	자발성 54	치앙마이 선데이마켓 38
안도할로 플레이스 75	영국 6	우유니 소금 사막 98	자야바르만 7세 63	치타델라 24
안탈리아 32	예수 요새 77	우중쿨론 국립 공원 42	자유의 여신상 87	치트완 국립 공원 47
안토니오 가우디 14	예약라옴 호수 63	우피치 박물관 10	자이살메르 성채 34	친초로 미라 97
안티오키아 100	예이랑게르 피오르 30	울루루 102	자이언츠 코즈웨이 6	칠레 96
알 바디야 모스크 55	예카테리나 2세 12	울루와뚜 사원 42	자코파네 22	칠레 호수 지구 97
알 와바 분화구 54	예하 사원 70	울쟈나 세묘노바 21	잔다르크 5	칠로에섬 97
알 울라 54	옐로스톤 국립 공원 86	움주르 54	잔세스칸스 18	칭기 국립 공원 74
알 자지라트 알 함라 55	옐브루스산 12	워싱턴 86-87	잘리피에 23	
알레스 스테나 31	오그부니케 동굴 73	원 트리 힐 103	장 드 디에우 은쿤다베라 81	카구아네스 국립 공원 89
알렉산드라 코스티뉴크 13	오르다 동굴, 페름 지역 13	원형탑 31	저신다 아던 103	카뇨 크리스탈레스 101
알리 쿠시지 33	오르차 34	웨레보 42	정원 무덤 49	카다몬산맥 62
알베르 라코토 라치마망가 75	오르한 파묵 32	웨인 그레츠키 82	제1차 세계 대전 4, 6, 10, 23, 24,	카드리오르그 공원 20
알베르트 아인슈타인 9	오리노코강의 급류 101	웰링턴 102	25, 28, 32, 46, 82, 87, 92	카루루 폭포 76
알크마르 치즈 시장 18	오마르 하이얌 50	웸블리 스타디움 7	제2차 세계대전 4-5, 8-10, 12, 18-19, 22-	카르나르 열석 5
알하페리아 궁전 15	오벨리스크 70	위즈키드 72	23, 25, 28, 31, 38, 43, 45, 48, 59-61, 82	카르나크 51
알함브라 궁전 15	오사카 45	윈난 석림 41	제노사이드 메모리얼 81	카르나크 신전 66
암만 성채 52	오사카 나오미 45	윌리엄 셰익스피어 7	제다 타워 54	카르멘 로사 98
암만 해변 52	오사카성 44	유니버설 스튜디오 86	제라시 52	카르멜 전통 시장 49
암보디포타트라 75	오세아노그라픽 아쿠아리움 15	유디트 폴가르 24	제프리스 베이 65	카를 구스타프 융 28
암보셀리 국립 공원 76	오스카르 니에메에르 93	유럽입자물리연구소 28	젬멜바이스 의학 박물관 24	카를로스 발데라마 100
암보히망가 75	오스트레일리아 102	유리 가가린 12	조로아스터교 침묵의 탑 51	카리소케 연구 센터 80
압둘라 1세 53	오스트파르더르스플라선 18	유리 겔라 48	조모 케냐타 76	카리심비산 80
앙리 냐카룬디 81	오슬로 30	유카스예르비 31	조아킹 시사누 77	카림 칸 요새 50
앙카라 32	오슬롭 61	응다바 폭포 80	조지 워싱턴 87	카마르그 5
앙카라나 동굴 75	오악사카 84	응우옌 꽝 하이 36	조지 타운 56	카망베르 5
앙코르 톰 62	오얀타이탐보 95	이구아수 폭포 90, 92	주님 탄생 예고 기념 성당 49	카메론 하이랜드 56
앙텅 해양 국립 공원 38	오코무 국립 공원 73	이다산 16	주마 록 73	카미긴섬 61
앙투아네트 우위마나 81	오키나와 44	이란 50	죽음의 계곡 13	카바 바하 거리 14
앨버트 나마트지라 102	오타와 83	이레나 세빈스카 22	줄리엣의 발코니 11	카바나스 문화 회관 84
야오밍 40	오행산 36	이레나 센들러 23	중국 41, 39, 40, 41, 43, 56, 57, 60, 61	카보산 루카스 아치 84
야타 고원 77	오호스멜살라도산 97	이르비드 52	중부 산악 국립 공원 44	카사 바트요 15
얌차 41	옥토버페스트 9	이맘 레자 영묘 50	쥐라기 해안 7	카샨 50
양자경 56	올 페제타 보호 구역 76	이베노 해변 73	쥐망 등대 5	카오의 여인 94
어부의 요새 24	올드 몬트리올 83	이베라 습지 90	즈난 스빌 공원 69	카요코코섬 89
에두르네 파사반 14	올드 아바나 88	이븐 바투타 69	지미 게이트트 81	카이로 성채 66
에드먼드 힐러리 103	올드 퀘벡 83	이비자섬 15	지벨 투브칼산 68	카이코우라 103
에든버러 6-7	올로이비리 유전 73	이살루 국립 공원 74	지브리 스튜디오 44	카인지 호수 73
에든버러성 7	올리브 16	이스라엘 48	지젤 라베사할라 75	카조나캐니언, 라스달리아스 75
에디스 코완 102	올림포스산 16	이스라엘 박물관 49	지젤 번천 92	자연 보호 구역 100
에디온다 호수 98	올림픽 박물관 28	이스트 사이드 갤러리 9	지진 10, 17, 43, 45-47, 49, 52,	카카두 국립 공원 102
에라완 국립 공원 38	와누스키윈 역사 공원 82	이스파한 50	60, 61, 85, 91, 94, 102	카카반섬 42
에르미타시 박물관 13	와디 럼 52	이슬라 무헤레스 85	짐 코베트 국립 공원 34	카포바 동굴 12
에린 이제샤 폭포 73	와디 알 히탄 66	이시카와 44	쯩 자매 37	카필라노 현수교 82
에멀레인 팽크허스트 7	와이키키 해변 86	이어 우이 63		칸 알 칼릴리 시장 66
에메레이트 팰리스 55	와이토모 동굴 103	이집트 67	차란노로 산괴 75	칼리간다키강 46

칼림노스섬 17
캄보디아 62
캄보디아 민속촌 63
캄포 델 시엘로 운석 지대 90
캉고 동굴 65
캉그라 계곡 차밭 34
캐나다 83
캐릭 어 리드 로프 브리지 6
캘거리 스탬피드 82
캥거루섬 102
커스텐보시 국립식물원 64
컬리 20
케냐 76
케냐산 76
케네디 우주 센터 87
케르나베 고고 유적 21
케숌섬 51
케이블카 98
케케시산 25
코끼리 자연공원 38
코나라크의 태양신 사원 34
코론섬 60
코르도바 대성당 15
코모도 국립 공원 42
코모호 11
코즈멜섬 85
코츠월드 7
코코 샤넬 5
코코라 계곡 100
코키 타이호 45
코파카바나 98
코파카바나 해변 93
코페르니쿠스 22
코페르니쿠스 과학 센터 23
콘벤토 지하 묘지 94
콘스탄티누스 1세 32
콘위성 7
콜라반도 12
콜로세움 11
콜롬비아 100
콜카 협곡 95
콜카곶 20
콤 엘 쇼카파 카타콤 66
콩지 하브 63
콰이트베이 성채 66
쾨겐호프 공원 18
쾨니히스제 호수 9
쿠담 거리 9
쿠로니아 모래톱 20
쿠에울라트 빙하 97
쿠엘랍 94
쿠칭 고양이 박물관 57
쿠투비아 모스크 68
쿰발가르 성벽 34
퀸스타운 103
퀸타 노르말 공원 97
크노소스 16
크라카타우산 42
크렘린 13
크뢸러뮐러 미술관 18
크루거 국립 공원 65
크리스마스 하우스 27
크리스테타 코머포드 60
크리스토발 언덕 97
크리스티안보르 궁전 31
크시옹시성 22
클라리스 마칸구아나 79

클레오파트라 7세 67
클리무투 화산 43
키 곰파 사원 34
키나바탕간강 57
키나발루산 57
키라이 온천 25
키루스 2세 50
키리롬 국립 공원 62
키미론코 시장 81
키부 호수 80
키부르크성 29
키부예 80
키지섬 12
키클라데스 제도 16
킨더다이크 풍차 마을 18

타나 토라자 42
타로아 모래 언덕 101
타르실라 두 아마랄 93
타만 네가라 56
타만 미니 인도네시아 42
타이 39
타이항산 유리 다리 41
타임휠 25
타지마할 34
타타코아 사막 100
타티오 간헐천 97
타파와 발레와 광장 72
타프롬 사원 62
타피 델 발레 구역 90
탈산 화산 60
탕롱 수상 인형극장 36
탕헤르 69
태양의 섬 98
태양의 신전 95
태양절 축제 95
태즈메이니아 데블 102
터키 33
테디베어 뮤지엄 58
테레사 수녀 35
테르마 2000 18
테리 폭스 83
테살로니키 올림픽 박물관 16
테오티우아칸 84
테이블산 64
텐징 노르가이 47
톈산 천지 40
톈안먼 광장 41
토론토 83
토룬 22
토마토 축제 15
토바호 42
톤레삽 호수 62
톰페아 언덕 20
톱카프 궁전 32
통가리로 국립 공원 103
투얼슬랭 대학살 박물관 63
투탕카멘 66
툴룸 85
트라카이 역사 국립 공원 21
트롤퉁가 30
트리니다드 88
트릭아이미술관 58
티루네시 디바바 70
티볼리 공원 31
티에라 델 푸에고 국립 공원 97
티틀리스 클리프 워크 29

티티카카 호수 95
틸리초 호수 46
팀나 공원 49

파나티나이코 경기장 16
파니 블랑커스 코엔 19
파디스 사베티 51
파르테논 신전 16
파리 4
파리사 타브리즈 51
파묵칼레 32
파블로 네루다 97
파블로 피카소 14
파빌리온 58
파슈파티나트 힌두 사원 47
파카야 사미리아 국립 보호 구역 95
파타라 32
파탄 박물관 47
판초 비야 84
판타날 92
판테온 11
팔로렘 해변 34
팜 주메이라 55
팜파스 델 야쿠마 98
팡키푸이 97
펀디만 83
페낭 힐 56
페라리 월드 55
페루 94
페르가몬 유적지 32
페르난두지 노로냐 군도 93
페스 구시가지 69
페와 호수 46
페테르고프 13
페트로나스 쌍둥이 빌딩 56
페티예 32
펜타곤 87
펭귄의 섬 97
평화의 교회 22
포나가르 사원 36
포르투 지 가리냐스 93
포메네 자연 보호 구역 79
포뮬러 원 경기장 55
포스교 7
포키 해변 16
포탈라궁 40
포토시 98
포토플라스티콘 23
폴란드 22
폼페이 11
폼페이 기둥 66
푸껫 38
푸말린 공원 97
푸미폰 아둔야뎃 왕 39
푸에르토 프린세사 지하 강 60
푸자이라성 55
푸콘 97
푼다 다윈 80
푼착자야산 43
프놈 츠녹 동굴 사원 62
프놈타마오 야생 동물 구조 센터 62
프놈펜 왕궁과 실버 파고다 63
프란츠 요제프 빙하 102
프랑스 4, 21, 28, 29, 37, 63, 68, 74, 82, 87
프레아 비히어 사원 62
프렌치 리비에라 5

프렌티안섬 56
프리다 칼로 84
프리우아토 동굴 69
프리토리아 65
플라톤 16
플로라리스 헤네리카 90
피델 카스트로 88
피사의 사탑 11
피삭 시장 95
피에르 오미디아 51
피의 구원 사원 13
피카소 미술관 15
피코스 데 유로파 국립 공원 15
피크 트램 41
피타고라스 동굴 16
피파 세계 축구 박물관 29
피파 월드컵 4, 8, 14, 19
피하 해변 103
필리핀 60

하노이 36-37
하노이 문묘 36
하누만도카 47
하드리아누스 성벽 7
하랄 3세 31
하레르 71
하르 성 18
하얼빈 얼음과 눈 박람회 41
하이디 클룸 8
하회민속마을 58
한국 59
한스 크리스티안 안데르센 31
할그림스키르캬 26
할롱 만 36
함단 빈 무하마드 알막툼 55
함메취반트 리프트 28
함피 유적지 34
합살루 21
해골 예배당 22
해리 후디니 24
해운대 해수욕장 59
해인사 58
해적 묘지 75
헝가리 25
헤비즈 온천 24
헬스게이트 협곡 76
호도협 40
호르헤 루이스 보르헤스 91
호세 리살 60
호안끼엠호 36
호찌민 37
호찌민 기념관 36
호토바기 국립 공원 25
호헤 벨루에 국립 공원 18
홀로코스트 기념관 9
홀리루드 궁전 7
홀복스섬 85
홍콩 41, 56
홍해 52-53, 66-67
화이트 사막 66
황금 박물관 101
황금 사원 47
후지산 44
후쿠오카성 44
휴런 호수 83
흐븟서커 26
히드네 17

히든 해변 84
히로시마 44
히말라야 국립 공원 34
히메지성 44
히샴 엘 게루주 69

글 벤 핸디코트
언어학과 교육학을 공부한 후 아시아로 넘어가 수년 간을 지내며 베트남어와 중국어를 배웠다.
아이들에게 여행, 음식, 언어에 대해 잘 알려 주기 위해서 지금도 힘쓰고 있다.

글 케일라 라이언
세계 속 유명 바다, 박물관, 페스티벌, 자연 경관들의 모습들을 담아낸
여행서를 집필한 여행 작가이다.

그림 솔 리네로
어린이 책 일러스트레이터이자 그래픽 디자이너이다. 그녀의 작품은 밝은 색채와 디테일이 풍부하고 지역 문화에 대한 사랑으로 가득 차 있다.
포턴리반 키즈, 유니세프와 같은 유명 기업 및 단체와 일한 것은 물론 오프라, 스콜라스틱과 같은 유명 잡지사와도 일한 경험이 있다.

옮긴이 신재일
한국외국어대학교에서 정치학 박사 학위를 받은 뒤, 한국외국어대학교 사회과학연구소 책임 연구원, 한국 NGO학회 섭외 이사로 활동했다.
오랫동안 대학에서 정치학을 가르쳤으며, 현재 어린이, 청소년 논픽션 작가 및 번역가로 활동하고 있다.
옮긴 책으로는 《태양을 느끼고, 새의 발자국을 보아라》(공역), 《군주론》, 《리바이어던》 등이 있고,
지은 책으로는 《열두 살에 처음 만난 정치》, 《둥글둥글 지구촌 인권 이야기》, 《세상을 바꾼 사람들》 등이 있다.

마주 커다란 지도 위의 놀라운 세계
원더풀 월드

초판 1쇄 인쇄 2022년 1월 25일
초판 1쇄 발행 2022년 2월 9일

글 벤 핸디코트·케일라 라이언 **그림** 솔 리네로 **옮김** 신재일
펴낸이 이승현 **편집3 본부장** 최순영 **편집** 손민지 **디자인** 이남숙, 이수현
펴낸곳 ㈜위즈덤하우스 **출판등록** 2000년 5월 23일 제13-1071호
주소 서울특별시 마포구 양화로 19 (합정동, 합정오피스빌딩) 17층
전화 02) 2179-5600 **홈페이지** www.wisdomhouse.co.kr

OUR WONDERFUL WORLD
Text © 2020 Kalya Ryan and Ben Handicott.
Illustrations © 2020 Sol Linero.
First published in 2020 by Wide Eyed Editions, an imprint of The Quarto Group.
All rights reserved.
Korean translation copyright © 2022 by Wisdom House, Inc.
Korean translation rights arranged with Quarto Publishing Plc through EYA (Eric Yang Agency).

ISBN 979-11-6812-176-8 73900

이 책의 한국어판 저작권은 EYA (Eric Yang Agency)를 통해 Quarto Publishing Plc사와 독점 계약한 ㈜위즈덤하우스에 있습니다.
저작권법에 의하여 한국 내에서 보호를 받는 저작물이므로 무단 전재 및 복제를 금합니다.

*이 책의 전부 또는 일부 내용을 재사용하려면 반드시 사전에 저작권자와 ㈜위즈덤하우스의 동의를 받아야 합니다.
*인쇄·제작 및 유통상의 파본 도서는 구입하신 서점에서 바꿔드립니다. *책값은 뒤표지에 있습니다.

국기

프랑스 　　　 영국

아일랜드　 독일　 이탈리아　 러시아　 스페인

그리스　 네덜란드　 에스토니아　 라트비아　 리투아니아

폴란드　 헝가리　 아이슬란드　 스위스　 덴마크

노르웨이　 스웨덴　 터키　 인도　 베트남

타이　 중국　 인도네시아　 일본　 네팔